Gustavo Pérez Firmat

Vidas en vilo
La cultura cubanoamericana

Gustavo Pérez Firmat

Vidas en vilo
La cultura cubanoamericana

No está permitida la reproducción total o parcial de esta obra, ni su tratamiento o transmisión por cualquier medio o método sin la autorización escrita de la Editorial.

Editorial Colibrí
Aptdo. de correos 50897
28080 Madrid - España
Tel. y fax: 91 560 49 11
e-mail: info@editorialcolibri.com
www.editorialcolibri.com

© Gustavo Pérez Firmat
Título original: Life on the Hyphen
Published by Texas University Press, 1994

© Para esta edición: Editorial Colibrí
© Foto Solapa: Mary Anne Pérez-Firmat
Editor: Victor Bastista
Diseño gráfico: Carlos Caso
Maquetación: KSO comunicación
Imprime: Saljen, Industria Gráfica, S.A.

Impreso en España

D. L.: M-42731-2000
I.S.B.N.: 84-923550-7-7

ÍNDICE

PREFACIO A LA EDICIÓN EN ESPAÑOL 13

INTRODUCCIÓN
En vilo *veritas* 15

Mambo No. 1 / Cosas del aire 31

UNO
¿Ricky o Ricardo? 33

Mambo No. 2 / Desi nada, monada 55

DOS
El hombre que amó a Lucy 57

Mambo No. 3 / El oficio de escritor 85

TRES
Qué rico mambo 86

Mambo No. 4 / Los espejos del Versalles 115

CUATRO
Los sonidos de Miami 117

Mambo No. 5 / Oxímoros en la costa 149

CINCO
Añorado desencuentro 151

Mambo No. 6 / Soñar con Jeannie 167

SEIS
Monólogo de la lengua 170

Mambo No. 7 / La generación del ño 189

SIETE
El sino cubanoamericano 191

Conclusión / Ay, mi Cuba 199

ÍNDICE ONOMÁSTICO 200

A Mary Anne,
por nuestra vida en vilo

No hay que volver.
EUGENIO FLORIT

Ya llegó, ya llegó.
MIAMI SOUND MACHINE

PREFACIO
A LA EDICIÓN EN ESPAÑOL

Esta traducción de *Life on the Hyphen*, un estudio de la presencia cubana en la cultura y literatura norteamericanas, sale a la luz en un momento cuando la imagen del cubano residente en Estados Unidos ha sufrido un cambio notable. Por muchos años a los exiliados cubanos se nos consideró una "minoría modelo" —emprendedores, industriosos, respetuosos de las leyes y las costumbres del país que nos ofreció asilo. Durante los últimos años, sin embargo (y en parte, *por* el embargo), el apacible "refugiado" se ha transformado, para un número creciente de norteamericanos, en un fanático de extrema derecha cuyo ferviente anticastrismo no es más que una molesta reliquia de la Guerra Fría. Hace tiempo éramos ejemplos de la accesibilidad del *American Dream*; ahora se nos ve como un estorbo a la normalización de relaciones con el régimen de Fidel Castro.

Pero no somos nosotros los que hemos cambiado. En Miami todavía hay establecimientos cuyos propietarios se anuncian con la frase, "el mismo de Cuba". No es verdad, nadie es el mismo de Cuba, pero lo que sí sigue igual es la oposición de la inmensa mayoría de exiliados a la dictadura que nos indujo u obligó a abandonar nuestro país. Sin ser un libro de intención política, *Vidas en vilo* quisiera testimoniar la constancia y continuidad del quehacer vital y cultural de los cubanoamericanos, antes y después de 1959. Una manera de combatir la invisibilidad a la que nos ha querido relegar la mal llamada "Revolución cubana" —y a la que ahora nos quieren relegar ciertos sectores de la sociedad norteamericana— es señalando el valor de nuestra vida en vilo, rescatando y estudiando el acervo de cultura —alta, baja y mediana— engendrado por el encuentro de lo cubano con lo norteamericano. Ese es el cometido de este libro.

Puesto que *Life on the Hyphen* se centraba en ciertos mecanismos de adaptación al idioma inglés y a la cultura norteamericana, no siempre ha sido posible trasladar literalmente todos sus conceptos. Así sucede con el *hyphen*, el guión o la rayita que se emplea en Estados Unidos como símbolo de hibridez étnica, y que motiva el título de la versión original del libro. Un cubanoamericano, en Norteamérica, es un *Cuban-American*; la rayita que une (y separa) los dos gentilicios, ese puente que también es pantano, marca el lugar de contacto y contagio entre las dos culturas. Invisible en español, la rayita no pierde su potencia hibridizante; *Vidas en vilo* está escrito desde, hacia y sobre esa rayita.

He tratado de eliminar referencias innecesarias para el lector hispanohablante y he actualizado los datos presentados en el texto y en las notas. También he añadido comentarios sobre algunos aspectos de la cultura cubanoamericana que no había mencionado en la versión original, así como un capítulo más sobre la literatura cubanoamericana. A pesar de este esfuerzo por ajustar a otro idioma y a otro lector el contenido del libro, no he intentado disimular que se trata de una traducción. Una de las ideas rectrices de *Vidas en vilo*, precisamente, es que la cultura cubanoamericana surge de un ímpetu traslaticio, de una vocación de traducción. Eliminar las huellas de tal proceso en mi propia escritura, aún si me fuese posible hacerlo, sería falsear el testimonio que quiero dar. En esta coyuntura siempre recuerdo la conocida frase de Juan Marinello: "Somos a través de un idioma que es nuestro siendo extranjero." Para muchos ciudadanos de la Cuba del Norte, el español no es menos extranjero que el inglés.

Larga es la lista de amigos, colegas y hasta desconocidos que me han ofrecido información, inspiración y consejo. Entre los que todavía no se me han olvidado están: Isabel Alvarez Borland, Antonio Benítez Rojo, Rhonda Buchanan, Mari Budet, Ricardo Castells, Cathy Cheron, Mark Couture, Jorge Duany, Arístides Falcón Paradí, Jorge Febles, Carlos Gómez, Eduardo González, Roberto González Echevarría, Alberto Hernández Chiroldes, Dan Ishkowitz, Lourdes Gil, Theresa Meurer, Nivia Montenegro, José Muñoz, Ana Rosa Nuñez, Jorge Olivares, Patricia Pardiñas Barnes, Lois Parkinson Zamora, Antonio Prieto, Raúl Rosales, Enrico Mario Santí, Bill Teck, Benjamín Torres Caballero, Esperanza de Varona y Lesbia Varona. También quisiera darles las gracias a Willy Chirino, Gloria y Emilio Estefan y Jorge Oliva por permitirme citar sus composiciones. René Touzet, Rolando Laserie, Rosendo Rosell e Israel "Cachao" López tuvieron la generosidad de compartir conmigo sus vastos conocimientos de música cubana.

Por último quisiera agradecer a Víctor Batista su interés por el proyecto, a Vivian Carbó su ayuda con la traducción, y a Mary Anne Pérez Firmat, quien no sabrá leer estas páginas, el haberme dado la motivación para escribirlas.

CHAPEL HILL, CAROLINA DEL NORTE, JULIO DE 2000

INTRODUCCIÓN
En vilo *veritas*

Hace algunos años la revista *People* dedicó su portada a Gloria Estefan, la conocida cantante cubanoamericana.[1] Por supuesto que no era la primera vez, ni ha sido la última, que la imagen de Estefan aparecía en la primera plana de una publicación norteamericana; de hecho, su popularidad a lo largo ya de casi veinte años ofrece una idea del relevante papel que los cubanoamericanos están desempeñando en el creciente e inexorable proceso de hispanización —y, tal vez, cubanización— de Estados Unidos. Por mucho que algunos norteamericanos se empeñen en negarlo, lo cierto es que, tarde o temprano, para bien o para mal, se verán —como en uno de los *hits* de la Estefan— "poseídos por el ritmo". Hoy por hoy, cuando el nombre de "Elián" (pronunciado "*alien*") va de boca en boca, cuando las tonadas del Miami Sound Machine y el Buena Vista Social Club se escuchan por todas partes, cuando hasta el dulce de leche se ha convertido en un popular sabor de helados, es difícil evadir la impronta cubana en la cultura de masas estadounidense.

Pero esta impronta no es una adquisición reciente. En la portada de *People*, Estefan aparece junto a dos dálmatas que se llaman "Lucy" y "Ricky" —nombres que aluden a los protagonistas de la popular serie televisiva de la década de los cincuenta, *I Love Lucy*. No es casualidad. Si Gloria Estefan es en la actualidad la figura latina más célebre de los Estados Unidos —un "boom latino unipersonal," como dijera el *New York Times*[2]— no cabe duda de que Ricky Ricardo, personaje interpretado por el actor cubano Desiderio "Desi" Arnaz, es su antepasado más destacado. Además, el primer gran éxito del Miami Sound Machine, la agrupación en la cual Estefan inició su carrera, fue la canción "Conga", de 1986, cuyo estridente estribillo decía:

---

[1] "One Step at a Time", de Steve Dougherty, *People*, 25 de junio, 1990.
[2] "Spitfires, Latin Lovers, Mambo Kings", de Enrique Fernández, *New York Times*, 19 de abril, 1992.

> *Come on shake your body, baby, do the conga,*
> *I know you can't control yourself any longer.*

[Vamos, mueve el esqueleto y baila la conga / sé que no te puedes resistir ni un minuto más.]

Pues bien, la persona que encabezó la primera conga bailada en suelo norteamericano no fue otra que Arnaz, quien realizó esta proeza en 1937 en un club nocturno de Miami Beach.[3] Más tarde, al referirse a este singular acontecimiento, Walter Winchell afirmó, con una frase llena de malicia, que tal ritmo debería llamarse una *Desi chain* ("cadena Desi"), aludiendo a la frase que nombra el encadenamiento de cuerpos en una orgía, la *daisy chain*.

La fotografía de *People* ilustra las dos corrientes que confluyen en la cultura cubanoamericana: tradición y traducción. Como obra de tradición, nos recuerda que Gloria Estefan sólo constituye el más reciente eslabón de una larga cadena de artistas cubanoamericanos que han "congueado" en los Estados Unidos. Como obra de traducción, hace patente los ajustes que son necesarios para conseguir que el sustantivo español, "conga", rime con el adverbio inglés, *"longer"*. En este sentido la fotografía revela que toda cultura —y muy en particular una cultura desalojada de su ámbito de origen— siempre se ve obligada a conciliar los conflictivos reclamos de la tradición y la traducción.

Derivada de la misma raíz que "traer", la palabra "tradición" designa convergencia y continuidad, la concurrencia de elementos a partir de afinidades subyacentes o intereses compartidos. En cambio, la "traducción" no es un mecanismo de convergencia sino de distanciamiento. En su sentido primitivo, traducir es apartar, desviar; de ahí el viejo (e intraducible) axioma, *traduttore, traditore*, que nos enseña que mudar es transmutar, que cualquier traslación lingüística o cultural entraña una alteración del original. En la retórica clásica, el término *traductio* —de donde viene, por supuesto, la palabra "traducción"— se

---

[3] *A Book*, de Desi Arnaz, William Morrow, Nueva York, 1976, págs. 61-62. En *Rhumba Is My Life* (Didier, Nueva York 1948), Xavier Cugat asegura ser él el responsable de la introducción de la conga en los Estados Unidos. De la misma forma, Arthur Murray dice haber importado el ritmo (¡de Francia!) en *Down Memory Lane. Arthur Murray's Picture Story of Social Dancing*, de Sylvia G. L. Dannett y Frank R. Rachel, Greenberg, Nueva York, 1954, pág. 140. Estas aseveraciones deben tomarse con cierta cautela, pues Arthur Murray también sostiene haber creado "la mayoría de los pasos de baile que se usan en la rumba" (pág. 163).

Gloria Estefan con "Lucy" y "Ricky".
(Fotografía de *People Weekly* © Acey Harper.)

utilizaba para designar la repetición de una misma palabra con diferentes sentidos; en inglés *traduction* es nada menos que vilipendio o calumnia. Traducción/*traductio*/*traduction*: la equívoca equivalencia de estos vocablos demuestra cuan difícil es traducir sin traicionar, aunque la traición sea, a su vez, el rescate de un significado anterior.

Este libro reflexiona sobre el acoplamiento de la tradición y la traducción en la cultura cubanoamericana, un conjunto de logros y prácticas basado en la tradición de la traducción no menos que en la traslación de la tradición. Si bien Arnaz y Estefan son las dos figuras más conocidas de esta tradición traslaticia, lo cierto es que la presencia cubana en Estados Unidos se remonta varios siglos;[4] pero una cosa es ser cubano en Estados Unidos y otra distinta es ser cubanoamericano. Trazar los contornos de esto último, un fenómeno reciente, es el

---

[4] Véase la obra de Carlos Ripoll, *Cubans in the United States*, Eliseo Torres, Nueva York, 1987.

proyecto de este libro. De ahí que me limite a la segunda mitad del siglo XX, el período en que la cultura cubanoamericana ha alcanzado una configuración propia, que la distingue de la cultura cubana de la isla tanto como de la norteamericana.

Arnaz y Estefan se asemejan también en que ambos salieron de Cuba cuando eran aún muy jóvenes. Nacidos en Cuba pero *made in the USA*, pertenecen a esa generación intermedia de emigrados cuya niñez o adolescencia transcurre en el extranjero, pero que llega a la madurez en Estados Unidos. Debido a que este grupo se ubica en el intervalo entre la primera y la segunda generación de emigrados, el sociólogo cubano Rubén Rumbaut le ha dado el nombre de "generación 1,5". Si a la primera generación pertenecen aquellos que nacieron y se formaron en un país extranjero, y si a la segunda pertenecen los hijos de la primera generación que nacieron en el nuevo país, la generación 1,5 comprende a esos individuos, como Arnaz y Estefan, que nacieron "allá" pero se criaron "aquí", y que al no integrarse plenamente a ninguno de sus dos países, se sienten marginales respecto a ambos.[5]

Una de las tesis de este libro es que la cultura cubanoamericana es en gran medida un logro del grupo 1,5, la generación del medio, pues su ubicación la hace más proclive a los convenios y las transacciones propios de una cultura híbrida. No cabe duda de que vivir en vilo, de que sentirse suspendido entre países e idiomas, no es únicamente un atributo generacional. Puede ser también una disposición, un talante, un talento que trasciende patrones cronológicos. Bien visto, la "generación" es más bien un "contingente" que agrupa a personas que comparten una misma sensibilidad. Pero para los integrantes de la generación del medio, el vilo no es una elección sino un destino; justo o injusto, el "medio" es nuestro medio: en vilo *veritas*.

Discrepo de Rumbaut, sin embargo, cuando subraya las consecuencias desfavorables de la ubicación intermedia. Si bien es verdad que la generación del medio es marginal con relación a ambos países, el natal y el adoptivo, lo contrario es igualmente cierto: sólo esta generación no es marginal respecto a ninguno de los dos. A diferencia de sus

---

[5] "The Agony of Exile: A Study of the Migration and Adaptation of Indochinese Refugee Adults and Children", de Rubén G. Rumbaut, *Refugee Children: Theory, Research, and Services*, ed. Frederick L. Ahearn and Jean L. Athey, Johns Hopkins University Press, pág. 61, © Baltimore, 1991. Sobre la importancia de la adolescencia como línea divisoria entre inmigrantes, ver también *Birds of Passage*, de Michael Priore, Cambridge University Press, Cambridge, 1979, págs. 65-69.

compatriotas de mayor y menor edad, los de la generación 1,5 se mueven libremente dentro de dos culturas, la vieja y la nueva. Aunque no se sientan totalmente cómodos en ninguna, son capaces de valerse de los recursos que ambas pueden ofrecerles. El hecho de ser o sentirse incompletos —más de uno pero menos de dos— es algo que discutiré más adelante; ahora me limitaré a destacar las oportunidades de creación y recreación que semejante existencia fraccionada brinda al individuo que la padece o la disfruta. Uncidos a la tradición, pero abocados a la traslación, la generación del medio comparte la nostalgia de sus padres y el desprendimiento de sus hijos. Para este grupo, volver es irse, pero irse es regresar. La cultura cubanoamericana, lo que me da por llamar la "Cuba del Norte", se despliega en ese intervalo, en ese vacío, en ese vilo donde partida y retorno se confunden.

Una comunidad de emigrados, sobre todo si su expatriación ha sido involuntaria, atraviesa varias fases en su proceso de adaptación. Al principio el emigrado intenta negar su desplazamiento, buscando recrear en el destierro a su país de origen. Esta primera fase se define por la tarea de sustitución que ha engendrado las pequeñas Italias y los pequeños Haitíes y las pequeñas Habanas que salpican el paisaje urbano de Estados Unidos. Estos barrios son "pequeños" en más de un sentido, pues el calificativo señala no sólo que ocupan un área menor que sus respectivos modelos, sino que se han visto reducidos en un sentido más importante que el tamaño o la población. Lo realmente "pequeño" en La Pequeña Habana es su status en tanto que copia deficiente de la capital de la isla. Porque a pesar de la magnitud del esfuerzo, la empresa de sustitución nunca triunfa. En Miami hay establecimientos de exiliados cuyos letreros aseguran: "El mismo de Cuba", o, "Aquí desde el 1953." Tales afirmaciones ignoran discontinuidades personales, históricas y geográficas. La reencarnación miamense de un restaurante llamado El Carmelo no tiene mucho en común con su homónimo habanero; no es el mismo lugar, no es la misma clientela, ni siquiera son los mismos platos.

Pero el ansia de sustitución del recién llegado lo anima a ignorar la evidencia de sus sentidos, incluido el paladar. Resistiéndose a aceptar la realidad del destierro, aspira a trasladar los lugares, las costumbres y el idioma de su tierra natal. Nadie emigra sin posesiones; incluso aquellos cubanos que llegaron a Estados Unidos sin más que una muda de ropa trajeron todo tipo de equipaje. Willy Chirino, un popular cantante y compositor de Miami, dice en una canción que al salir de Cuba trajo consigo a Beny Moré, al Trío Matamoros, a Miguelito Cuní, un colibrí, una palma, un bohío y un libro de José Martí. Hasta logró "relocalizar" a Pinar del Río, su provincia natal, en un vecindario de Miami. No importa que varias de las figuras que menciona nunca abandonaron la isla, pues el exiliado se empeña en hacer caso omiso de rupturas históricas.

Durante la fase sustitutiva, la tendencia del emigrado es afirmar, contra viento y marea, la posesión de su país de origen: *mi* pueblo, *mis* palmas, *mi* tierra —como si hubiera tal cosa como un exilio sin destierro. Es por ello que en La Pequeña Habana a veces parece que el tiempo se ha detenido, fenómeno que guarda relación con lo que Lisandro Pérez ha denominado "totalidad institucional".[6] Según Pérez, un "enclave étnico" como La Pequeña Habana satisface todas las necesidades de sus residentes. En Miami todavía es posible vivir sin tener que acudir más allá de la comunidad de exiliados. Se llega al mundo asistido por un obstetra cubano y se le dice adiós en los salones de una funeraria cubana, y entre parto y partida no hay razón para salirse del reparto. A mi juicio, este esfuerzo por recrear la "Cuba de ayer" en las costas de la Florida es a la vez admirable y desgarrador. Admirable porque intenta alzarse por encima de la historia y de la geografía; desgarrador porque está destinado al fracaso. Por deliberado y persistente que sea, el simulacro de posesión no puede sostenerse indefinidamente. Llega un momento —después de meses, años o quizás décadas— en que el emigrado deja de creer en la ficción de un exilio sin destierro. Diversos acontecimientos le obligan a recuperar el sentido de la realidad: tiene que enterrar a sus padres o parientes en suelo extraño; sus hijos dejan de hablar español y comienzan a traer a la casa amigos (o lo que es más serio, cónyuges) que no son cubanos; la vieja estación de radio, otrora "cubanísima", cambia de onda. El "enclave" va dejando de estar en clave.

Cuando acontecimientos semejantes se hacen habituales, el simulacro de posesión bascula. No importa que La Pequeña Habana se haya extendido hasta los límites de la ciudad de Miami o que las copias reminiscentes sigan proliferando; ya nada le puede ocultar al

---

[6] "Cuban Miami", de Lisandro Pérez, *Miami Now! Immigration, Ethnicity and Social Change*, ed. Guillermo J. Grenier y Alex Stepick, Gainesville, University Press of Florida, 1992, págs. 83-108.

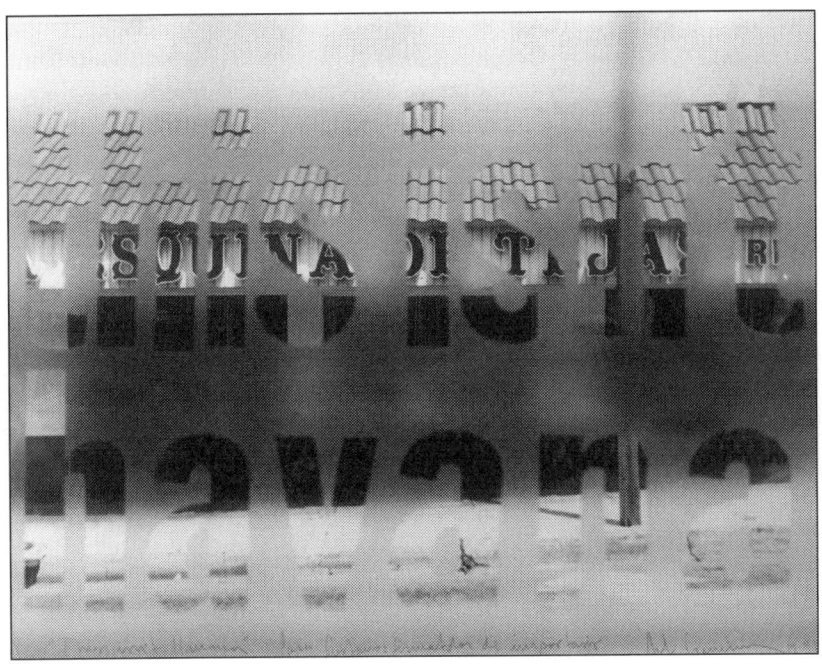

This Isn't Havana. Arturo Cuenca.
(Fotografía de la colección del autor.)

exiliado que no está "allí", y lo que es igual, que ha dejado de ser "el mismo". Esa es la lección de la fotografía "This isn't Havana" (Esto no es La Habana), de Arturo Cuenca, donde la frase en inglés se superpone a una imagen del restaurante La Esquina de Tejas, en La Pequeña Habana, construido en imitación del de la isla. Difuminada, la leyenda le recuerda al exiliado que ya no se encuentra en su esquinita habanera —aunque tampoco le dice donde está, pues "esto" no tiene nombre. El que Tejas sea además un estado norteamericano subraya la equívoca ubicación de esta esquina. Si el cuadro "Ceci n'est pas une pipe", de René Magritte, señala que la copia nunca es idéntica al modelo, "This isn't Havana" —cuyo título alude al de Magritte— explica que no se puede residir en un lugar y vivir en otro distinto.

La recreación de La Habana en Miami ha sido un formidable acto de imaginación. Pero dejarse llevar por la imaginación, ese sitio donde tan bien se está, es un juego peligroso. Cuando la realidad finalmente se impone, la reacción del exiliado es el desconcierto, la desorientación. Si La Esquina de Tejas no está en La Habana, ¿dónde está? ¿Cómo se llama "esto"? Y ¿dónde estamos nosotros? No quiero decir que el exiliado literalmente no sepa dónde se encuentra, sino que emocionalmente se ha acostumbrado a nutrirse de sucedáneos. Entra a un restaurante en la Calle Ocho y ve que tiene el mismo nombre que uno de La Habana, que en las paredes hay fotos iluminadas del Valle de Viñales y sobre el mostrador una bandera cubana. Sabe que está en Miami, pero se siente como si estuviera en su patria.

A medida que se prolonga el exilio tales experiencias se hacen menos frecuentes. Poco a poco la conciencia de desposesión socava la ficción de pertenencia. En su uso más común, un "desposeído" es alguien que se ha visto privado de sus riquezas o posesiones; pero como "desposesión" proviene de la raíz *sedere*, estar sentado, un desposeído estrictamente es alguien que carece de un lugar donde sentarse o asentarse. Esta es la sensación que define la segunda fase, en la cual la nostalgia cede paso al extrañamiento, la enajenación. Ya no hace falta el cuadro de Cuenca como recordatorio, pues al pasar por La Esquina de Tejas el exiliado cree ver una señal lumínica que le dice, en español, "Esto no es La Habana". Si en el momento inicial se dejaba embargar por la ilusión de que seguía allá, ahora se convence de que no está en ninguna parte. Entonces Miami deja de ser la "ciudad mágica" para convertirse en un pueblo fantasma, un espejismo.

Felizmente el tiempo pasa, y poco a poco el espejismo va cobrando cuerpo y contornos. Un buen día el exiliado se da cuenta de que ese espejismo es su hogar. Allí nacen, viven y mueren sus compatriotas, parientes y amigos. Allí se enamora, estudia una carrera, cría hijos, goza y padece. Ya Miami no es tierra de nadie: es suya, tuya, nuestra. Ya Miami no es "un pueblo de campo"; ahora es "la capital del sol". Allí puede asentarse. La desposesión ha dado paso a la reposesión, al establecimiento de un nuevo vínculo entre persona y lugar. De ahí el lema publicitario, *Miami is for me* ("Miami es para mí") —donde el pronombre que designa al hablante parece estar incluido dentro del topónimo.

Durante muchos años ha existido en Miami un grupo musical cubano llamado Clouds (Nubes); en 1984 el grupo cambió el nombre por el de Clouds of Miami (Nubes de Miami). El locativo marca el paso de la desposesión a la reposesión. Si al principio el nombre del grupo creaba la impresión de un vaporoso desarraigo, el locativo los baja de las nubes para situarlos en un escenario concreto. La portada del primer álbum del grupo tras el cambio onomástico mostraba cúmulos de nubes sobre el horizonte miamense. La sensación de estar en el aire, de vivir en vilo, nunca desaparece del todo, pero llega el día en que adquiere un nombre y una dirección.

Estos tres momentos o etapas tienden a sucederse, pues bosquejan el lento proceso mediante el cual un individuo o una comunidad acepta la realidad de su destierro. En Miami se han correspondido, en líneas generales, con las cuatro décadas transcurridas desde 1959: la de los sesenta fue la década de la nostalgia y la sustitución; durante los setenta, cuando se hizo evidente que el añorado regreso a Cuba se estaba demorando, predominó la desposesión; y en los ochenta y noventa, con la llegada a la madurez de la joven generación de cubanoamericanos, la segunda fase cedió ante una nueva sensación de arraigo. Tal sucesión temporal, sin embargo, enmascara el hecho crucial de que estas actitudes se entremezclan y alternan entre sí. En primer lugar, no todos los cubanos llegamos al exilio al mismo tiempo o con la misma edad; además, tanto los individuos como las comunidades transitan una y otra vez entre una y otra etapa. Es posible que todas las actitudes ya están presentes desde el primer instante en que se pisa suelo extraño; incluso entonces los sentimientos de nostalgia y desorientación se ven mitigados por el alivio de la llegada. (El primer album de Clouds se titulaba "¡Llegamos!")

A lo largo de este libro haré referencia a las tres etapas, pero voy a fijarme sobre todo en la última. Me interesa destacar los gestos locativos, el surgimiento entre los cubanos residentes en Estados Unidos de un sentido de ubicación dentro (aunque no totalmente dentro) y fuera (aunque no totalmente fuera) de la cultura norteamericana. Me propongo dibujar un mapa cultural de la Cuba del Norte, esa híbrida y suave patria cuya capital es Miami. No ignoro que esta cartografía imaginaria está marcada por el deseo de superar mi propia nostalgia y desorientación. Tampoco se me escapa que ningún proyecto como éste me va a permitir trascender mi condición de exiliado. Por eso no distingo entre el cubano exiliado y el cubanoamericano. Dentro de todo exiliado hay un cubanoamericano en ciernes; y dentro de todo cubanoamericano hay un exiliado que se niega a desaparecer.

Al mismo tiempo, para añadirle relieve al mapa, también me he dedicado a estudiar algunas expresiones culturales anteriores al éxodo masivo ocasionado por el castrismo, pues la presencia cubana en este país no se limita a La Pequeña Habana. Los primeros tres capítulos del libro, por tanto, están dedicados a figuras de la época pre-Castrista. El protagonista del primer capítulo es Ricky Ricardo. Por sorprendente que pueda parecer, este personaje televisivo ha sido durante los últimos cincuenta años el hispano de más impacto dentro de Estados Unidos. Son muchas ya las generaciones de norteamericanos que han aprendido cómo se comportan los cubanos, cómo expresan rabia o alegría, cómo quieren o malquieren a sus esposas, observando a Ricky amar a Lucy. A través del análisis de uno de los *sitcoms* más populares en la historia de la televisión norteamericana, quisiera sugerir que Ricky Ricardo encarna la vocación de traslación, el gusto por la otredad que define una de las tendencias más significativas de la Cuba del Norte. Amar a Lucy es entregarse a lo desconocido bajo la forma de una americana que representa, en última instancia, lo americano. Algo parecido se desprende de la carrera de Desi Arnaz durante los años que precedieron y sucedieron a *I Love Lucy*, tema que trato en el segundo capítulo. Arnaz, cuyo padre fue alcalde de Santiago de Cuba durante la época de Machado, no sólo fue un actor de televisión y hábil empresario; fue también el autor de *A Book* (1976), una de las primeras autobiografías escritas por un cubanoamericano. Basta con leer *A Book* y repasar las notas y documentos que dejara después de su muerte para comprender que la imagen que se tiene de Arnaz —un despreocupado conguero que vivía a costa de su esposa— está muy lejos de la realidad. En el tercer capítulo reconstruyo la biografía del mambo para hacer patente su receptividad a lo heterogéneo. Concebido en Cuba pero desarrollado fuera de la isla, el mambo también pertenece a la generación del medio, lo cual no quiere decir que haya sido creado por un miembro de esa generación, sino que su hibridez musical lo relaciona con otras creaciones de esta generación. Igual que la cultura cubanoamericana, el mambo es una música de aceptación y resistencia, que renuncia tanto al regreso como a la asimilación.

En el capítulo 4 el escenario cambia a La Pequeña Habana. El último episodio de *I Love Lucy* (que para entonces se llamaba *The Lucille Ball-Desi Arnaz Show*) salió al aire en abril de 1960, un año antes de que se produjera el fracaso de la invasión de Playa Girón. Estos dos acontecimientos marcan un hito en la historia contemporánea de los cubanos en Estados Unidos. Aun cuando las reposiciones del programa siguen siendo populares hasta el día de hoy, difícilmente es concebible un personaje como Ricky Ricardo durante la época de Castro. En los episodios de *I Love Lucy* no hay el más mínimo rastro de la turbulenta vida política de la isla durante los años cincuenta, pues la Cuba del programa siempre fue aquel paraíso tropical de los musicales con tema latino —los llamados *maraca musicals*— de los años cuarenta. Pero después de 1959, la imagen cinematográfica de los cubanos cambia: el estereotipo del *Latin lover*, el seductor latino del que Ricky Ricardo es un ejemplo tardío, fue reemplazado por el del guerrillero

(Omar Shariff en el papel de Che Guevara) y, más tarde, por el del "marimbero" o narcotraficante (Al Pacino en *Scarface*).

El tema del cuarto capítulo, por lo tanto, es el "sonido de Miami", la expresión musical de la generación del medio. Aquí he intentado narrar la historia de La Pequeña Habana a partir de las letras de algunas de sus canciones. Prestaré especial atención a Hansel y Raúl, Willy Chirino y Gloria Estefan, compositores e intérpretes cuyo trabajo discográfico ilustra cómo algunos cubanoamericanos han resuelto las tensiones y contradicciones de la ubicación entre culturas. En los capítulos siguientes me fijo en dos escritores cubanoamericanos, el novelista Oscar Hijuelos y el poeta José Kozer, cuya obra se sitúa en las fronteras de la generación 1,5. Nacido en Nueva York en 1950 y de padres cubanos, Hijuelos nunca fue un exiliado; su punto de vista, que se acerca al de la segunda generación, es el de un norteamericano angloparlante en el que confluyen dos culturas, pero sin compenetrarse. De ahí que sus novelas se puedan leer como una intrincada y conmovedora despedida a la patria de sus padres. Por el contrario, José Kozer, nacido en la Habana en 1940, le da la espalda a la cultura norteamericana. Aunque Kozer sólo tiene veinte años cuando llega al exilio en 1960, su prolongada estadía en Estados Unidos apenas figura en sus poemas. No obstante, esta ausencia marca su obra de tal manera que Kozer ha terminado siendo un escritor cubanoamericano a pesar de sí mismo.

A modo de complemento y contraste, el último capítulo está dedicado a la obra de escritores cubanoamericanos que, al igual que Hijuelos, se expresan en inglés, pero que, como Kozer, no abandonan los módulos de la literatura de exilio. Como veremos, lo característico de la obra de este grupo —Roberto Fernández, Ricardo Pau-Llosa, Virgil Suárez, Pablo Medina— es la tensión entre el vehículo expresivo y la carga afectiva. Añorar a Cuba en inglés es "extrañarla", o sea, convertirla en un país extraño. Al acercarse a lo cubano, estos escritores ejecutan otra de esas traslaciones alteradoras que remedan y enajenan a la vez.[7]

---

[7] Tal vez deba aclarar que no pretendo hacer un estudio de conjunto de la literatura cubanoamericana, sino señalar algunas tendencias y vertientes. Existen varias antologías útiles de la literatura cubanoamericana, entre las que se encuentran *Veinte años de literatura cubanoamericana*, ed. Silvia Burunat y Ofelia García, Bilingual Review Press, Tempe, Arizona, 1988; *Cuban American Writers: Los Atrevidos*, ed. Carolina Hospital, Ediciones Ellas, Princeton, Nueva Jersey, 1988; *Cuban American Theatre*, ed. Rodolfo J. Cortina, Arte Público Press, Houston, 1991; y *Little Havana Blues*, ed. Virgil Suárez y Delia Poey, Arte Público Press, Houston, 1996. Estudios más abarcadores que el mío podrán encontrarse en: *Historia de la literatura cubana en el exilio*, de José Sánchez Boudy, Ediciones Universal, Miami, 1975; *Desde esta orilla: Poesía cubana en el exilio*, de Elías Miguel Muñoz, Betania,

Entre estos siete capítulos he intercalado viñetas o intercapítulos cuya intención es, por una parte, extender las argumentaciones de los capítulos, y, por otra, recalcar que la cultura cubanoamericana no existe sólo en museos y bibliotecas, sino también, y quizá fundamentalmente, en tiendas, restaurantes y discotecas. Al conformarse de una mezcla de *kitsch* y *cachet*, de mal gusto y buen tino, la cultura cubanoamericana honra más al consumidor que al creador; o, mejor dicho, trata el consumo como un acto de creación. De ahí que se exprese no sólo a través de novelas y poemas, sino también en la moda y la cocina, en las joyas y los jacuzzis, en las consignas publicitarias y la música popular. Una vez un amigo me decía: "¿Qué ha hecho el cubano en Miami? Hemos hecho Kendall, pero eso no es cultura. Ya ves como se viste esa gente: ropa cara, joyas, carros del año, consumismo —en fin, Kendall. Eso es lo que interesa, pero eso no es cultura." A mi juicio, Kendall sí es cultura. "Mr. Trapus", una boutique, "Cachi Bachi", una casa de antigüedades, "Love Juices", un puesto de batidos, encarnan en sus nombres vuelos de imaginación que, en otras circunstancias, bien pudieran haber aflorado en un lienzo o un poema. El consumismo de tantos exiliados los escuda contra la desposesión; en el fondo el tan criticado materialismo de Miami es una labor espiritual (tal vez como todos los materialismos). Una canción de Chirino dice: "Yo tengo lo que tengo, nadie me lo regaló." Al hacer hincapié en lo que tiene, el cantante revela todo lo que le falta. Pero el cubano resuelve: si no hay casabe, *French bread will do*; a falta de "camellos", abordamos los *beamers*.

En un conocido ensayo, Fernando Ortiz comparó a Cuba a un ajiaco, ese guiso que acepta los más disímiles ingredientes.[8] La Cuba del Norte también es un ajiaco, aun cuando en algunos restaurantes de Miami a este plato se le llame *tropical soup* ("sopa tropical"). El tránsito

---

Madrid, 1988; *Diccionario biográfico de poetas cubanos en el exilio*, de Pablo Le Riverend, Ediciones Q-21, Newark, N.J., 1988; *Cuban Writers On and Off the Island*, de Pamela Smorkaloff, Twayne, New York, 1999. Pero sin duda alguna el estudio más completo hasta la fecha es el de Isabel Alvarez Borland, *Cuban American Literature of Exile: From Person to Persona*, University of Virginia Press, Charlottesville, 1998. Aunque no se limita a la literatura cubanoamericana, también cabe mencionar el informativo libro de William Luis, *Dance Between Two Cultures: Latino Caribbean Literature Written in the United States*, Vanderbilt University Press, Nashville, 1997.

[8] "Los factores humanos de la cubanidad", de Fernando Ortiz, Revista Bimestre Cubana, 21, 1940, págs. 161-186. Sobre la metáfora del ajiaco, ver también mis libros, *The Cuban Condition: Translation and Identity in Modern Cuban Literature*, Cambridge University Press, Cambridge, 1989; y *My Own Private Cuba: Essays on Cuban Literature and Culture*, Cuban Literary Studies, University of Colorado, Boulder, Colorado, 1999.

de lo cubano a lo cubanoamericano, del ajiaco a la *tropical soup*, y del español hablado en Cuba al inglés hablado en Miami, no conlleva la negación de una supuesta "esencia" o "raíz". La residencia precede a la esencia, y la esencia no es más que aroma. Es por ello que los desmanes puristas de algunos cubanos (dentro de la isla y fuera de ella) no me convencen. En Cuba ni los tabacos son puros. La disposición y la desposesión hibridizantes de la generación del medio son herencia criolla. El vilómano *one-and-a-halfer* que se tambalea en la cuerda floja entre lo cubano y lo norteamericano, no ha dejado de ser cubano, aunque ya sea otra cosa. Del mismo modo, el escritor cubanoamericano que se entrega a evocar en inglés una vida que no ha vivido, no ha dejado de ser cubano, pero también es otra cosa. Todo raíz, siembra en vilo. El guión de *Cuban-American* no es un signo de restar sino de sumar; con igual propiedad podríamos llamarnos "*Cuban+American*". *Vidas en vilo* también pudiera haber sido el título de un libro sobre la condición cubana.

Hace algunos años conocí a un hispanoamericano que me preguntó de dónde yo era. Le respondí que cubano. "Pero, ¿cubano de dónde?" insistió. "Cubano de North Carolina", le dije, y se quedó tan contento. Para este señor —nicaragüense de Coral Gables— Cuba no es un país sino un pueblo, una comunidad dispersa por todo el planeta. Ya Jorge Mañach había escrito que Cuba era "una patria sin nación."[9] Igual podríamos decir que es un pueblo sin país. Del mismo modo que existen cubanos de Matanzas o de Camagüey, hay cubanos de Madrid, Estocolmo, Nueva York, Los Angeles, Miami, Ciudad México. Si la isla tiene un "interior", también tiene un "exterior". Tal vez, como han propuesto recientemente Rafael Rojas e Iván de la Nuez, para llegar a una caracterización más adecuada de la cultura cubana haya que acudir a criterios que no den por sentado la integridad territorial de una nación.[10] De ser así, lo cubanoamericano no sería más (pero tampoco menos) que una de las múltiples moradas de nuestra desnacionalizada nacionalidad.

El tono de urgencia de las páginas a continuación se debe a mi convicción de que algunas de las manifestaciones culturales que aquí estudio están en trance de desaparición. A nivel de comunidad, las

---

[9] Jorge Mañach, *Historia y estilo*, Editorial Minerva, La Habana, 1944, pág. 64.
[10] *El arte de la espera*, de Rafael Rojas, Editorial Colibrí, Madrid, 1998; *La balsa perpetua*, de Iván de la Nuez, Editorial Casiopea, Barcelona, 1998.

tres fases del proceso evolutivo que he descrito pueden desembocar en una cuarta, potenciada en la segunda generación y en sus epígonos, cuyos vínculos con Cuba son más tenues. Existen indicaciones suficientes que los cubanoamericanos de la segunda generación se resisten a olvidar la cultura de sus padres y abuelos. El éxito de la revista miamense *Generation Ñ*, redactada en inglés y dirigida a jóvenes que se criaron "con Santa Bárbara y Captain Kirk", así parece demostrarlo. No obstante, La Pequeña Habana ya no es lo que era hace diez o quince años. Hasta *Generation Ñ*, a pesar de ser una revista para gente joven, muestra una fuerte inclinación hacia la nostalgia, hacia el "Miami de ayer". Con la gradual extinción de la primera generación de exiliados, Miami ha ido perdiendo parte de su sabor y color cubanos. Pronto, lo que les ha sucedido a otras etnias en Estados Unidos tal vez nos suceda a nosotros; nos quedará sólo un vínculo sentimental, que no vital, con nuestra cultura de origen. Lo cubano será algo que se enseña en vez de algo que se aprende; y al igual que otros americanos con rayita, empezaremos a hurgar en busca de nuestras "raíces" y a tomar clases para aprender a bailar el son.

No cabe duda de que nos acercamos a los últimos días de La Pequeña Habana. El fenómeno es complejo y se debe no sólo a la evolución natural de la comunidad cubana, sino también al asentamiento en la ciudad de un gran número de latinoamericanos de otras nacionalidades. Hoy en día Miami es una ciudad más hispana que nunca, pero menos cubana que antes. Hace unos años Hansel y Raúl, otros cantantes miamenses, grabaron una canción que decía, "Supongo, supongo, supongo que a ti también te gusta el son." En el Miami de antaño no había que suponer, porque todos (todos los hispanos, se entiende) vivíamos al compás del mismo son. A veces cuando me entra la nostalgia no es por La Habana, la ciudad donde nací, sino por el "viejo" Miami, el Miami de la carne del Refugio y del parque de las palomas, el de los *transportation* y de los "periodiquitos". En ese Miami la Calle Ocho no era todavía un museo para sociólogos avisados y turistas desprevenidos, sino una bullente y bulliciosa galería de restaurantes, bodegas, florerías, funerarias, gasolineras, mueblerías y lotes de carros. Igual que la Calle Ocho, el Miami cubano está en transición.

El otro elemento determinante en el futuro de la Cuba del Norte es, por supuesto, el futuro de la Cuba del Sur. Cuando desaparezca el régimen actual, los cubanos que decidan permanecer en Estados Unidos no podrán ya autodefinirse como exiliados. Una vez que regresen los que quieran o puedan hacerlo, los demás no tendremos otra opción que aceptar que éste es nuestro país, aunque nunca llegue a ser nuestro pueblo o nuestra patria. Será entonces, quizás, cuando buena parte de la carga de angustia y desorientación engendrada por el exilio desaparezca —o puede que estos sentimientos se agudicen aún más. El exilio es angustioso, pero después de vivir así tantos años, la posibilidad de volver puede ser más desconcertante aún. ¿Cómo se define el exiliado que puede volver y decide no hacerlo? ¿Como un post-exiliado? ¿Un ex-exiliado? Y ¿qué sucederá en Miami una vez que dejen de existir las restricciones para entrar y salir de la isla? ¿Volverá a ser "un pueblo de campo" o seguirá prosperando? En un futuro no muy lejano, Miami bien puede llegar a ser una ciudad más "cubana" y menos "americana" de lo que ha sido durante los últimos cuarenta años. Si la dictadura castrista mancomunó la creación de La Pequeña Habana, tal vez el fin del régimen de Castro propicie su renacimiento. Es posible que Kendall, como dijo alguien, termine siendo un aburrido suburbio de Marianao; pero también es posible que Hialeah, la ciudad que progresa, sea algún día la capital de la isla.

Así pues, escribo desde la convicción que las formas de hablar, sentir y vivir que estudio en los capítulos que siguen no tardarán en sufrir una profunda transformación. Si bien —a mi juicio— existe una manera "cubana" de asumir la cultura de Estados Unidos, y si bien esa manera precedió a la generación 1,5 y continuará más allá de ella, la configuración cultural que registro y comento bien podría haber adquirido su forma definitiva durante las últimas dos décadas. El objetivo que persigo no es aplazar o negar esta transformación, sino enfrentarla. En los primeros años del exilio, los cubanos de Miami solían agrupar a sus compatriotas en dos grupos, los que serían autorizados a regresar a una Cuba libre y los que no. De los que pertenecían al segundo grupo se decía: "ése no tiene regreso". La idea que motivaba estos juicios era excluir de la Cuba de mañana o a los batistianos acérrimos o a los fidelistas arrepentidos. Mucho ha llovido desde aquellos buenos y malos tiempos, pero los cubanos exiliados seguimos frente a la misma interrogante: ¿tenemos regreso? En mi caso particular, y por mucho que a veces quiera negarlo, la respuesta ha de ser negativa —*no* tengo regreso. Me aventuro a afirmar que a la gran mayoría de mis congéneres le sucederá lo mismo. Precisamente por eso he tratado de entender y preservar un modo de vida que, bien lo sé, es ya nuestro único destino.

Mambo No. 1
Cosas del aire

Hace unos años una estación de radio de Miami emitió el siguiente anuncio: "Piedmont Airlines quiere limpiar el aire sobre sus bajas tarifas". ¿Limpiar el aire? El anónimo cantor de la agencia publicitaria se equivoca varias veces: primero, pensó que la expresión en inglés es clean the air *(error motivado, tal vez, por el "poner en limpio" del castellano); a paso seguido decidió que el modismo inglés se podía traducir literalmente; y entonces acabó de tergiversar la consigna al traducir la preposición* about *como "sobre", que en el contexto se acerca demasiado al sentido de "encima de". El resultado es que esta compañía de aviación se propone "limpiar el aire", que es algo así como* mopear *el cielo. Lo curioso es la consistencia aérea de los errores, felices como hélices; se trata de un anuncio sobre una aerolínea que sale al aire por la radio, a través de lo que en inglés se llama las* airwaves. *Este* clean-air act, *pirueta en el abismo entre los dos idiomas, tiene algo de poesía —un poema que se queda en el aire, en vilo, incapaz de aterrizar ni en el español ni en el inglés.*

Otra comedia de errores lingüísticos nos hace tocar tierra. Hay o hubo en Miami una cadena de pizzerías llamada Casino's. Para darse a conocer al público latino tanto como al norteamericano, Casino's preparó un anuncio bilingüe. Cito la primera frase del texto en español: "Su primera mirada, su primer olor, su primer gusto le dirá que usted descubrió La Pizza Ultima." Al leer esta frase plagada de anglicismos, me pareció que "La Pizza Ultima" debía ser una traducción indigesta de the ultimate pizza, *la pizza suprema. Pasé al texto en inglés: "Your first sight, your first smell, your* first taste will tell you that you've discovered La Pizza Ultima".

¿Quién se tragó mi ultimate pizza? *La misma frase que, en español, sabe a anglicismo se paladea, en inglés, como una cita del español. Así, la frase en inglés presupone una frase en español que presupone otra en inglés que no existe. "La Pizza Ultima" no es digerible en ninguno de los dos idiomas. Con tan original receta, el autor de la campaña publicitaria —quién lo duda— se la comió. Si hay bárbaros del ritmo, también hay bárbaros del barbarismo. A limpiar el aire con la pizza última.* Bon voyage, *y buen provecho.*

UNO
¿Ricky o Ricardo?

Poco antes de su muerte, Desi Arnaz dijo que quería ser recordado como "el 'yo' en 'Yo quiero a Lucy'" *(the "I" in "I Love Lucy")*, así vinculando su fama póstuma a su participación en el programa televisivo. Pero no queda nada claro quién es ese "yo". Por una parte, ya que el programa explotaba las semejanzas entre los artistas y sus papeles, el pronombre designa tanto a Arnaz como al personaje que lo hizo famoso, Ricky Ricardo. Por otra, como en inglés *to love* puede significar "gustar" así como "querer", casi desde el debut de la serie millones de televidentes se adueñaron del "yo" de Arnaz por identificación con sus sentimientos. La genialidad del título estaba en su concisa y explícita descripción tanto del tema del programa como del afecto del público por su protagonista, Lucy.

La pre-historia del título es bien conocida: la cadena de televisión CBS quería que Lucille Ball hiciera una versión televisiva de su popular programa de radio, *My Favorite Husband* (Mi esposo favorito), en el que encabezaba el reparto junto a Richard Denning. La actriz estuvo de acuerdo, a condición de que Desi Arnaz asumiera el papel de su esposo. Al principio la compañía se negó, pues el programa trataba de una típica pareja norteamericana, una ama de casa y su marido, un banquero de Minneápolis. Finalmente Ball y CBS llegaron a un acuerdo, pero no antes de cambiar la trama del programa para que encajara mejor con la personalidad y las aptitudes de Arnaz. Desi sería un músico y cantante cubano empeñado en abrirse camino en Nueva York; su inquieta mujer, una artista frustrada que recurriría a cualquier ardid con tal de participar en las actuaciones de su marido.

El título del programa, sin embargo, seguía sin resolver. Para destacar el papel de su marido, Lucille Ball quiso llamarlo *The Desi Arnaz-Lucille Ball Show*, pero de nuevo tropezó con la oposición de la compañía, porque era ella, y no Arnaz, el gancho del serial. En 1951 Arnaz era conocido fundamentalmente como el director de una orquesta de música latina, mientras que Lucille Ball era una actriz con un largo y medianamente exitoso historial en el cine. Después de largos debates, alguien tuvo la ocurrencia de ponerle al programa *I Love Lucy*, título que tiene la ventaja de situar a Desi a la cabeza del reparto sin mencionar su nombre, de manera que el centro de atención continuaría siendo su famosa mujer.[1]

Jack Gould, el crítico de televisión para el *New York Times* durante los años cincuenta, lo explicaba del siguiente modo: "*I Love Lucy* es probablemente el título más engañoso que pudiera imaginarse. Por primera vez, todos los sondeos coinciden: millones de personas quieren a Lucy."[2] Dada la popularidad del personaje de Lucy Ricardo, era fácil dar ese salto del programa al espectador, pues tanto para Gould como para muchos otros críticos el "yo" del título no aludía a Arnaz sino al televidente. Durante los años de más popularidad de la serie, la tienda Marshall Field's de Chicago decidió cerrar los lunes por la noche, porque la mayoría de sus clientes se quedaba en casa para ver el episodio de esa semana. Un cartel en la tienda decía: "Nosotros también queremos a Lucy, así que cerramos los lunes por la noche". El club de admiradores de Lucy se llamaba, claro está, "Nosotros queremos a Lucy". Debemos recordar, además, que el emblema de la CBS es un gigantesco ojo, imagen que fue estrenada en septiembre de 1951, un mes antes de que debutara la serie. La homonimia entre el "yo" ("*I*") del televidente y el "ojo" ("*eye*") de la CBS subraya que el título no se refiere ni a Ricky ni a Desi, sino más bien a la mirada del espectador, cuyo símbolo iconográfico es el "ojo" de la CBS.[3]

Pero si los televidentes somos ese "yo" —*eye* tanto como *I*— la presencia de Arnaz tiende a difuminarse. Invisible por la confusión

---

[1] Existen diferentes versiones del origen del título del programa. Jess Oppenheimer, quien fuera el productor y guionista principal del serial, ha afirmado que fue él quien inventó el título; ver su libro, *Laughs, Luck ... and Lucy*, Syracuse University Press, Syracuse, Nueva York, 1996, pág 138. Desi Arnaz también reclama la autoría del título en *A Book*, William Morrow and Company, Nueva York, 1976, págs. 199-224. Para información general sobre el serial, véase: *The "I Love Lucy" Book*, de Bart Andrews, Doubleday, Nueva York, 1989, págs. 1-33; *The Lucy Book*, de Geoffrey Mark Fidelman, St. Martin's Press, Nueva York, 1999; y *The Golden Years of Television*, de Max Wilk, Delacorte Press, Nueva York, 1976, págs. 246-256. Dos biografías recientes de la pareja son: *Lucy & Desi*, de Warren G. Harris, Simon and Schuster, Nueva York, 1991; y *Desilu: The Story of Lucille Ball and Desi Arnaz*, de Coyne Steven Sanders y Tom Gilbert, William Morrow, Nueva York, 1993.

[2] "Why Millions Love Lucy", *New York Times Magazine*, 1 de marzo, 1953.

[3] Otros seriales de televisión imitaron el título de *I Love Lucy*: *I Married Joan* (1952-1955), con Joan Davis y Jim Backus como protagonistas; *I Dream of Jeannie* (1965-1970), con Barbara Eden y Larry Hagman; y *I Married Dora* (1987-1988), con Daniel Hugh-Kelly y la actriz cubana Elizabeth Peña. En todos el "yo" se refiere al hombre de la pareja, aunque el personaje principal es la mujer.

entre el actor y el personaje, así como por la forma en que su identidad se disipa en la mirada del espectador, Desi desaparece. De ahí que casi toda la atención dedicada a la serie se haya centrado en Lucy, cuya identidad no sufre atenuaciones. Poco importa si su apellido es Ball o Ricardo, Lucy es siempre Lucy. No obstante, yo quisiera tomar el título en serio: Arnaz es el sujeto, el "yo" del programa. Es más, su trasunto televisivo desempeña un papel crucial dentro la cultura cubanoamericana. Ricky Ricardo no es sólo el blanco de las intrigas de su esposa, o un ejemplo más del estereotipo del *Latin lover*. Vividor en vilo, ofrece una primera muestra de los gestos de aceptación y resistencia con que los cubanoamericanos se han enfrentado al *American way of life*. Entre "Ricky" y "Ricardo" se abre una brecha por donde transitan los residentes de la Cuba del Norte, titubeantes entre la anglofilia y la hispanización.

I Love Lucy salió al aire el 15 de octubre de 1951 y se mantuvo en pantalla durante nueve temporadas. Durante las seis primeras se rodaron 180 episodios de media hora. Durante las tres últimas los episodios se alargaron a una hora y salían al aire una vez al mes. El último episodio se rodó el 2 de marzo de 1960, casualmente el día en que Desi Arnaz cumplía 43 años y, menos casualmente, un día antes de que Lucille Ball le pidiera el divorcio.[4] En la primera emisión de la serie, *I Love Lucy* se hizo merecedora de más de doscientos premios, fue postulada muchas veces para los Emmy y consiguió ganar cinco de ellos. Desde entonces, el programa ha sido transmitido en setenta y siete países y traducido a más de veinte lenguas. En los Estados Unidos los episodios de *I Love Lucy* nunca han desaparecido de las pantallas de televisión. Según Bart Andrews, el historiador del programa, en Washington D.C., hasta 1974, los episodios de la serie se habían emitido un total de 2.904 veces.[5]

Los artículos y comentarios sobre Lucy y Ricky y sus vecinos, Fred y Ethel, se cuentan en los cientos.[6] En febrero de 1991 la CBS llevó a

---

[4] Estos datos y los que aparecen más adelante provienen de varios libros de Bart Andrews, entre los que cabe mencionar: *Lucy & Ricky & Fred & Ethel: The Story of "I Love Lucy"*, E. P. Dutton, Nueva York, 1976; *Loving Lucy* (en colaboración con Thomas J. Watson), St. Martin's Press, Nueva York, 1980; y *The "I Love Lucy" Book*, cit. supra.

[5] *Lucy & Ricky & Fred & Ethel*, de Andrews, pág. 5.

[6] Entre ellos se destacan: *La comedia enlatada: De Lucille Ball a Los Simpson*, de Rosa Alvarez Berciano, Editorial Gedisa, Barcelona, 1999; "Lucy and Desi: Sexuality, Ethnicity, and TV's First Family", de Mary Desjardins, *Television, History, and American Culture*, ed. Mary Beth Haralovich y Lauren Rabinovitz, Duke University Press, Durham, Carolina del Norte, 1999, págs. 56-74; "The Cabinet of Lucy Ricardo: Lucille Ball's Star Image", de Alexander Doty, *Cinema Journal*, 29, no. 4, 1990, págs. 3-22; "Self-Referentiality in Art: A

la televisión una película basada en el tormentoso matrimonio de Desi y Lucy; dos años después, Lucie Arnaz, la hija de la pareja, hizo un documental con películas caseras de la pareja. Una de las escenas más citadas de la novela de Oscar Hijuelos, *The Mambo Kings Play Songs of Love* (Los reyes del mambo tocan canciones de amor), narra la actuación de los protagonistas, César y Néstor Castillo, en un episodio de *I Love Lucy* donde hacen el papel de primos de Ricky. El rapero cubano Mellow Man Ace, que gusta de llamarse a sí mismo "el Ricky Ricardo del rap", compuso una canción en honor a Desi Arnaz titulada "Babalú Bad Boy", y le puso a su hijo el nombre de Desi. Incluso se han llegado a hacer películas porno inspiradas en la serie, con títulos como *Lucy Has a Ball* y *Lucy Makes It Big*.[7]

El éxito de *I Love Lucy* se ha atribuido a su retrato de los altibajos de una típica pareja norteamericana de clase media. En 1952 un artículo lo expresaba así: "Lo que cautiva de Lucy y Ricky es que son el reflejo de cada matrimonio de los Estados Unidos. No el reflejo exacto que brinda un espejo normal, ni el de la fantasía que puede ofrecer un espejo mágico, sino el reflejo distorsionado, exagerado, de una casa de espejos en un parque de atracciones, y que hace de cualquier pequeño incidente, de cualquier debilidad, es decir, de la idiosincrasia de la vida matrimonial, un fenómeno infinitamente divertido".[8] Algunos años después una anónima antropóloga británica afirmaba en las páginas del *New York Times*: "Lucy y Ricky y sus amigos Ethel y Fred

---

Look at Three Television Situation-Comedies of the 1950s", de Joan Gardner, *Studies in Popular Culture*, 11, no. 1, 1988, págs. 35-50; *Honey, I'm Home. Sitcoms: Selling the American Dream*, de Gerard Jones, Grove Weidenfeld, Nueva York, 1992; "Millions 'Love Lucy': Commodification and the Lucy Phenomenon, de Lori Landay, *NWSA Journal*, 11, no. 2, 1999, págs. 25-38; *Comic Visions: Television Comedy and American Culture*, de David Marc, Unwin Hyman, Boston, 1989; *Ladies of the Evening: Women Characters in Prime-Time Television*, de Diana M. Meehan, Metuchen, Scarecrow Press, Nueva Jersey, 1983, págs. 21-26; "Situation and Simulation: An Introduction to *I Love Lucy*", de Patricia Mellencamp, *Screen*, 26, 1985, págs. 30-40; "Situation Comedy, Feminism, and Freud: Discourses of Gracie and Lucy", de Patricia Mellencamp, *Studies in Entertainment: Critical Approaches to Mass Culture*, ed. Tania Modlevski, Indiana University Press, Bloomington, 1986, págs. 80-95; *High Anxiety*, de Patricia Mellencamp, Indiana University Press, Bloomington, 1992; "Metavideo: Fictionality and Mass Culture in a Postmodern Economy", de John Carlos Rowe, *Intertextuality and Contemporary American Fiction*, ed. Patrick O'Donnell y Robert Con Davis, John Hopkins University Press, Baltimore, 1989, págs. 214-235; "Television Criticism and American Studies", de Lauren Rabinovitz, *American Quarterly*, 43, 1991, págs. 358-370; y *Make Room for TV*, de Lynn Spigel, University of Chicago Press, Chicago, 1992.

[7] *"Ball"* en inglés puede referirse a relaciones sexuales; *"make it big"* quiere decir "tener éxito" pero también "hacerlo crecer".

[8] "The Cuban and the Redhead", de Jack Sher y Madelaine Sher, *American Magazine*, 154, septiembre de 1952, pág. 100.

representan a la típica pareja norteamericana de clase media en un típico ambiente norteamericano de clase media".[9] Pero lo cierto es que Ricky y Lucy distan de ser la típica pareja norteamericana, sobre todo si se tiene en consideración que el programa salió al aire durante los años cincuenta, una época que tendía a la uniformidad social. No deja de sorprender que el programa televisivo más popular de esos años se centraba en el matrimonio "intercultural" de una caprichosa pelirroja de Nueva York y un conguero cubano con un precario dominio de la lengua inglesa. La "típica" pareja de la época de Eisenhower no podía haber sido menos típica.

Casi todos los episodios de *I Love Lucy* giran en torno a algún tipo de competencia entre Lucy y su marido. A pesar de las connotaciones románticas del título, casi siempre los dos protagonistas se comportan más como adversarios que como amantes. Los bandos están bien definidos: en uno, Lucy y Ethel; en el otro, Ricky y Fred. Muchas veces las desavenencias nacen del insalvable abismo que existe entre esposo y esposa, o entre hombre y mujer. Otras veces, la tensión surge del choque entre culturas. Ricky no sólo es hombre y marido, sino cubano. Lucy no sólo es mujer y esposa, sino norteamericana. Los episodios sobre la "batalla de los sexos" (*the battle of the sexes*) se complementan con aquéllos que versan sobre "la batalla de los acentos".

Esta última frase ocurre en el episodio "Lucy Hires an English Tutor" (Lucy contrata a un maestro de inglés), emitido durante la segunda temporada, cuyo tema son los esfuerzos de Lucy por mejorar el deficiente inglés de su marido. La primera escena muestra a Lucy, embarazada, tejiendo algo para el futuro bebé. Ricky entra con un "batido de papaya" en el que ella comenzará a mojar un pepinillo. Se ponen a conversar sobre el futuro hijo; él quiere un niño y ella una niña. Según Lucy, todo hombre quiere tener un varón para "poder verse a sí mismo enredándose por ahí", a lo que Ricky replica que toda mujer desea tener una hembra para poderle enseñar "cómo cazar a un hombre". De pronto Ricky dice que su hijo irá a la universidad donde él estudió, "Havana U", y se lanza a interpretar el himno a su alma mater: "Havana U, la mejor eres tú", lo que sirve para desatar una discusión sobre lo mal que pronuncia Ricky el inglés. Después de tratar de decir palabras como *bough, rough, through* y *cough,* que a pesar de la semejanza en ortografía, tienen pronunciaciones muy distintas, Ricky

---

[9] "Desilu, or from Gags to Riches", de Cecilia Ager, *New York Times*, 20 de abril, 1958.

concluye que el inglés es una "lengua loca" y que su hijo deberá hablar español. Lucy replica que va a contratar un maestro de inglés para ellos y para sus vecinos, los Mertz, ya que quiere que todo el que converse con su hijo hable "un inglés perfecto".

En la escena siguiente regresamos a la sala, ahora con el profesor de inglés, Mr. Livermore (Hans Conried), un estirado pedante con una pronunciación demasiado precisa y una histérica aversión hacia los coloquialismos. Después de algunas divertidas escenas en las que Mr. Livermore intenta mejorar el inglés de Ricky, las clases llegan a un final inesperado. En lugar de cambiar el acento y la dicción de su alumno, al profesor se le ha "pegado" la manera de hablar de Ricky. El episodio termina cuando Mr. Livermore se pone a cantar "Babalú" —con acento cubano. Resignada, Lucy concluye: "Fue una batalla de los acentos, y Mr. Livermore ha perdido". En lugar de insistir en la "americanización" de su marido, Lucy abandona su plan. La razón es que, tal y como se puede observar en muchos episodios, Lucy ama a Ricky precisamente porque no es americano. Cuando ella lo llama su *Cuban dreamboat* ("ensueño cubano") no hay ni rastro de ironía en la frase.

Otro episodio que gira en torno a diferencias culturales es "Ricky Minds the Baby" (Ricky cuida al bebé), que culmina en una larga escena durante la cual Ricky le cuenta a su hijo, en español, la historia de "La caperucita roja". La escena sobresale por su extensión, su lenguaje y su ubicación. A pesar de que ocurre en el apartamento —el dominio de Lucy— Ricky es el protagonista. Escuchando detrás de la puerta con Fred y Ethel, Lucy queda por esta vez relegada al papel de espectadora. Además, al hacer el cuento, Ricky se vale del recurso favorito de su esposa, la impostura, pues mientras narra asume con destreza la identidad de los diferentes personajes. Generalmente los monólogos en español de Ricky son o canciones o diatribas. Combinando elementos de ambas, el cuento para dormir a su hijo mezcla la rutina de una canción con la espontaneidad de una diatriba.

No cabe duda de que en *I Love Lucy* el retrato de lo cubano suele ser caricaturesco y condescendiente. El marcado acento de Ricky y su constante abuso del idioma inglés eran una fuente inagotable de humorismo. Lucy sólo tenía que imitar la mala pronunciación de su marido —*dunt* por *don't* y *wunt* por *won't*— para que el público automáticamente respondiera con una carcajada. No obstante, episodios como "Lucy Hires an English Tutor" y "Ricky Minds the Baby" no sólo sacan a relucir las discrepancias culturales de la pareja, sino que las resuelven a favor de Ricky. En estos episodios el conflicto entre Lucy y

Ricky gira alrededor de lo que hoy se conoce como "etnicidad", vocablo que en 1953 todavía no era de uso común.[10] Ricky insiste que la educación de su hijo incorpore su "identidad étnica", pero Lucy no está de acuerdo. Ella no quiere que el pequeño Ricky hable español, y mucho menos que vaya a estudiar a la Universidad de La Habana. Le dice a su marido: "¿Para qué ir a Cuba a estudiar cuando hay universidades tan buenas en los Estados Unidos?" Pero cuando las clases de inglés fracasan, Lucy cede. Desde luego, eso no significa que su hijo vaya a ser cubano, pero sí que la cultura y el idioma de su padre formarán parte de su crianza. Si bien no será un *ABC* (*American-Born Cuban,* un cubano nacido en los Estados Unidos) será un *CBA* (*Cubanbred American,* un americano criado como cubano).

¿Qué habría sucedido si Lucy hubiera ganado la "batalla"? ¿Si Mr. Livermore hubiera logrado mejorar el inglés de Ricky? Tal resultado es inconcebible, dada la importancia en el programa del peculiar "sonido" de Ricky. Hace un momento señalaba que Ricky Ricardo padece de un complejo de invisibilidad; otro factor que contribuye a ello es que su impronta no es visual, sino auditiva. Esto no implica que su físico no sea importante, pues es evidente que sí lo es; pero la predilección de los guionistas por la comedia de tipo *slapstick,* con su repertorio de recursos visuales —los disfraces, las maromas, los *props* o utilería— tiende a opacar la importancia de la voz de Ricky en la serie. Pero sin su voz, el programa tendría otra "apariencia", otro cariz. Si el encanto de Lucy yace en sus payasadas, el de Ricky está en la manera que usa y abusa sus dos idiomas. Lucy se disfraza de foca o se esconde debajo de la cama; Ricky exclama "¡ay, ay, ay, ay!" o canta "Granada". Identificamos a Lucy con su amplio repertorio de muecas, a las que los guionistas hasta le habían puesto nombres: "araña", "frustración," "diéresis".[11] Pero lo que más recordamos de Ricky es el inconfundible sonido de su voz al oscilar entre la exasperación y la ternura.

Uno de los momentos más conmovedores de toda la serie tiene lugar en el episodio "Lucy Is Enceinte" (Lucy está embarazada), cuando Lucy le informa a Ricky que van a tener un hijo. El hecho de que por esos años los Arnaz, igual que los Ricardo, también llevaban

---

10 Según Werner Sollors, el término *ethnicity* se empieza a usar en su acepción actual en 1953; ver *Beyond Ethnicity,* de Werner Sollors, Oxford University Press, Nueva York, 1986, pág. 22.
11 *The "I Love Lucy" Book,* de Andrews, pág. 158.

mucho tiempo tratando de tener un hijo realza la emotividad de la escena. Embargado por la emoción, Ricky se pone a cantar "We're Having a Baby" (Vamos a tener un bebé), canción que Arnaz compuso con motivo del nacimiento de su hijo, Desi Jr. Hacia el final de la canción, Ricky y Lucy improvisan este breve intercambio:

>RICKY: Apuesto a que será igualito a ti.
>LUCY: Apuesto a que tendrá tu acento.

Lucy y Ricky comprenden los atributos que los singularizan; ella es su cara, él es su voz.

Un elemento clave en la impronta oral de Ricky es la costumbre que tiene de desahogarse en español cuando Lucy lo enoja con sus ardides: "¡Dios-mío-pero-qué-cosas-tiene-la-mujer-ésta!". Puesto que el propósito de estas "descargas" es expresar el mal genio "latino" de Ricky, en ese sentido no importa lo que dice. Pero resulta interesante que Ricky no siempre habla incoherentemente. Si prestamos atención, si somos todo oídos además de sólo ojos, nos damos cuenta de que, en español, Ricky se permite decir cosas que nunca diría en inglés: declara que está harto de Lucy; amenaza con abandonarla; maldice —"Mira que jode la mujer esta." En 1955 Lucy y Desi montaron una parodia para el show de Bob Hope en la que interpretaban a los mismos personajes de la serie televisiva. En el curso del sketch el personaje de Hope insulta a Ricky llamándole *wetback* ("espalda mojada"). Ricky le responde: "Mira qué cosas tiene el narizón, sinvergüenza, zoquete éste, carajo".[12]

Las "descargas" de Ricky, más allá de su valor humorístico, le dan la oportunidad de decir lo interdicho. Por supuesto, durante esa época era inadmisible que alguien soltara palabrotas ante la cámara, o que el esposo de la "pareja típica" amenazara abandonar a su esposa. A pesar de que los escritores y actores del programa eran extremadamente cautelosos a la hora de referirse a temas delicados (los episodios relacionados con el embarazo de Lucy, por ejemplo, fueron aprobados por un rabino, un sacerdote y un ministro protestante), cuando se trataba de lo que Ricky decía en español se mostraban menos cuidadosos. Inverosímilmente, suponían que nadie entendería las palabras de

---

[12] El segmento aparece en la compilación *Lucy's Lost Episodes*, Good Times Home Video Corp., 1989.

Ricky, a pesar de que entre los televidentes del programa había millares de hispanos; pero en los cincuenta el estadounidense "latino" era tan invisible como Ricky mismo. Hoy en día Ricky no le podría decir a Lucy, tal y como hace en más de un episodio, "Eres la mujer más estúpida que he conocido en mi vida". Asimismo, es poco probable que el antojo de la embarazada Lucy sea mojar pepinillos en un batido de papaya, cuando "papaya" es un vulgarismo cubano para referirse a los genitales femeninos.

Otro episodio que se aprovecha del biculturalismo de la pareja es "Home Movies" (Películas caseras). Ricky está preparando un programa piloto para la televisión titulado "Ricky Ricardo Presents Tropical Rhythms" (Ricky Ricardo presenta ritmos tropicales), cuyo rodaje tiene lugar en su club nocturno, el Tropicana. Al enterarse, Lucy decide hacer su propio programa, un "drama musical del Oeste" rodado en su totalidad en la sala de los Ricardo. Cuando llega el productor de televisión para ver el trabajo de Ricky, ella ha intercalado en el musical de su esposo su propia película, de manera que cuando Ricky está cantando "Vaya con Dios" se ve interrumpido por la interpretación que Lucy hace de "I'm an Old Cowhand from the Rio Grande" (Soy un vaquero del Río Grande). Ricky enfurece y prorrumpe en una de las diatribas que son su especialidad. El productor, sin embargo, piensa que el contrapunto anglo-hispano es brillante y califica a Ricky de "genio". Desde luego, el genio es Lucy, pues ha sido ella quien ha mezclado los dos filmes.

El montaje de Lucy, que ofrece otro ejemplo de su inclinación por los *gags* visuales, muestra que las diferencias entre Lucy y Ricky a menudo se expresan como la yuxtaposición de dos espacios, el club nocturno de Ricky —donde éste rueda su programa— y el apartamento de la pareja —donde Lucy hace lo mismo con el suyo. Esta disposición de espacios ya era evidente en el desenlace de "Lucy Hires an English Tutor", donde la prueba definitiva de la "cubanización" de Mr. Livermore es su interpretación de "Babalú" en medio de la sala. Cuando Livermore canta "Babalú", el club nocturno invade el apartamento: Ricky gana y Lucy pierde.

Pero a veces sucede lo contrario. El apartamento del matrimonio, donde Lucy presenta sus mejores escenificaciones, con frecuencia eclipsa cualquier cosa que esté ocurriendo en el Tropicana. Cuando le preguntan a Lucy por su experiencia en el mundo del espectáculo, ella responde que acaba de terminar una temporada de once años en "los Ricardo", "un circo de tres pistas" ("Lucy Tells the Truth"). La sala de los Ricardo es, sin duda, un escenario, una tarima donde tienen lugar representaciones que en muchos aspectos superan los shows del Tropicana. Es más, Lucy no anda tan desorientada cuando compara su casa con un circo, pues el apartamento sí cuenta con tres ruedos: la cocina, la sala y el dormitorio. Hay un momento en ese episodio en que Lucy le dice a Ricky: "Tienes miedo de que me robe el show". Esa frase resume el nudo argumental de la serie —los desmedidos esfuerzos de Lucy por entrometerse en las actuaciones de su marido. En términos de espacio, meterse en escena significa, o bien ocupar el escenario del Tropicana, o bien convertir la sala en un escenario. De ahí que en el episodio piloto se presentaran sólo dos sets: el club y la sala, metáfora visual de las diferencias entre Lucy y Ricky.

Las salas son un componente básico en las *sitcoms* norteamericanas, desde la modesta sala de Alice y Ralph Kramden en *The Honeymooners* hasta la elegancia *yuppie* de la del show de Bill Cosby. Pero ninguna ha presenciado tantas maravillas como las que suceden en la sala del apartamento 3-B. No es exacto describirla como "una típica sala de clase media, ubicada en el centro de la casa y sin nada de particular".[13] Semejante descripción pudiera ajustarse a la mayoría de las salas, pero no a la de los Ricardo. Las salas han de ser cómodas, tranquilas; son lugares "de estar", pues es allí donde nos refugiamos de la actividad y el barullo del mundo. La sala de Lucy y Ricky, sin duda, posee esa cualidad; allí es donde Lucy y Ricky se retiran cuando él regresa del trabajo o cuando ella termina las labores domésticas. Muchos episodios y escenas comienzan cuando Ricky cruza la puerta, se quita el abrigo, se afloja el nudo de la corbata, anuncia *"Lucy, I'm home"* ("Lucy, estoy en casa") y se tira en el sofá con el periódico en la mano.

Pero su tranquilidad dura muy poco. Tan pronto como Ricky abre el periódico, Lucy sale de la cocina arrastrando una gigantesca barra de pan, o se aparece disfrazada de Superman, o empieza a dar gritos desde el dormitorio. La sala es un espacio espectacular, en todos los sentidos de la palabra. Los Ricardo y los Mertz pueden estar sentados en el sofá, tomando café y conversando, pero momentos después la sala se ha convertido en un pueblo del Oeste (como sucede en el episodio "Home Movies") o en un aula (como en "Lucy Hires an English

---

[13] "Situation and Simulation", de Mellencamp, pág. 34.

Tutor") o en un pedacito de Cuba (como en "Be a Pal"). Por su imprevisibilidad, la sala de los Ricardo se asemeja al mundo patas arriba del carnaval.¹⁴ Recordemos, por ejemplo, el famoso episodio donde Lucy y Ricky se intercambian los papeles: Lucy y Ethel salen a buscar trabajo, mientras que Ricky y Fred, con delantales, cocinan y hacen la limpieza ("Job Switching"). En la sala, Lucy es ama de casa, esposa y madre; pero también hace de rumbera, campesina, bailarina, payaso de circo, mujer barbuda, vampiresa, Tallulah Bankhead, Vivien Leigh y Carmen Miranda. En un episodio incluso llega a asumir la identidad de un perro que se desliza bajo la mesa de comer, se pelea con otro perro por un pedazo de carne y termina por lamer la mano de Ricky! Más circo que santuario, la sala expone tanto a Ricky como a Lucy a todo tipo de riesgos y aventuras.

Las constantes "apuestas" entre los dos protagonistas contribuyen a esa atmósfera carnavalesca. Ricky apuesta con Lucy a que ella no podrá decir la verdad, o Lucy apuesta con Ricky a que él no será capaz de ahorrar, o los hombres apuestan con las mujeres a que ellos hacen las tareas domésticas con mayor eficiencia. Esos retos constantes crean un ambiente competitivo que también nos recuerda las justas y contiendas del carnaval. David Marc tiene razón cuando afirma que *I Love Lucy* y otras comedias de los años cincuenta se oponen a lo que él ha llamado *"role restlessness"*, la inquietud con los papeles que nos asigna la sociedad, pues al final de cada episodio Lucy y Ricky vuelven a sus respectivos lugares: Lucy a su apartamento y Ricky a su club.¹⁵ Pero no podemos pasar por alto el desorden y la confusión que reinan en el ínterin.

Una de las cosas más impresionantes de la serie es la ingeniosidad de los guionistas para encontrarle nuevos usos a tan rutinaria habitación. A pesar de que con los años se introducen pequeños cambios en el decorado, el mobiliario de la sala siempre fue el mismo: un sofá y dos sillas, una mesa de centro, el escritorio con su teléfono, el

---

14 *Rabelais and His World*, de Mikhail Bakhtin, trad. Hélène Iswolsky, M.I.T. Press, Cambridge, Mass., 1968, pág. 7. Bakhtin afirma: "El carnaval no sabe de candilejas, en el sentido de que no reconoce ninguna diferencia entre actores y espectadores. Las candilejas destruirían un carnaval, del mismo modo en que la ausencia de ellas destruiría una representación teatral. El carnaval no constituye un espectáculo para ser visto; las personas viven en él y participan de él, pues la idea de carnaval los abarca a todos. Mientras dura, son las leyes del carnaval las que rigen la vida, es decir, las leyes de su propia libertad". Algo análogo podría decirse de *I Love Lucy*.
15 *Comic Visions: Television Comedy and American Culture*, de David Marc, pág. 59.

televisor, un piano, la chimenea, un armario para los abrigos y una mesa de comedor que misteriosamente aparece en el centro de la habitación si la situación así lo requería. Pero más importantes que los muebles son las puertas: la principal y la que da a la cocina, situadas a la derecha del espectador, y frente a ellas la del dormitorio. Las puertas situadas a la derecha conducen al mundo exterior; la de la calle representa para Ricky el camino hacia la fama; la de la cocina lleva a Lucy al lugar donde cada mañana se encuentra con Ethel para tomar un café y tramar su próximo ardid. También conduce a la puerta del fondo, que es el otro camino para entrar al apartamento, muy utilizado por Ethel. La cocina y la sala se comunican, además, a través de una pequeña ventana, la cual subraya la continuidad entre esos dos espacios. De vez en cuando Lucy y Ricky pelean por el dominio del apartamento, como cuando Ricky le dice a Lucy: "Vamos a llevar esta casa como se hace en Cuba, donde el hombre manda y la mujer obedece" ("Equal Rights"). Pero generalmente el apartamento es territorio de Lucy. Ella le responde: "¿Ah, sí? No sé cómo tratan ustedes a las mujeres en Cuba, pero estamos en los Estados Unidos".

Hacia la izquierda del espectador se encuentra la puerta del dormitorio de los Ricardo, un espacio con características especiales. Si las puertas de la calle y la cocina sirven para relacionar a los personajes con el mundo exterior, la del dormitorio los aísla. Debido a las restricciones que imperaban durante los cincuenta, los guionistas tenían que tener cuidado a la hora de utilizar el dormitorio, por lo que las escenas que aquí transcurren son a la vez anodinas y tensas. El dormitorio es un lugar peligroso, sobre todo en un programa cuyo título habla de amor. El mobiliario, compuesto por camas gemelas, cómodas con espejo, tocador y sillón de lectura, se renovaba también de vez en cuando, aunque sin sufrir ninguna alteración significativa. El único cambio digno de mención tuvo que ver con las camas. En los primeros episodios, las camas gemelas están juntas, separadas únicamente por la división que marcaban las frazadas individuales cuidadosamente remetidas bajo el colchón. Las camas contiguas de Lucy y Ricky eran únicas en la televisión de los cincuenta, cuyas reglas de decoro exigían que los cónyuges durmieran cada uno en su cama. El que Lucy y Ricky estuvieran casados en la vida real ayudó a suavizar semejante restricción, pero durante la segunda temporada del programa, mientras Lucy se encontraba encinta, las camas se separaron, y permanecieron alejadas hasta el final de la serie. La combinación del embarazo de

Lucy y la contigüidad de las camas era una referencia demasiado evidente a la vida íntima de la pareja.

Volvamos a la sala. Al estar ubicada entre lo público y lo privado, es un espacio ambiguo. En tanto que extensión del mundo, la sala es visitada constantemente por personas ajenas al hogar: vecinos, vendedores, periodistas, las amigas de Lucy, las admiradoras de Ricky. La falta de privacidad de la sala es tal que en una ocasión Ricky y Lucy se ven obligados a celebrar su aniversario dentro del closet para huir de Fred, Ethel y otras visitas ("Sentimental Anniversary"). En otros momentos, sin embargo, la sala se convierte en un anexo del dormitorio. Con frecuencia vemos a Lucy y Ricky sentados en el sofá, besándose y acariciándose. En el episodio "Don Juan and the Starlets" (Don Juan y las estrellas), cuando la pareja comienza a abrazarse en el sofá, Fred le dice a Ethel: "Vámonos, que ya empezaron los tortolitos otra vez". Situada entre la calle y la cama, la sala funciona como un margen interior, central y excéntrico a la vez. Al ser una zona fronteriza, es el terreno apropiado para las contiendas entre Lucy y Ricky.

¿Se siente Ricky cómodo en su casa? *"Lucy, I'm home"* es una frase que repitió incontables veces durante los nueve años que permaneció la serie en pantalla. Pero, ¿era el apartamento de veras su hogar? ¿No le deparaba demasiadas sorpresas? En cierta ocasión, Ricky regresa del trabajo para encontrarse con que han desaparecido todos los muebles; en otra, entra para verse en el medio de una pelea de almohadas entre Lucy, Fred y Ethel; otra vez abre la puerta y descubre que Lucy ha convertido el apartamento en un parque de atracciones, de modo que para llegar al sofá tiene que deslizarse por una canal. Afortunadamente, Ricky tiene otro hogar: el club nocturno, donde pasa buena parte de sus días y sus noches. El "club", como normalmente lo llama, es un espacio menos imprevisible y riesgoso que el apartamento. El inmutable decorado —dos o tres palmas, la orquesta de Ricky y algunas mesas ocupadas por clientes— crea una estabilidad interrumpida solamente en aquellos momentos en que Lucy se las arregla para entrometerse. A diferencia del mobiliario casero, el decorado del club no se presta a manipulaciones, razón por la cual los intentos de Lucy fracasan. Las numerosas ocasiones en que Ricky hace referencia a sus ensayos refuerzan el aura de previsibilidad del club. A diferencia del apartamento, el club no permite improvisaciones ni descocados ardides. Una y otra vez vemos a Ricky dándole instrucciones a los músicos, limitando el tiempo de descanso, exigiendo un ensayo más. Allí nadie disputa su autoridad; hasta llega un momento en que compra el local y le pone de nombre su apodo: Club Babalú.[16]

Al ser una extensión de Ricky, el club tiene una identidad "cubana" o "latina". Es el único lugar donde encontramos a otros personajes cubanos, como Marco Rizo, el pianista acompañante de Desi Arnaz, que aparece con cierta frecuencia en los episodios. Otros miembros de la orquesta también son cubanos y Ricky a veces se dirige a ellos en español. En el club el español es un idioma "normal", que no se usa sólo para expresar furia o exasperación. Cuando está en su casa, cada vez que Ricky recurre al español habla solo; no importa si le está reprochando algo a Lucy o si le está contando "La caperucita roja" a su hijo —nadie lo entiende. Pero en el Tropicana el español no resulta anómalo ni incoherente. Cuando Ricky canta en español, no hay discordancia alguna entre sus palabras y el entorno. Nadie se burla de su pronunciación o le corrige su gramática o se queja si acude al español.

Estas dos localidades, el club y la sala, perfilan las dos caras del personaje de Ricky. En el club él es un apuesto galán, talentoso y emprendedor, siempre en dominio de sus facultades y en control de su espectáculo. En la casa es un atribulado marido que apenas se entera de las artimañas de su esposa. Estas dos facetas de su identidad, estrella y esposo, se corresponden con su redundante nombre: Ricardo es el *Latin lover*; Ricky, el marido atribulado. Al igual que el montaje de Lucy, el nombre de Ricky es un texto bilingüe que encierra tanto el original como su traducción, pues "Ricky" es, en inglés, la forma familiar de "Ricardo". Pero se trata de una traslación traicionera, ya que "Ricardo" no sólo ha sido traducido al inglés, sino que se ha transformado en diminutivo; no se traduce a "Richard", ni siquiera a "Rick", sino a "Ricky", un apodo infantil (de la misma manera que "Desiderio" se transformó en "Desi").[17] De los dos nombres, Ricky y Ricardo,

---

[16] El auténtico, o al menos el primer "Mr. Babalú" fue Miguelito Valdés, quien grabó este número junto a la orquesta de Xavier Cugat en 1941, años antes que Arnaz. Ver *The Latin Tinge*, de John Storm Roberts, Oxford University Press, Nueva York, 1979, pág. 108; *A Book*, de Arnaz, pág. 164. En la película *Los reyes del mambo*, Club Babalú es el nombre del local donde actúan los hermanos Castillo.

[17] De todos los personajes de la serie, sólo Fred no se dirige a Ricky utilizando el diminutivo. Pero no debe sorprendernos que el tratamiento de Fred sea diferente, pues representa para Ricky una figura paterna. Ambos comparten muchas cosas: Fred también estuvo en la farándula (fue integrante del dúo de vaudeville "Kurtz y Mertz"), pero a diferencia de Ricky, ya está retirado y se ha acostumbrado a la vida doméstica; en ese sentido presagia el futuro de Ricky. Además, es cómplice de Ricky en su resistencia a los quehaceres de la casa.

el norteamericano va primero; Ricardo, poco frecuente como apellido en español y nombre propio de uno de los más famosos *Latin lovers* de Hollywood, Ricardo Montalbán, se convierte en apellido. Es como si Ricky hubiera desplazado a Ricardo a segundo lugar y de ese modo el "verdadero" apellido se hubiera suprimido. Ricky Ricardo es nombre de huérfano, pues no identifica a los padres del poseedor. Pero lo único que hay que saber sobre los antecedentes de Ricky es que es hispano, y Ricardo cumple con este propósito. "Ricardo" significa que el sujeto es hispano; "Ricky" que el sujeto hispano, el "yo" de "Yo quiero a Lucy", se ha aculturado. Ricardo es el hombre cubano; Ricky es el marido norteamericano; Ricky Ricardo es hombre y marido cubanoamericano.

De este modo, su nombre nos pone sobre la pista de la escisión que define "el yo étnico".[18] Es fácil burlarse de los elementos estereotipados que encontramos en Ricky, cuya interpretación del "Babalú" afrocubano, como la del propio Arnaz, termina siempre con un "olé" ni africano ni cubano. Pero cada vez que Ricky prorrumpe a hablar en español, o pronuncia *wunt* por *won't* o *esplein* por *explain*, sus palabras, aparte del valor cómico que pudieran tener, nos revelan el riesgo y la recompensa de querer a Lucy.

Riesgos y recompensas que ni Ricky ni Lucy ignoraban. El episodio más esclarecedor en este sentido es "Be a Pal" (Seamos amigos), el segundo en salir al aire, cuyo tema es el miedo de Lucy de que Ricky se haya aburrido de ella. Para reavivar el interés de su marido, Lucy ensaya varias artimañas: primero lo despierta una mañana vestida con un ajustado traje de lentejuelas, pero Ricky no se da ni cuenta; luego prueba a jugar una partida de póker con Ricky y sus amigos, pero este plan también fracasa cuando ella gana; finalmente, aconsejada por Ethel, decide que la única manera de atraer la atención de Ricky es mimándolo, "tratándolo como si fuera un bebé y rodeándolo de cosas que le recuerden su niñez". La escena siguiente tiene lugar en la sala, convertida ahora en una especie de rastro donde se exhiben toda clase de objetos de la iconografía cubana, o que Lucy cree pertenecen a la iconografía cubana: un burro, un gallinero, unos plátanos, algunas palmas y dos individuos vestidos con sarape y sombrero mexicano.

---

18 "Ethnicity and the Post-Modern Arts of Memory", de Michael Fischer, *Writing Culture: The Poetics and Politics of Ethnography*, ed. James Clifford y George E. Marcus, University of California Press, Berkeley, 1986, págs. 194-233.

Como la madre de Ricky había sido una "cantante y bailarina famosa", Lucy se disfraza de Carmen Miranda. Cuando Ricky atraviesa la puerta al final de una larga jornada de ensayos, Lucy le da la bienvenida poniéndose a cantar "Mamá yo quiero" —en portugués.[19] Al instante, cinco niños salen corriendo del dormitorio (Ricky supuestamente tenía cinco hermanos: Pedro, Pablo, Chucho, Jacinto y José).[20] Completamente desconcertado, él pregunta qué está sucediendo, y ella le responde: "Pensaba que te estabas cansando de mí y que yo te gustaría más si te recordaba a Cuba". La respuesta de Ricky es antológica: "Lucy, cariño, si hubiera querido una vida cubana, me habría quedado en La Habana". Si Lucy quiere a Ricky porque él es cubano, él la quiere a ella precisamente porque no lo es. Cuando Ricky se entrega a Lucy, se desprende de su patria, de su idioma y, claro está, de su madre.

La canción que Lucy canta, "Mamá yo quiero", expresa un deseo regresivo, y en ese sentido el título en inglés, "I Want My Mama" (Quiero a mi mamá),[21] no está mal traducido, pues el chupete que pide el niño, en tanto que sucedáneo del seno materno, satisface la necesidad de alimento y calor maternales. Lucy cree que su marido quiere verse protegido de la misma forma en que una madre protege a un hijo; pero a Ricky no le tienta ni el regreso ni la regresión. Al brindarle a Ricky la oportunidad de volver tanto a la madre como a su tierra natal, el "cuadro" de Lucy aúna lo psicológico con lo cultural. Mas la aceptación por parte de Ricky de la americanidad de Lucy —que se corresponde con la aceptación por parte de Lucy de la cubanidad de su marido—

---

[19] "Mamâe Eu Quero" fue una de las primeras canciones que Carmen Miranda grabó al llegar a los Estados Unidos a finales de los años treinta; aparece ya en la primera película que rodó en Hollywood, *Down Argentine Way* (1940). En el último largometraje de la actriz, *Scared Stiff* (1953), Jerry Lewis, vestido con baiana y calzando zapatos con plataforma de cinco pulgadas, simula que canta "Mamâe Eu Quero", pero mientras que la imitación de Lucy resulta graciosa, la de Lewis es sencillamente grotesca. Aun cuando Carmen Miranda nunca actuó en *I Love Lucy*, su amistad con los Arnaz se remontaba a los años cuarenta, cuando la actriz visitaba con frecuencia el apartamento de la pareja. Para 1951, sin embargo, su carrera prácticamente había terminado; Miranda, que murió en agosto de 1955, estuvo presente para la filmación de este episodio. Una biografía reciente, muy ilustrativa de la artista, es *Brazilian Bombshell: The Biography of Carmen Miranda*, de Martha Gil-Montero, Donald I. Fine, Nueva York, 1989. Un lúcido análisis de los filmes de la actriz puede encontrarse en el ensayo de Ana M. López, "Are All Latins From Manhattan?: Hollywood, Ethnography, and Cultural Colonialism", *Unspeakable Images: Ethnicity and the American Cinema*, ed. Lester D. Friedman, Urbana, University of Illinois Press, 1991, págs. 404-424.
[20] Los nombres aluden a una guaracha de Osvaldo Farrés, "Mis cinco hijos".
[21] Ver *The Blue Book of Hollywood Musicals*, de Jack Burton, Century House, Nueva York, pág. 140. Al Stillman le puso letra en inglés a la canción.

conlleva el rechazo de imaginarios viajes de retorno. Cuando Lucy se disfraza, hace realidad la fantasía de todos los niños: casarse con una muchacha idéntica a la mujer que desposó papá. Con su traje de bahiana y sombrero de frutas, Miranda es la Madre Naturaleza, una Medusa cómica que hipnotiza con el exuberante contoneo de sus caderas.[22]

Ricky permanece incólume antes tales encantos. El mismo título de la serie constituye una suerte de respuesta a la canción. La frase en portugués —"Mamâe Eu Quero"— articula una pulsión regresiva, mientras que el título en inglés —*I Love Lucy*— expresa una elección consciente. Amar a Lucy es una cosa; quejarse a la madre es otra. Al emular a la Sra. Ricardo, Lucy transforma la sala en un ámbito exclusivamente femenino. La única figura "masculina" en la escena, además de Ricky, es Ethel disfrazada de charro. (Fred, que pudiera haber servido para cualquier efecto cómico —¡vestirlo de torero!— no interviene.) El error de Lucy es no saber que para Ricky la sala del apartamento 3-B puede ser cualquier cosa menos matriz. Ahí yace su riesgo y su atractivo. Más que matriz es encrucijada. Cuando Lucy ve que Ricky no responde a sus ademanes maternales, ella intenta hablarle en español. El contesta con la más americana de las réplicas: "*Lucy, have you gone off your rocker?*" ("Lucy, ¿has perdido los estribos?").

Claro está, el distanciamiento de lo materno por parte de Ricky no es absoluto. Cada vez que hace alarde de su origen cubano, lo cual ocurre a menudo, la referencia materna es inevitable. En el episodio sobre "La caperucita roja", cuando Lucy le pregunta dónde había aprendido el cuento, Ricky le responde que su madre solía contárselo cuando era pequeño. Así pues, al repetirle a su hijo la historia que había aprendido de su madre, Ricky mismo se transforma en su mamá. Y tal vez no es casualidad que la trama de "La caperucita roja" también gire en torno a tretas de suplantación y travestismo. Del igual modo, Ricky, un lobo domesticado, hábilmente repite las palabras que aprendió en Cuba.

No hay que ver muchos episodios de la serie para advertir que uno de los temas explícitos del programa es la fascinación de Ricky por lo americano y, en particular, por las americanas, esos "cachos de hembra"

---

[22] Resulta extraño que Ricky no se dé cuenta de lo fuera de lugar que resultan los sombreros, los sarapes y hasta Carmen Miranda como metonimias de su niñez; sin embargo, no era la primera vez que se tomaba a Carmen Miranda por cubana. En la película *Weekend in Havana* (1941), Miranda interpreta el papel de la artista cubana Rosita Rivas; en la escena en que Lucy imita a la madre de Ricky, a quien en realidad está remedando es a Carmen Miranda en el papel de Rosita Rivas.

("*glorious hunks of stuff*"), como Lucy, por los que se le cae la baba, pero que, en última instancia, no lo comprenden. Visto con los ojos de Ricky, o, lo que es lo mismo, a través del "yo" del título, *I Love Lucy* narra la atracción de Ricky hacia una cultura que, por mucho que la conozca, nunca será la suya. Las camas gemelas del dormitorio, divididas por la más tenue de fronteras, pueden tomarse como una metáfora de la distancia que separa a Lucy de Ricky, y a Ricky de Ricardo.

Recordemos cómo terminan los episodios: Lucy y Ricky hacen las paces, se abrazan y se besan. Después del beso, aparece un corazón sobre unas arrugadas sábanas de seda, y, finalmente, la inscripción "*I Love Lucy*". En su sentido estrictamente literal, la frase resulta bastante sugestiva, pues es en la cama, sobre esas arrugadas sábanas, donde Ricky de veras ama a Lucy. En sus memorias Arnaz afirma: "Creo que el público podía imaginar a Lucy y a Ricky acostándose juntos y disfrutándolo"[23]. Fred podía imaginarlo también, pues los llama "tortolitos" que están siempre "en eso". El emblema de la serie, un corazón dibujado sobre unas sábanas de seda, demuestra que Desi y Fred tienen razón. En este sentido existe una gran diferencia entre *My Favorite Husband*, el título del programa radiofónico de Lucille Ball que sirvió de precursor a la serie, y *I Love Lucy*. Aquél define al protagonista como esposo; éste no lo define como esposo, ni como padre, ni como artista, sino sólo como *lover*, amante.

Este trasfondo erótico nuevamente pone en tela de juicio la "tipicidad" del programa, pues las demás comedias televisivas de esos años nunca aludían a la vida íntima de los matrimonios. La presentación del programa *The Honeymooners*, de Jackie Gleason, muestra un estallido de fuegos artificiales seguido por un paisaje urbano donde la luna que asciende en el horizonte enmarca, primero, la cara de Jackie Gleason, luego su nombre y el título del programa, y por último los nombres del resto del reparto. Si bien la primera imagen de los fuegos artificiales concuerda con las connotaciones eróticas del título (*honeymoon* es luna de miel), esa referencia desaparece al instante, pues el horizonte define un espacio social en vez de íntimo, situándonos ya no en un dormitorio, y mucho menos en unas sábanas, sino entre rascacielos. Luego, con la luna como fondo al rostro de Gleason, el programa desvía la atención del televidente de la pareja de recién casados a una de las estrellas, Gleason. De manera casi imperceptible, la metáfora inicial

---

[23] *A Book*, Arnaz, pág. 270.

ha cambiado: de la "luna de miel" se ha pasado al "hombre en la luna". Este retruécano visual obliga al espectador a ajustar sus expectativas; se da cuenta entonces de que el título, *The Honeymooners*, es una broma, pues el conflictivo matrimonio de Ralph y Alice es todo menos una eterna luna de miel.

Otro ejemplo es el programa *Make Room for Daddy* (Háganle lugar a papá), inspirado directamente en *I Love Lucy*. Como los Ricardo, los Williams viven en un apartamento de Nueva York; igual que Ricky, Danny Williams, el esposo, está en la farándula. Ricky es la atracción estelar en el Tropicana; Danny lo es en el Club Copa. Además, así como Ricky es un calco de Desi, también Danny es el trasunto ficticio de Danny Thomas. Si bien Ricky es cubano, Danny es libanés, y sus idiosincracias son motivo de chistes continuos.[24] La diferencia fundamental entre los dos programas radica en que, ya desde el título, *Make Room for Daddy* subraya el papel de Danny como hombre de familia. "Danny" y "Daddy" son la misma persona, y casi la misma palabra. La escena que da comienzo a cada episodio lo deja claro: Danny entra en la casa al mismo tiempo que su esposa sale de un cuarto y sus dos hijos del otro. Los cuatro se encuentran en el centro de la sala, se abrazan y se sientan todos juntos en el sofá. Los episodios de *Make Room for Daddy* comienzan y terminan con toda la familia reunida en la sala; los de *I Love Lucy*, con Lucy y Ricky solos en la cama.

I Love Lucy no es un programa "de familia", porque la idea de familia apenas figura en los argumentos. A efectos prácticos, Lucy y Ricky no tienen hijos. El tema musical de la serie dice así:

> *I love Lucy and she loves me.*
> *We're as happy as two can be.*

[Yo quiero a Lucy y ella me quiere a mí. / Somos tan felices como sólo dos pueden serlo.]

La letra se cantó solamente una vez, al final de la segunda temporada, en el episodio "Lucy's Last Birthday" (El último cumpleaños de Lucy). Lo raro es que la letra habla de la pareja como si no tuvieran hijos,

---

[24] Sin embargo, una importante diferencia entre Ricky y Danny estriba en que, como éste no hablaba con acento extranjero, hubo que encontrar otra forma de subrayar su origen étnico; esto dio pie a que se incluyera a un personaje marcadamente libanés, el Tío Tonoose. El Tío Tonoose es el "acento" de Danny.

como si fueran "sólo dos", a pesar de que el pequeño Ricky acababa de nacer dos episodios antes! Incluso después de nacido el bebé, los Ricardo siguieron comportándose esencialmente como una pareja sin hijos. El pequeño Ricky no se convirtió en un personaje relevante hasta la sexta temporada, la última con formato de media hora. A lo largo de toda la serie se hacen referencias a la familia cubana de Ricky; su madre los visita una vez (con nefastas consecuencias) y la madre de Lucy, la Sra. McGillicuddy, aparece ocasionalmente. No obstante, en la gran mayoría de episodios la única compañía de Lucy y Ricky son Fred y Ethel, otro matrimonio sin hijos que, al parecer, tiene aún menos familia que los Ricardo.

La madre de Lucy hace su debut en un episodio titulado "California Here We Come" (Nos vamos a California). A primera vista, el *we* ("nosotros") del título parece referirse a la familia Ricardo, que ya en ese momento incluía al pequeño Ricky. Pero cuando la pareja emprende el viaje hacia California por carretera, van acompañados, no por el hijo y la abuela (que viajan en tren), sino por los Mertz. El "nosotros" se refiere, como siempre, a Lucy, Ricky, Fred y Ethel. Y si bien el programa retrata a Lucy y Ricky como padres cariñosos y atentos, apenas si tienen alguna escena con el bebé, que debe ser uno de los niños más desatendidos en toda la historia de la televisión norteamericana.

Desde el inicio de cada episodio de *I Love Lucy*, la atención del televidente se concentra en el apasionado y conflictivo matrimonio de los Ricardo, que refleja la igualmente apasionada y conflictiva relación de Lucille Ball y Desi Arnaz. Al amar a Lucy, Ricky pierde y gana. Pierde su identidad originaria en tanto que hijo de su madre; gana un "yo" renovado, conformado a partir de su pasado y su presente. Esa identidad híbrida no es, desde luego, un logro fácil o estable, ya que no siempre le resulta fácil a Ricardo entender a Ricky, ni a Ricky entender a Ricardo. El "yo" de Ricky Ricardo, tal vez como el de todo sujeto bicultural, es una identidad en trance, en tránsito. Las esporádicas apariciones del pequeño Ricky en la serie prueban que, a pesar de las historietas que su padre le cuenta a la hora de dormir, el único hombre híbrido es el papá, pues el pequeño Ricky no podría hablar inglés con acento cubano por más que lo intentara. Y aun cuando existe continuidad de padre a hijo, existe también una saludable distancia entre ellos. Cuando el niño crece lo suficiente como para aprender música, sigue los pasos de su padre al elegir la percusión; pero en lugar de la tumbadora, se decide por la batería americana. (Lo mismo sucedió con el hijo de Desi, que comenzó su carrera en el mundo del espectáculo como batería de un grupo de rock).

El único que se encuentra suspendido entre idiomas y culturas es Ricky. Como los integrantes de la generación del medio, Ricky es demasiado joven para ser sólo cubano y demasiado viejo para ser sólo norteamericano; pero no para ser cubanoamericano, para hallarse y perderse en los brazos de Lucy. Su vida en vilo no empieza en la calle, en la casa o en la clase; empieza en la cama, sobre esas lustrosas sábanas que se han convertido en una de las imágenes más perdurables de la cultura norteamericana. En cierta ocasión, Desi Arnaz señaló: "La historia se hace de noche". Yo sé —*I know*— que estaba pensando en Lucy.

Mambo No. 2
Desi nada, monada

El argot miamense incluye un vocablo exclusivo de la capital del sol y del solecismo: "nilingüe". Si bilingüe es la persona que habla dos idiomas, nilingüe es aquella que no habla ninguno: "ni español, ni inglés." Un buen ejemplo de nilingüismo es Ricky Ricardo, cuyo inglés macarrónico compite con su defectuoso español —"falta" por "culpa", "introducir" por "presentar", "parientes" por "padres." Si bien a veces Ricky Ricardo incurre en el anglicismo deliberadamente (a fin de que el espectador angloparlante pueda entender lo que dice), en otras ocasiones son meros errores. Cosa curiosa: con el paso de los años, el español de Ricky fue empeorando, pero su inglés no mejoraba. Lo mismo le sucedió a Desi Arnaz, quien en la puerta de su camerino tenía un cartel que decía: "English is broken here" ("Aquí se rompe el inglés"). En 1983, Arnaz fue elegido "rey" de Open House Eight, *el festival hispano que se celebra en Miami cada primavera. Ya para entonces su manejo de las dos lenguas era tan precario como su salud; pronunciaba el inglés como un cubano y el español como un "gringo". Al igual que Ricky Ricardo, era "nilingüe".*

En español se dice que conocer una lengua es "dominarla". Pero mi lengua materna se equivoca: el hablante no domina su idioma, el idioma lo domina a él. En inglés sucede lo contrario: cuando una persona habla bien un idioma, digamos el español, se dice que es Spanish-dominant, *una expresión que pone a la lengua y no al hablante en primer plano. Al invertir la relación de primacía, el inglés se acerca más a la verdad. Lo raro es que en Ricky Ricardo, así como en su creador, ningún idioma logró alcanzar esa preponderancia. En la atribulada lengua de Arnaz se libraba una "batalla de acentos" que acabó por derrotarlo.*

Huérfano de dos idiomas, el deslenguado nilingüe confunde el idioma materno con el idioma alterno. Su desempeño lingüístico está marcado por un doble acento, por una fluidez sin cauce. En cierta ocasión T. W. Adorno afirmó: "Sólo aquél que no se siente cómodo con un idioma es capaz de utilizarlo como instrumento". De ser así, Ricky Ricardo es un multi-instrumentalista, desposeído poseedor de dos idiomas que lo dominan pero no lo entienden.

DOS
El hombre que amó a Lucy

Tras nueve años de un éxito sin precedentes en la televisión norteamericana, el último episodio original de *I Love Lucy* se emitió en abril de 1961. Lucille Ball siguió trabajando, con más o menos fortuna, en otros seriales. Desi Arnaz se refugió en Palm Springs, California, compró un rancho y dedicó la mayor parte de su tiempo a la cría de caballos. Aparte de algunas invitaciones a programas de entrevistas y algún que otro insignificante papel televisivo, el actor abandonó el mundo del espectáculo. Sólo volvió a ser noticia en 1976, cuando publicó sus memorias con el título de *A Book*. El "libro", cuyo lanzamiento coincidió con el vigesimoquinto aniversario de *I Love Lucy*, se vendió bien, en gran parte gracias a la incansable promoción que le hizo su autor.

La portada y la contraportada de *A Book* conforman un díptico aleccionador. La primera muestra un primer plano de Arnaz en el que aparece tal y como se veía a mediados de los setenta, sin retoques fotográficos ni maquillaje; le cuelgan los carrillos, tiene arrugas en el cuello, el pelo ralo y canoso, y la tez curtida. Está de pie sobre un escenario apenas iluminado. Con la mano derecha sostiene un micrófono largo y delgado, y con la izquierda un tabaco a medio fumar que ha quedado reducido a un destello de luz entre las sombras. Lleva ropa de diario, una chaqueta deportiva sobre una arrugada camisa de color claro. Se dirige al público, no a la cámara. Su expresión es seria, casi sombría. La fotografía se aleja mucho de lo que fue la imagen artística de Desi Arnaz. Aunque se encuentra sobre un escenario, en lugar de cantar o bailar, está hablando. Tomada de perfil, la fotografía da la impresión de que se trata de una instantánea "natural", tal vez reveladora de facetas de la vida y la personalidad del artista que pudieran resultarnos desconocidas, como si el individuo sobre el que versa el libro no fuera el sonriente y seductor *Latin lover* del cine y la televisión.

El diseño de la contraportada es idéntico al de la portada. Reproduce otra foto de Arnaz, acompañada por el título, el nombre del autor y la misma nota publicitaria. Debido al parecido entre la portada y la

Portada de *A Book*.
(Fotografía autorizada por Lucie Arnaz)

Contraportada de *A Book*.
(Fotografía autorizada por Lucie Arnaz)

contraportada, a primera vista resulta imposible distinguir cuál es cuál. Lo que sí es inconfundible, sin embargo, es la diferencia entre las dos fotografías. En la contraportada Arnaz tiene treinta años menos, pues se trata de una foto publicitaria de su época como "Mr. Babalú". Está retratado de frente, con el rostro bien iluminado. Su piel no revela una sola mancha o imperfección; los dientes son blancos y brillantes, el pelo abundante, negro y sedoso. Le brillan los ojos y exhibe una sonrisa de oreja a oreja. La camisa blanca de rumbero está abierta en el pecho, enseñando una medalla. Bajo su brazo derecho sostiene una tumbadora, y el fotógrafo lo ha captado justo en el momento en que va a darle un golpe al parche.

Vistas en conjunto, las dos fotografías parecen componer una alegoría sobre la fugacidad de la juventud y de la fama. Pero el contraste entre las dos caras de Arnaz apunta también a otra cosa: la ambigüedad de la relación entre la cara y la máscara, entre el autor y el artista —ambigüedad que la serie televisiva explotó desfachatadamente.[1] Más en concreto, el díptico deja entrever cuán difícil es mantener esos distingos en una autobiografía. A primera vista pudiera parecer que la contraportada revela la personalidad artística de Arnaz, mientras que la portada nos permite acercarnos al hombre oculto tras la máscara. Sin embargo, el Desi "de verdad", el de la portada, se encuentra también sobre un escenario, y aunque no esté vestido de conguero, está ahí, sobre las tablas, micrófono en mano. La ambigüedad se hace más patente si leemos la escueta descripción del libro que aparece tanto en la portada como en la contraportada. Justo debajo del título del libro y el nombre del autor, en letras más pequeñas, se lee: "Las francas memorias de 'Ricky Ricardo', el hombre que amó a Lucy". ¿Por qué "Ricky Ricardo"? Y ¿desde cuándo un personaje de televisión tiene "memorias"? El que el nombre del personaje aparezca entrecomillado no logra mitigar el equívoco, subrayado por la frase que viene a continuación:

---

[1] El ejemplo más conocido fue el nacimiento del pequeño Ricky el lunes, 19 de enero de 1953, la misma fecha en que nació el segundo hijo de la pareja en la vida real. Pero hay muchos otros, como el hecho de que tanto los Arnaz como los Ricardo contrajeran matrimonio en Connecticut en noviembre de 1940. Lucy era, además, el apodo cariñoso con que Desi llamaba a Lucille. En el episodio "The Moustache", Lucy le muestra el álbum de recortes de Ricky a un cazador de talentos, y mientras tanto le explica que él había comenzado su carrera en un espectáculo de Broadway titulado *Too Many Girls*, que no es otro, evidentemente, que aquél en el que Arnaz debutara y que diera título, posteriormente, a su primera película. Incluso el emblema de la serie estaba inspirado en un reloj con forma de corazón que Desi le regaló a Lucy poco tiempo después de conocerla.

"el hombre que amó a Lucy". ¿Qué "hombre" —Ricky o Desi? Y ¿a qué "Lucy" se refiere la frase, a Ball o Ricardo? Como la serie, la nota confunde la cara con la máscara, así difuminando una vez más el "yo" de *I Love Lucy*.

También es un tanto desconcertante que, a pesar de la atribución del libro a Ricky Ricardo, ninguna de las dos fotografías pertenece a la época en que Arnaz interpretó ese personaje. Al añadir una tercera "cara" a las dos retratadas en las portadas, la mención de Ricky insinúa que el autor de este libro es polifacético, pero también plantea nuevamente su complejo de invisibilidad, pues no sabemos con cuál de las caras identificar al narrador del libro. ¿Quién es el "yo" que comienza el relato de su vida diciendo: "Nací en Santiago de Cuba el 2 de marzo de 1917. Tenía que empezar por algún sitio"?[2] Y ese "empezar", ¿se refiere a su libro o a su vida? No en balde se dice en inglés que no es posible juzgar un libro por su portada.

La opinión que siempre ha prevalecido con respecto a Desi Arnaz es que su carrera prosperó gracias a su esposa. Como ha señalado John Carlos Rowe: "Todo el mundo sabe que el éxito de Desi Arnaz en el mundo del espectáculo fue consecuencia, fundamentalmente, de su matrimonio con Lucille Ball".[3] La realidad es algo más compleja, porque si bien es verdad que la popularidad de *I Love Lucy* es atribuible al talento cómico de Lucille Ball, también se puede afirmar que Desi Arnaz no era conocido únicamente como el esposo de la actriz. Por muchos años antes de que el programa saliera al aire, Arnaz se desenvolvió como director y cantante de una de las orquestas latinas más populares de Estados Unidos. A fines de los cuarenta se embolsaba una suma muy superior a los 100.000 dólares cada año, una cifra considerable para la época. Según el historiador del jazz Will Friedwald, "de todos los grupos musicales que surgieron después de la segunda guerra mundial, la orquesta de Arnaz fue prácticamente la única que tuvo éxito".[4] Además, para entonces ya había actuado en media docena de

---

[2] *A Book*, de Desi Arnaz, William Morrow and Company, Nueva York, 1976, pág. 9. Las demás referencias a los números de páginas aparecerán en el texto.
[3] "Metavideo: Fictionality and Mass Culture in a Postmodern Economy", de John Carlos Rowe, *Intertextuality and Contemporary American Fiction*, ed. Patrick O'Donnell y Robert Con Davis, Johns Hopkins University Press, Baltimore, 1989, pág. 222.
[4] En el texto de la carátula de *The Best of Desi Arnaz* (BMG, 1992).

películas, obteniendo buenas críticas en casi todas ellas. Y cuando la serie triunfó, Arnaz tuvo astucia suficiente para sacarle el mayor partido, tanto artística como comercialmente. "Mr. Babalú" no habrá sido un músico experimentado ni un gran actor, pero sí era un consumado "vivo" que sabía desempeñarse hábilmente dentro de sus limitaciones.

Y no sólo un vivo, sino un *bon vivant* —causa fundamental de su fracaso matrimonial. Según afirmó una admiradora, Arnaz "sabía rumbear lo mismo de pie que acostado".[5] En cierta ocasión Lucille Ball observó: "Si me hubiera enfadado con todas las mujeres con las que Desi tuvo relaciones, habría tenido que dejarle de hablar a la mayoría de las muchachas más agradables de Hollywood".[6] Sus parrandas eran frecuentes y legendarias. Una vez fue arrestado por la policía de Los Angeles por desnudarse frente a un burdel de lujo a las dos de la mañana y lanzarse a cantar "Babalú".

Unico hijo de una influyente familia de Santiago de Cuba, Arnaz llegó a los Estados Unidos en 1934 a raíz de la caída del dictador Gerardo Machado, a quien su padre, alcalde de la ciudad, había apoyado. Como hicieran muchos otros cubanos desde entonces, la familia Arnaz se instaló en Miami. Allí Desi resumió sus estudios en la escuela católica de Saint Patrick's, donde su mejor amigo era el hijo de Al Capone. Después de graduarse tuvo algunos trabajos de poca monta, como limpiar jaulas de pájaros, hasta que logró un puesto como cantante en un pequeño club nocturno de Miami Beach. Al cabo de unos meses fue descubierto por Xavier Cugat, quien lo contrató para que cantara con su orquesta.[7] Poco tiempo después Arnaz formó su propio grupo, se le ocurrió la idea de incluir en sus actuaciones números de conga y, de la noche a la mañana, triunfó en el circuito de *nightclubs* de la costa este del país. En Nueva York conoció al famoso director George Abbott, que en aquel momento preparaba un musical de Rodgers y Hart titulado *Too Many Girls*. Impresionado por la vitalidad de Arnaz, Abbott contrató a Desi para que actuara en el musical. (Años más tarde Lucille Ball comentaría que *Too Many Girls* —"Demasiadas

---

[5] Citado por Penny Stallings en *Forbidden Channels*, Harper Perennial, Nueva York, 1991, pág. 101.
[6] *Lucy in the Afternoon*, de Jim Brochu, Pocket Books, Nueva York, 1990, pág. 144.
[7] Cugat, quien más tarde se jactaría de "haber creado a Desi Arnaz", describía al músico y actor como "un joven cubano de Santiago, atractivo y afable" que "poseía un talento sólo comparable a su exuberancia" (*Rhumba Is My Life*, Didier, Nueva York, 1948, pág. 118). Arnaz habla sobre sus primeros años en los Estados Unidos en el artículo "America Has Been Good To Me", *American Magazine*, 159, febrero de 1955, págs. 22-23, 82-87.

Too Many Girls.
(Fotografía autorizada por Warner Bros.)

muchachas"— debía haber sido el título de la autobiografía de su exmarido.)

Cuando el musical fue llevado a la pantalla grande, el joven Arnaz, de veintitrés años, se trasladó a Hollywood para formar parte del elenco, y su fama siguió aumentando. Como otras películas musicales de esa época, *Too Many Girls* (RKO, 1940) muestra un desconocimiento casi total de la cultura hispanoamericana. En la cinta, Desi interpreta a "Manuelito Lynch", un joven argentino que exhibía dos talentos: tocar la tumbadora y jugar fútbol americano. De hecho, Manuelito era nada más y nada menos que "el mejor jugador de fútbol en los últimos cincuenta años", lo que explicaba que universidades como Princeton, Harvard y Yale le ofrecieran becas. En la versión de Broadway la conga iba al final del primer acto; en la película ocurre durante la exultante escena final: después de una gran victoria en el partido de fútbol, Manuelito guía a sus compañeros hasta una plaza donde arde una inmensa fogata. Rodeado por espirales de fuego, se lanza con brío a dar golpes en su tumbadora mientras repite "oé, oé". Poseídos por el ritmo, los demás estudiantes, algunos con antorchas y otros con las farolas típicas de los carnavales, lo imitan formando las cadenas del baile.

La imagen de un Desi de nacionalidad argentina, vestido de jugador de fútbol, con una tumbadora colgándole del cuello, encabezando una conga en el desierto de Nuevo México, es un disparate tal que la imitación de Carmen Miranda de Lucy, en comparación, parece un modelo de mesura. Pero esto no es todo: mientras Arnaz hace retumbar su instrumento, Ann Miller baila —¡tap! Y nada importa que Ann haga el papel de una muchacha mexicana con el raro nombre de "Pepe", o que un primer plano de la tumbadora de Desi descubra que está adornada con motivos amerindios. Exagerada desde su mismo título, "Demasiadas muchachas" entremezcla demasiadas culturas. Más que un ajiaco, es un arroz con mango, un batiburrillo.

A la escena final concurren las culturas más relevantes de Norteamérica: la negra, la blanca, la india y la hispana —todas caricaturizadas y distorsionadas. Presentar un *jitterbug* a ritmo de conga, como sucede en esta escena, significa que este género afroamericano recibe el mismo trato irreverente dispensado a la música cubana o al arte amerindio. Hechizados por los golpes de tumbadora y recalentados por el fuego de la hoguera, los participantes se funden en un danzante cuerpo multicultural. Mientras la cámara se agita febrilmente, enfocando primero un grupo de parranderos y luego otro, Manuelito toca con más y más fervor. La última imagen de la película muestra a Manuelito a punto de ser devorado por las llamas.

Desde entonces habrían de rodarse incontables escenas de este tipo. La conga era ideal para esas grandes producciones: se trataba de un baile de grupo, fácil de montar y ejecutar, con el imprescindible aire festivo y exótico. Una relación parcial de los números de conga llevados al cine durante esta época abarcaría "The La Conga", donde Micky Rooney y Judy Garland bailan en el auditorio de un instituto, en la película *Strike Up the Band* (1940); "Cali-Conga", en *A Night at Earl Carroll's* (1940); "Doing the Conga", en *Down Argentine Way* (1940); "Doing the Conga" (el mismo título para otra canción), en *Up in the Air* (1941); "Kindergarten Conga", en *Moon Over Miami* (1941); "Ora O Conga", una conga carioca, en *Rio Rita* (1942); "Conga from Honga", la contribución tercermundista, en *The Fleet's In* (1942), y "Congaroo" y "Conga Beso" en *Hellzapoppin'* (1941). También se rodó una película titulada *La Conga Nights* (Universal, 1940) sobre un "morón musical" que abre un club nocturno en la zona hispana de Nueva York. Si se añadieran números de otros géneros con ritmo de conga (como la pieza de Carmen Miranda "Mamãe eu quero"), la relación sería mucho más extensa. Tampoco tardaron en aparecer las contra-congas, como "I Hate the Conga" (Odio la conga), en *Born to Sing* (1942).

Para los fanáticos de *I Love Lucy*, *Too Many Girls* contiene además una escena inolvidable —el primer encuentro de Desi y Lucy en escena. En la película Lucy interpreta a Connie Casey, una "presumida internacional" cuyo padre multimillonario, creyendo que Connie necesita protección, contrata como guardaespaldas a cuatro ases del fútbol, entre ellos a Manuelito. Como Manuelito está enamorado del personaje interpretado por Ann Miller, él y Connie tienen pocas escenas juntos; pero la primera vez que Manuelito ve a Connie/Lucy se desmaya, aturdido por su belleza. En la vida real Desi había conocido a Lucy unos días antes y también se había enamorado de ella a primera vista.

Too Many Girls fue un éxito de taquilla y recibió reseñas generalmente favorables. La RKO comenzó a promocionar a Arnaz como el nuevo ídolo latino: "Si Desi Arnaz, ese atractivo joven cubano de piel morena, ojos negros y mirada ardiente, hiciera otra película, ahora que se ha convertido en galán gracias al papel que Abbot le ha dado en *Too Many Girls* por su interpretación de "La Conga", los productores cinematográficos tendrían que buscar otros latinos, como cuando Valentino ascendió al estrellato... El recién llegado Desi Arnaz bien puede ser el remedio que nos aconsejó el médico para hacer resurgir la moda latina".[8] Siguiendo esa línea, el crítico de *Time* describió a Desi como "el Valentino de la conga".[9] Pero no todos estaban de acuerdo; una reseña del influyente crítico de cine del *New York Times*, Bosley Crowther, resultaba menos halagüeña: "El señor Arnaz es un latino trigueño y ruidoso, cuyo rostro, desafortunadamente, carece de expresión, y cuya interpretación está exenta de gracia".[10]

A raíz de su trabajo en *Too Many Girls*, la RKO le ofreció a Arnaz un contrato para rodar tres largometrajes más, aunque ninguno de ellos igualó el triunfo del musical de Rodgers y Hart. Tanto en *Four Jacks and a Jill* (Cuatro hombres y una mujer; 1941) como en *Father Takes a Wife* (Papá se casa; 1941), Desi repite el papel del "Valentino de la

---

[8] *A Book*, de Arnaz, págs. 132-133. En 1940, la revista *Variety* describía a Arnaz como el "futuro candidato a estrella" de la RKO ("Films' Latin-American Cycle Finds Congarhumba Displacing Swing Music", *Variety*, 6 de noviembre, 1940).
[9] "Too Many Girls", *Time*, 11 de noviembre, 1940.
[10] "Too Many Girls", *New York Times*, 21 de noviembre, 1940.

conga". En el primero, una cinta insignificante con pocos momentos acertados, Desi encarna a otro personaje inverosímil: ya no un conguero argentino sino un rey sudamericano (quien, claro está, toca la tumbadora). El mejor momento de Arnaz es su interpretación de "The Boogie Woogie Conga" en el asiento trasero de un taxi. Mucho más lograda es *Father Takes a Wife*, donde Arnaz aparece en el cuarto lugar del reparto interpretando a Carlos Valdés, un refugiado procedente de algún anónimo país latinoamericano. Poseedor de una voz magníficamente dotada para la ópera, Carlos llega a los Estados Unidos como polizonte y se convierte en el protegido de una famosa actriz de teatro, Leslie Collier (interpretada por Gloria Swanson), para disgusto de Frederick Osborne (Adolphe Menjou), su esposo. En lo que sería su escena más importante en la película, Desi canta el bolero "Perfidia", que formaba parte de su espectáculo nocturno. Pero como Carlos era cantante de ópera, la lógica hollywoodense dictaba que debía ser un tenor italiano el encargado de doblar la canción. El filme, por supuesto, cuenta con una escena de conga, pero curiosamente Desi no participa en ella. Y lo que más admiran los demás personajes de Carlos no es precisamente su voz. Julie, la tía de Leslie, dice: "Cuando se tiene una cara así, no hace falta más que una cara así". Evidentemente, el director pensaba lo mismo, pues a lo largo de toda la cinta Arnaz no hace otra cosa más que pavonearse y exhibir su finas facciones.

Como *Father Takes a Wife* significaba el regreso de Gloria Swanson al cine después de siete años de ausencia, la RKO decidió estrenarla con bombos y platillos. La publicidad anunciaba: "Con Gloria el glamour ha vuelto a la pantalla". Pero a pesar de la promoción, la película fue un rotundo fracaso, quizás porque el apuesto Arnaz lucía mucho mejor en pantalla que la Swanson, quien para entonces ya había perdido gran parte de su "glamour".

La última película de Arnaz para la RKO fue *The Navy Comes Through* (La marina triunfa; 1942), sobre la que un crítico dijo: "La marina triunfa, pero la cinta no".[11] En ella Desi interpreta a "un cubano de pies calientes" que se alista en la Marina y, entre una y otra escaramuza con los submarinos alemanes, tiene ocasión de cantar el son "Masabí" y recitar, en español, algunos versos del himno nacional cubano. Mejor acogida tuvo su siguiente película, *Bataan* (1943), esta vez para MGM, en la que por primera vez el personaje de Arnaz no

---

11 Philip T. Hartung, "The Navy Comes Through", *Commonweal*, 17 de noviembre, 1942.

cantaba. Tal vez el mejor, si no el más interesante, de todos los largometrajes en los que había actuado hasta entonces, *Bataan* narra la última batalla de una heroica sección del ejército norteamericano en Manila. En el papel del soldado Félix Ramírez, el "benjamín" de la sección, Arnaz tiene dos escenas importantes. En la primera, después de arreglar un equipo de radio, se deshace en elogios hacia Tommy Dorsey; en la otra, en pleno delirio (ha contraído malaria), comienza a llamar a su "mamacita" y recita un acto de contrición en latín, que Arnaz recordaba gracias a su educación jesuita en Cuba. Por su notable interpretación en esa escena, Arnaz recibió el premio a la mejor actuación del mes de la revista *Photoplay*. Años más tarde diría: "No era un Oscar, pero para mí fue más que suficiente".[12]

Durante la Segunda Guerra Mundial, Arnaz se alistó en el ejército, pero en vez de ir a parar a Manila como Félix Ramírez, pasó sus años de servicio militar haciendo giras de hospitales y enamorando a las enfermeras. Después de la guerra, como su contrato todavía estaba vigente, regresó a la MGM, aunque para entonces los estudios ya disponían de otro galán latino, Ricardo Montalbán, mucho mejor dotado para el cine. Al ver que no tenía futuro en la MGM, decidió volver a formar una orquesta. A esa época pertenecen sus primeras interpretaciones de "Babalú", que le trajeron fama y dinero. Pocos meses después la popularidad de su conjunto lo lleva de nuevo al cine en *Cuban Pete* (Universal, 1946), una producción de bajo presupuesto rodada en apenas doce días, pero que le brindó la oportunidad de debutar como protagonista. Anunciado como "el rey de la rumba", Arnaz interpreta a un director de orquesta cubano que va a Nueva York a trabajar en un programa de radio. Con una hora de duración, *Cuban Pete* es poco más que una revista musical. Arnaz canta en cuatro ocasiones, dos de las cuales son diferentes versiones de la canción que da título a la película, que después pasará a formar parte de su espectáculo nocturno y aparecerá en uno de los primeros episodios de *I Love Lucy* ("The Diet").

Holiday in Havana (Columbia, 1949), la última cinta de Arnaz antes de *I Love Lucy*, seguía los pasos de *Cuban Pete*, aunque con mucho más refinamiento. Si bien ha quedado prácticamente en el olvido (el propio Arnaz no la menciona en sus memorias), es una película divertida con buena música y material de archivo con imágenes de los carnavales cubanos. El comentario de la revista *Variety* fue elogioso: "He aquí

---

[12] *A Book*, Arnaz, pág. 145.

una rítmica cinta que supera a casi todos sus competidores; un musical que recogerá jugosos dividendos en virtud de sus encantadoras rumbas".[13] En *Holiday in Havana* Desi vuelve al papel de galán-contumba, con la salvedad de que en esta ocasión no tiene que bailar vestido de rey o de futbolista. Hace el papel de Carlos Estrada, ayudante de camarero y compositor en ciernes, quien asume la dirección de una orquesta cuando el director de ésta escapa tras las faldas de Pepita, una rutilante brasileña. "Me largo de Cuba y regreso a Brasil" —dice Pepita— "donde los hombres no sólo te hacen el amor sino que se casan contigo". Carlos está enamorado de Lolita Valdés (Mary Hatcher), "la artista más grande de toda Cuba", quien necesita un conjunto que la acompañe en los concursos del carnaval. Después de una serie de percances y malentendidos, Carlos y Lolita ganan el primer premio. Carlos resume la trama de la siguiente manera: "Qué te parece, me he pasado toda mi vida buscando a la mujer de mis sueños y resulta que la tenía aquí mismo, debajo de mis maracas".

Al igual que *Too Many Girls*, *Holiday in Havana* culmina en una apocalíptica escena de conga que, por primera vez, tiene lugar en un escenario adecuado, los carnavales habaneros. En medio de un diluvio de serpentinas, Desi interpreta la canción que da nombre a la película:

> *Holiday in Havana,*
> *the thrill of romance*
> *as you dance*
> *with a lovely cubana.*
>
> *Holiday in Havana,*
> *dance the night away,*
> *that's the Cuban way*
> *in Havana's holiday.*

[Fiesta en La Habana / es la emoción del amor / cuando bailas / con una linda cubana. / Fiesta en La Habana / toda la noche bailando / así se hace en Cuba / cuando hay fiesta en La Habana.]

Mientras Arnaz canta van desfilando imágenes de carrozas y comparsas de carnaval. La acertada edición de la escena consigue dar la impresión

---

13 "Holiday in Havana", *Variety*, 5 de octubre, 1949.

de que no hay un alma en La Habana que en ese instante no esté meneándose al ritmo de la conga angloparlante de Arnaz. Como era frecuente en los musicales de la época, lo mejor de la película es la música. Los otros números, igualmente bien logrados, ofrecen algo para todos los gustos: baladas con sabor latino de Oscar Hammerstein ("I'll Take Romance") y René Touzet ("Made for Each Other"),[14] una versión en inglés de "Rumba rumbero", de Miguelito Valdés, y dos canciones del propio Arnaz, "Holiday in Havana" y "Arnaz Jam".

Holiday in Havana constituye un ejemplo típico de los *maraca musicals* de los años cuarenta: escenarios pintorescos, argumentos intrascendentes y muchos *latunes*, como algunas veces se llamaba a canciones con ritmo latino y letra en inglés.[15] Quizás los ejemplos más representativos del género son *You Were Never Lovelier* (1942), con Fred Astaire, Rita Hayworth y Xavier Cugat, y *Down Argentine Way* (1940), con Betty Grable, Carmen Miranda y Don Ameche en un papel que también le había sido ofrecido a Desi Arnaz. En este tipo de cinta abundaban los escenarios habaneros, como se puede comprobar en *Girls from Havana* (1940), *Moonlight in Havana* (1942), *Club Havana* (1946) y *Havana Rose* (1951).[16] Dos producciones de la 20th Century Fox que recuerdan especialmente a *Holiday in Havana* son *Weekend in Havana* (1941), con Carmen Miranda, y *Holiday in Mexico* (1946), con Jane Powell y Xavier Cugat. En la primera, que para Carmen Miranda significó su segunda película norteamericana, Alice Faye es una vendedora de la tienda Macy's que se va de vacaciones a Cuba, donde se enamora de John Payne. En la segunda, Xavier Cugat entona sus rumbas zonzas mientras Jane Powell se enamora de un músico (José Iturbi) mucho mayor que ella.[17]

El papel de Carlos Estrada, el personaje más convincente de Desi antes de Ricky Ricardo, sirve para ilustrar cómo Arnaz modificó el estereotipo del *Latin lover* o galán latino. Si bien a Arnaz generalmente

---

[14] Touzet trabajó durante una temporada con Arnaz. Figura en la película como uno de los dos pianistas de la orquesta; el otro es, por supuesto, Marco Rizo.

[15] La palabra *latune* aglutina *Latin* (latino) y *tune* (tonada). Sobre el tema del musical latinoamericano, ver *The Hollywood Musical Goes to War*, de Allen Woll, Nelson-Hall, Chicago, 1983, págs. 105-120. Parte de este material aparece también en un libro anterior de Woll, *The Latin Image in American Film*, UCLA Latin American Center Publications, Los Angeles, 1977.

[16] En *Moonlight in Havana*, William Frawley, más tarde Fred Mertz, interpreta el papel de propietario de un club nocturno habanero.

[17] Según los historiadores de cine Jay Robert Nash y Stanley Ralph Ross, un joven Fidel Castro aparece entre la muchedumbre en varias escenas de esta película. Ver *The Motion Picture Guide, 1923-1983*, Cinebooks, Chicago, 1986, pág. 1252.

se le considera un Valentino de pacotilla, lo cierto es que los personajes desempeñados por Arnaz no se ajustan a ese modelo. En tanto epígonos de Valentino, Manuelito Lynch y Carlos Estrada no dan la talla, ya que no encarnan la "amenaza sexual"[18] que distinguía al fundador de la estirpe. El momento más romántico de *Holiday in Havana* tiene lugar cuando Carlos y Lolita se encuentran en la casa de los padres del novio, quienes, creyendo que la pareja se acaba de casar, los llevan al dormitorio. Como Carlos no se atreve a decirles que no están casados (semejante confesión podría suponer su arresto por haberla secuestrado), se ve obligado a atravesar el umbral con Lolita en brazos. Una vez dentro, sin embargo, trata a su novia con un respeto que raya en la flojera. Cuando le pide a la muchacha que apague la luz, ella cree que se está embullando; pero no, lo único que quiere es no verse tentado por su belleza. Sí se las arregla para cantarle un tierno bolero, "Made for Each Other", pero en cuanto termina se despide de ella, agarra una sábana y se va a acostar al balcón, que no tarda ni un segundo en desplomarse bajo su peso. Más que como un *lover* Carlos se comporta como un "caballero", otro de los estereotipos latinos de Hollywood.[19]

Anticipándose a Ricky Ricardo, Carlos Estrada posee una arista ligeramente absurda: es un Don Juan ridículo, un Valentino sin valor o tino. El galán latino clásico es apasionado hasta la violencia —como Valentino, quien levantaba a las mujeres al vuelo y se las llevaba en su blanco corcel. A Carlos hay que obligarlo a que atraviese la puerta con Lolita en brazos y, cuando la "secuestra", es en el destartalado autobús de su orquesta. En *The Sheik*, la cinta a la que acabo de aludir, Valentino acecha a una temerosa y a la vez excitada Agnes Ayres. Por el contrario, en *Holiday in Havana*, cuando por equivocación Carlos se ve acusado de secuestrar a Lolita, corre a casarse con ella alegando que "no se puede secuestrar a tu esposa".

---

[18] La frase con la que se solía describir a Valentino; ver *The Movies*, de Richard Griffith y Arthur Mayer, Simon and Schuster, Nueva York, 1957, pág. 141. En *I Love Lucy*, cuando la madre de Lucy se entera de que a Ricky se le proclama como el nuevo Valentino de Hollywood, señala que Ricky "no le llegaba ni al borde de la capa" ("California Here We Come"). Pero la Sra. Trumbull, vecina de los Ricardo, tiene otra opinión: "Yo era fanática de Rodolfo Valentino," dice, "pero ahora lo soy de Ricky Ricardo".

[19] Más información sobre el tipo del "caballero" puede encontrarse en *Images of the Mexican American in Fiction and Film*, de Arthur G. Petitt, A & M University Press, College Station, Texas, 1980, págs. 138-140. Uno de los ejemplos más conocidos de este personaje aparece en el largometraje de dibujos animados, *Los tres caballeros* (1945), de Walt Disney.

Tal vez la nacionalidad cubana de Arnaz tuviese algo que ver con la forma en que suaviza la fogosidad del *Latin lover*. En la primera mitad del siglo XX, Cuba, para los norteamericanos, no era un lugar misterioso o inaccesible. Todo lo contrario, era un paraíso al alcance de la mano, distinto pero familiar. Una guía de turismo editada en 1928 llevaba por título, *When It's Cocktail Time in Cuba* (Cuando es la hora de tomar cocteles en Cuba), frase que aseguraba al turista norteamericano que Cuba se regía por costumbres norteñas como el *cocktail time*. El primer capítulo, "Have it in Havana" (Tómalo en La Habana), identificaba el mismo nombre de la ciudad con el acto de tomar —y de tomar posesión.[20] Incluso el nombre del país parecía contener un saludo americano, coincidencia fónica explotada por Irving Berlin en su canción, "I'm on My Way to Cuba", cuyo estribillo reza, "*See you in C-U-B-A*".[21] Un país así no era precisamente un criadero de "amenazas sexuales". No debe sorprendernos, entonces, que Arnaz, un músico cubano que se había dado a conocer interpretando la conga en clubes nocturnos norteamericanos, no resultara lo suficientemente misterioso como para reencarnar a Valentino. El personaje de Carlos Estrada, al que podemos ver con sus padres y su hermanita en la casa donde creció, carece del huraño exotismo de Valentino. El hecho de que él y Lolita pasan su primera noche juntos bajo el techo de los padres de Carlos confirma que Carlos no es más que un inofensivo muchacho de su casa.

Por otra parte, la idea del cubano como *Latin lover* ya había sido ridiculizada por la escritora Helen Lawrenson en un notorio artículo publicado en *Esquire* en 1936, "Latins Are Lousy Lovers" (Los latinos son pésimos amantes). El subtítulo decía: "Una patriótica belleza americana se atreve a demostrar que el cubano no es tan caliente como lo pintan".[22] Basándose en sus experiencias durante un viaje a La Habana, Lawrenson opina que los hombres cubanos

---

[20] *When It's Cocktail Time in Cuba*, de Basil Woon, Horace Liveright, Nueva York, 1928. Otro de los capítulos del volumen de Woon se titula, "Where Everyone Is Drinking and Not a Soul Is Drunk!" (¡Donde todo el mundo bebe y nadie se emborracha!). El turismo norteamericano en Cuba ha sido estudiado por Rosalie Schwartz en su informativo libro, *Pleasure Island: Tourism and Temptation in Cuba*, University of Nebraska Press, Lincoln, 1997.

[21] La pronunciación en inglés de la frase "*see you*" (nos vemos) y la de las dos primeras letras de Cuba (*c-u*), es idéntica.

[22] "Latins Are Lousy Lovers", de Helen Lawrenson, *Esquire*, 6, no. 4, octubre de 1936, págs. 36-37, 198; reimpreso en *Latins Are Lousy Lovers*, de Lawrenson, Hawthorn Books, Nueva York, 1968, págs. 23-32..

están convencidos de que todas las americanas los adoran, y a ellos les encantan las americanas porque son fáciles y liberales, aunque se olvidan de añadir que lo son sobre todo con su dinero. Muy pocos vacilan en salir con las muchachas americanas, que siempre corren con los gastos. De hecho, se podría afirmar que algunos viven sólo durante la temporada turística, momento en que aparecen revoloteando como mariposas alrededor de todos los barcos que llegan. El resto del año se limitan a languidecer y a contar una y otra vez sus hazañas mientras ahorran energías.

Sobre el tema de la sexualidad del cubano, Lawrenson le asegura a los lectores de *Esquire* que no tienen nada que temer:

Bien sabe Dios que el hombre cubano le dedica tiempo de sobra al tema del sexo. Le dedica toda la vida. Habla, sueña, lee, canta, baila, come y duerme con el sexo; hace de todo, excepto hacerlo. Quizás exagero, pero lo que sí es cierto es que pasan mucho más tiempo hablando que actuando. Sentados en sus oficinas, meciéndose en las aceras frente a sus clubes o tomando café, hablan horas y horas sobre el sexo... Un norteamericano, si es inteligente, cuando tiene una cita con un cubano en una cafetería hace que éste se siente de espaldas a la calle; si no, el cubano se distraerá mirando a todas las mujeres que desfilen por el lugar y, con toda seguridad, interrumpirá la transacción comercial para hacer algún comentario sobre la anatomía de alguna belleza que pase en ese instante por allí. Los cubanos se llaman por teléfono en horario de trabajo para contarse su nueva conquista con lujo de detalles; y según ellos, todos tuvieron su primera relación a los dos años, lo que quizá explique por qué están tan desgastados a los veintiuno.

De hecho, el *Latin lover* del cine era de estirpe mediterránea, no latinoamericana. Valentino era italiano, y las veces que interpretó a un personaje hispanoamericano fue a un gaucho de las vastas y lejanas pampas (tal vez por eso Manuelito Lynch —su copia reducida— es argentino).[23] Así pues, no es de extrañar que, cuando Arnaz regresa a

---

[23] En una de las primeras películas de Valentino, *Los cuatro jinetes del Apocalipsis* (basada en la novela de Vicente Blasco Ibáñez), el actor interpreta a un gaucho y baila un ardiente tango con Helena Domingues. Antes de convertirse en actor, Valentino trabajó como *danseur mondain* en un tango bar de Nueva York. Para más información sobre el galán latino "mediterráneo", ver *The Latin Image in American Film*, de Woll, pág. 23. Evidentemente, los llamados galanes latinos de la pantalla no tenían que ser "latinos": el

Hollywood después de la Segunda Guerra Mundial, se encuentra con que los papeles principales van a parar a manos de Ricardo Montalbán, cuya presencia escénica —enigmática y gallarda— sin duda armonizaba mucho mejor con el estereotipo. (El misterioso Mr. Roarke, interpretado por Montalbán durante años en *Fantasy Island*, desciende de sus papeles de galán latino). Por el contrario, el Don Juan de Arnaz es una versión burlesca, casi un "choteo" del modelo. Cuban Pete, el "rey de la rumba", corteja y hace reír al mismo tiempo. Además, una *rhumba* no es un tango.[24] Más juguetona que apasionada, más refinada que erótica, la *rhumba* es un baile de elegante galanteo, no de violenta posesión. De ahí que la tórrida sexualidad de Valentino esté fuera de lugar en "*a little rumba numba*" (un numerito de rumba).[25]

La imagen artística de Arnaz sí cuadraba a la perfección con la política del "Buen Vecino" promovida por el gobierno de Estados Unidos durante los años cuarenta. De hecho, Arnaz representaba al galán latino como "buen vecino", personaje que alcanzaría su versión definitiva con Ricky Ricardo. Cuando *I Love Lucy* salió al aire en 1951, ya Arnaz llevaba más de una década interpretando a personajes muy parecidos a Ricky Ricardo. Incluso sus descargas en español se escucharon por primera vez en películas como *Holiday in Havana*. Cuando Carlos se cree que a Lolita no le gustan sus canciones, le espeta: "¡Quédese Ud. con sus compositores, señora, que no la voy a molestar más con mi música!" Aunque Lolita es "cubana", su expresión no deja duda de que no ha entendido una palabra.

En un temprano análisis de *I Love Lucy*, Jack Gould señalaba que la timidez de Ricky constituía una de las facetas más atractivas de su personaje, pues mitigaba su erotismo.[26] A pesar de que en la serie se hacían muchas referencias a la popularidad de Ricky entre las mujeres, nunca se llegó a sugerir que Ricky podría engañar a Lucy. Siempre que Lucy se preocupaba por la aparición de una vieja novia o de una nueva

---

Latin lover Ricardo Cortés se llamaba realmente Jake Stein. Otro cubano que a veces desempeñaba este papel era César Romero, que declaraba ser nieto de José Martí, aunque nacido en Nueva York. Romero alcanzó su mayor fama en cintas como *Viva Cisco Kid* (1940) y *The Gay Caballero* (1940), en las que no hacía papeles de cubano. Un lúcido estudio sobre Valentino y sus epígonos aparece en *Big Bad Wolves: Masculinity in the American Film*, de Joan Mellen, Pantheon, Nueva York, 1977, págs. 51-55.

[24] En Estados Unidos *rhumba* (o *rumba*) es el nombre genérico que se le da a sones y boleros cubanos.

[25] Título de una de las canciones de Cole Porter en *Let's Face It* (1943).

[26] "Why Millions Love Lucy", de Jack Gould, en *New York Times Magazine*, 1 de marzo, 1953.

cantante, sus celos resultaban infundados. Sólo en las pesadillas de Lucy podía Ricky serle infiel, abandonando a su mujer y a su hijo por una bailarina española ("Ricky's Old Girlfriend"). Aunque Ricky, según el argumento de algunos episodios, fuera a Hollywood a hacer el papel de Don Juan, no se parecía en nada a este personaje. Hombre serio y de su casa (a diferencia de Arnaz), sus pasatiempos eran pescar, jugar póker con Fred y ver el boxeo por televisión.

Después de *Holiday in Havana* pasaron varios años antes de que Arnaz actuara en otra película. Regresó al cine con dos cintas en las que intentó aprovechar la popularidad de la serie televisiva: *The Long, Long Trailer* (El larguísimo tráiler; MGM, 1954) y *Forever, Darling* (Para siempre, mi vida; MGM-Zanra, 1956). Cuando se inicia el rodaje de la primera, Arnaz ya no era el "Cuban Pete" de los años cuarenta, aunque tampoco se parecía mucho a Ricky Ricardo. Si bien Ricky le sirve de inspiración en ambos filmes, los nuevos personajes se apartan del personaje televisivo. Se trata de un Ricky Ricardo más serio y más viejo, que se gana la vida construyendo puentes en vez de golpeando una tumbadora. Se trata también de un personaje más asimilado, ya que en el cine pierde su acento, lo cual no quiere decir que mejore su pronunciación, sino que su acento hispanizante ya no va acompañado de los correspondientes gestos y actitudes. El origen cubano de Arnaz no figura en los guiones, y la tensión entre los protagonistas no se basa en sus nacionalidades, sino en sus personalidades divergentes.

Basada en una novela autobiográfica de Clinton Twiss, *The Long, Long Trailer* era sólo la segunda película en que Lucy y Desi actuaban juntos. En la anterior, *Too Many Girls*, Desi se había desmayado al ver a Lucy, pero fue Richard Carlson quien logró enamorarla. En *The Long, Long Trailer*, que por un tiempo fue la comedia más taquillera de la MGM, Lucy y Desi son una pareja de recién casados que ha decidido pasar su luna de miel viajando por todo el país en una enorme casa rodante. Con el tráiler a remolque, el viaje se transforma en una sucesión de catástrofes: quedan atascados en el lodo, se salen de la carretera hasta casi despeñarse por un precipicio, embisten una casa al dar marcha atrás. Para colmo, las zonas destinadas para estacionar los tráilers están siempre repletas de impertinentes entrometidos que les impiden consumar su matrimonio.[27]

---

[27] No es la primera vez que un personaje interpretado por Desi Arnaz se enfrenta a problemas causados por un medio de transporte. También en *Holiday in Havana* Carlos

A pesar de las diferencias entre Ricky Ricardo y el personaje interpretado por Arnaz en la película, ésta apenas pretende ocultar todo lo que le debe al serial. El parentesco empieza por el título mismo; en la jerga cinematográfica, un *trailer* es un breve avance que acompaña al largometraje. En este caso, la cinta es, en efecto, un largo *"trailer"* para la serie televisiva. Los nombres de los protagonistas sufren sólo ligeras variaciones: Ricky es Nicky y Lucy es Tacy. Aun cuando no se hacen referencias a la ascendencia de Nicky, cuyo apellido es Collini, en una ocasión el personaje lanza una diatriba muy semejante a las habituales de Ricky, pero nunca se explica cómo es que este "Collini" consigue hablar español, y con acento cubano. Por su parte, Lucy acude a sus característicos *gags*. En la escena más divertida de la película, Tacy intenta preparar la comida con el tráiler en marcha. Sartenes, cazuelas y vasos caen al suelo a pesar de los esfuerzos frenéticos de Tacy. Mientras tanto, Nicky conduce despreocupadamente.

La diferencia principal entre la serie y la película radica en el tono de ésta última. Aunque hay escenas que parecen haber sido calcadas del programa televisivo, toda la cinta posee un aire sombrío que la distingue de *I Love Lucy*. En la primera escena de la película, Nicky, en medio de un temporal, anda buscando a Tacy, que lo ha abandonado llevándose el tráiler. Al fin da con el vehículo, pero no puede entrar porque ha perdido la llave. En la oficina del parqueo se encuentra con que un hombre está a punto de comprarle el tráiler a Tacy; Nicky le aconseja que no lo haga, pues el tráiler no hará más que echar a perder su matrimonio, explicando que lo que comenzó como un "divertido juego" se ha convertido en una "pesadilla".

La noche oscura y el violento temporal no sirven sino para subrayar la precaria relación matrimonial. Tacy no aparece por ninguna parte; Nicky se ha quedado sin hogar y sin esposa. Como él mismo señala, con sólo un ligero toque de humor, "Qué cosa más tremenda cuando uno vuelve a casa y resulta que la casa no está". Incluso en los momentos más divertidos de la cinta, el espectador no puede olvidar que todo lo que está ocurriendo conducirá irremediablemente a esa noche tormentosa. Al fin y al cabo, por supuesto, todo sale bien;

---

viaja por todo el país, otro país, cuando tiene que llevar el autobús de la orquesta de un extremo a otro de la isla. Los problemas mecánicos del vehículo, unidos a la falta de experiencia como conductor del personaje, dan lugar a hilarantes incidentes que anticipan algunas escenas de *The Long, Long Trailer*.

cuando Nicky termina su relato retrospectivo sobre todas las catástrofes acaecidas por culpa del tráiler, Tacy aparece y hacen las paces. Pero el feliz final no logra desvirtuar el ambiente de crisis mantenido a lo largo de toda la cinta.

A diferencia de *I Love Lucy*, *The Long, Long Trailer* es una parábola de la desposesión. Es inconcebible que Ricky no pueda entrar al apartamento 3-B, con sus puertas perennemente abiertas. Además, aunque en el apartamento suelen pasar cosas imprevistas, la inestabilidad del hogar se debe solamente a los ardides descocados de Lucy. En la película, por el contrario, el tráiler —un *prop* monstruoso— controla a los personajes, quienes no dominan sus desplazamientos. Erigiéndose en el verdadero protagonista de la cinta, el tráiler subyuga a Nicky; de ahí que el título mencione el vehículo y no a la pareja. Mucho más importante que las desavenencias entre marido y mujer es la lucha entre el hombre y la máquina.

Ante los problemas de Nicky y Tacy, el público reacciona con risas, sí, pero también con cierto terror, pues todo el tiempo se tiene la sensación de estar presenciando un combate desigual. La escena en que Ricky destruye la casa de la tía de Tacy al tratar de estacionar el tráiler resulta tan terrible como hilarante. Muy despacio, una y otra vez, intenta situar el vehículo en la entrada de la casa, y una y otra vez fracasa. Primero aplasta los canteros, luego derriba el enrejado de rosas y por último se estrella contra la casa misma. La paulatina demolición, filmada con una meticulosidad que raya en el sadismo, es presenciada por toda la familia de Tacy. Con cada nuevo encontronazo, los flamantes suegros de Nicky se estremecen junto al espectador. Como dotado de voluntad propia, el tráiler se rebela contra los mandatos de Nicky, quien se ve reducido a un mero títere de este King Kong automotriz.

En tales circunstancias, Arnaz y Ball desempeñan sus papeles con una parsimonia ajena a sus personajes televisivos. Ella abandona sus payasadas y él pierde sus estridencias. La escena en que Tacy derrama la comida es graciosa, pero no llega al absurdo; cuando Nicky se enfada, su ira carece de comicidad. En tanto víctima del tráiler, Nicky exhibe emociones desconocidas para Ricky. Como es ingeniero, no se le presentan oportunidades para cantar y bailar, y el único recordatorio de la carrera de Arnaz como cantante es una canción que ambos personajes interpretan durante un viaje por carretera, escena basada en el episodio "California Here We Come" de la serie televisiva. A pesar de que algún bromista describió *The Long, Long Trailer* como un

"*I Love Lucy* sobre ruedas",[28] la cinta es una comedia negra bastante bien lograda. Aunque este curioso "vehículo" para las dos estrellas se aprovecha de su relación con la serie, las referencias a *I Love Lucy* establecen las considerables diferencias entre la película con respecto al programa de televisión.

Con tan poco sabor "latino" como su predecesora, *Forever, Darling* no consigue establecer una autonomía similar respecto a la serie. Nuevamente el personaje de Arnaz resulta incongruo. Larry Vegas es un brillante químico que ha inventado un potente insecticida; está casado con la frívola Susie (interpretada por Lucy), a quien en absoluto interesan los insectos. La película comienza con la boda de los Vegas y luego muestra cómo la felicidad de la pareja se va desmoronando. Ya en su quinto aniversario, disfrutan de una existencia acomodada pero monótona. En calidad de copropietario de la compañía Finlay-Vegas (un guiño de Arnaz: Carlos J. Finlay fue el médico cubano que descubrió el agente de la fiebre amarilla), Larry ha prosperado lo suficiente como para permitirse mantener una espléndida casa. Pero la pasión entre él y Susie se ha extinguido, pues a él sólo le preocupan sus insectos, y a ella sus mariposeos sociales. Al igual que los protagonistas de *The Long, Long Trailer*, ambos personajes son un pálido remedo de sus contrapartidas en la serie; Susie es Lucy con sangre azul, mientras que Larry es Ricky sin ritmo pero con títulos universitarios. A pesar del apellido hispano de Larry, la trama no entra en su herencia hispana; así como "Vegas" es un sustantivo español que ha dado nombre a una

---

[28] "The Long, Long Trailer", *Commonweal*, 5 de marzo, 1954. Bosley Crowther, a quien nunca le gustaron las películas de Arnaz, fue menos ingenioso pero igual de cáustico cuando dijo: "[*The Long, Long Trailer*] es una hora y media del tipo de tontería que se puede encontrar en un episodio de *I Love Lucy*, donde no existe el peligro de que la secuencia de aventuras sea confundida con una obra seria, excepto la forma más simple de farsa" ("The Long, Long Trailer", en *New York Times*, 19 de febrero, 1954). Otros comentaristas, sin embargo, reaccionaron de un modo más favorable. La revista *Time* calificó la película de "farsa maravillosa y divertida" ("The Long, Long Trailer", *Time*, 22 de febrero, 1954); en la prestigiosa *Saturday Review* fue descrita como una película "muy graciosa" que disuade a cualquiera de comprarse un tráiler ("SR Goes to the Movies", de Hollis Alpert, *Saturday Review*, 20 de febrero, 1954); y *Newsweek* concluía que la comedia estaba tan bien hecha que hacía parecer a "Mack Sennet como un taciturno discípulo de Ibsen" ("The Long, Long Trailer", *Newsweek*, 8 de febrero de 1954). Vicente Minnelli, el director de la película, hace algunas interesantes observaciones sobre la misma en su libro, *I Remember It Well*, Doubleday and Company, Garden City, 1974, págs. 275-278. *The Long, Long Trailer* fue la primera vez que actores cuya fama se había labrado en la televisión saltaban a la pantalla grande, y no al revés; hasta ese momento, lo típico era que actores o actrices en decadencia (como la misma Lucille Ball), intentaran triunfar en televisión aprovechando la fama que habían logrado en el cine.

ciudad norteamericana, Larry es un hispano que se ha asimilado al mundo anglosajón. En la escena de la boda, Larry y Susie bailan frente a una orquesta, imagen habitual para los televidentes de *I Love Lucy*; pero aquí la orquesta es un cuarteto de cuerdas que interpreta un vals. Momentos después Larry cantará esa pieza, acompañado nada menos que por un acordeón. Ricky y Larry se parecen tanto como pueden parecerse una tumbadora y un acordeón, una conga y un vals.

Estos cambios no convencen porque Arnaz es inverosímil en el papel de un "Pasteur latino", como lo llama Susie. Uno de los raros momentos graciosos de la cinta tiene lugar cuando Larry intenta hablarle a Susie de crisálidas y larvas, y apenas consigue pronunciar las palabras. Aunque la cinta quiere mostrarnos a un Larry erudito y distinguido, el interés de Larry por sus insectos no puede competir con el entusiasmo de Ricky por su música, y la imagen de Larry en el laboratorio es mucho menos seductora que la de Ricky en el Tropicana. *Forever Darling* aburrió a críticos y espectadores por igual.

Después de *Forever, Darling*, Arnaz vuelve a aparecer en el cine sólo una vez más, quince años más tarde, en un papel secundario en *The Escape Artist* (El escapista; Zoetrope, 1982), una comedia extraña y a veces indescifrable sobre un niño mago. Lo más sorprendente de su personaje es el evidente deterioro físico de Arnaz: está gordo, arrugado, blanco en canas y su voz se ha reducido a un áspero graznido. Lo único que parece haber sobrevivido el embate de los años es su acento, ahora todavía más marcado. Al verlo, resulta difícil de creer que éste fuera el hombre que había conseguido fama y fortuna cantando "Babalú". Atrás han quedado la vivacidad del vivo y los apetitos del *bon vivant*. Su depauperada apariencia, sin embargo, hacía de él la figura ideal para interpretar a Quiñones, el corrupto alcalde de una ciudad californiana.

En la escena más larga de la película se enfrenta a Raúl Julia, en el papel de hijo distanciado, quien termina tumbándolo al suelo. Quiñones yace en el piso de su oficina, sin fuerzas para levantarse, murmurando algo ininteligible —un débil eco de las "descargas" de Ricky. El patetismo de la escena trasciende su significado dentro de la película. Tal y como queda reflejado en *Havana* (1990), Raúl Julia en algunos de sus papeles remoza el estereotipo del *Latin lover*; pero desde los años cuarenta, cuando Arnaz alcanzó su modesta fama, los galanes latinos habían sufrido cambios considerables. Por un lado, ahora estaban insertos en la historia; la Cuba de *Havana*, a pesar de las inevitables distorciones, es un lugar real; no así con la de *Holiday in Havana*. Por otro, han cambiado de carácter. Bravucón en vez de seductor, el *Latin lover* contemporáneo ha transformado la elegancia en una forma de cinismo. Cuando Quiñones cae al suelo, Cuban Pete y Ricky Ricardo caen con él.

Preferiría recordar a Arnaz por otra actuación de despedida. Me refiero a *A Book* (1976) y digo "actuación" porque, como ya hemos visto, las tapas sugieren que el libro es realmente un *performance*, un espectáculo. El lector que espere encontrar en las "francas memorias" de Ricky Ricardo detalles íntimos o atisbos psicológicos se llevará un chasco. El cometido de Arnaz es otro: proyectar cierta imagen de sí mismo como músico, actor, amante, esposo y empresario. No es que mienta, porque otras fuentes confirman la veracidad de su relato, sino que se limita a ofrecernos una versión bastante parcial de su vida y carrera. Se trata de Desi Arnaz haciendo de Cuban Pete haciendo de autor.

En tanto autobiografía, *A Book* podría parangonarse (si no en calidad, en intención) con libros como *Hunger of Memory* (1982) de Richard Rodríguez, *Our House in the Last World* (1983) de Oscar Hijuelos, o *Family Installments* (1982) de Edward Rivera. Al igual que los títulos mencionados, la autobiografía de Arnaz detalla el proceso de adaptación a Estados Unidos de un joven hispano. Como *Hunger of Memory*, además, *A Book* narra un itinerario que conduce a una suerte de asimilación. Pero ésas son las únicas semejanzas entre el libro de Arnaz y otros ejemplos de este género, ya que el recurrente auto-análisis que define un relato como el de Rodríguez falta en *A Book*. Arnaz ni escribe "bien" ni es lo suficientemente meditabundo como para reflexionar sobre los dilemas de la asimilación. Tal y como señaló un crítico, "la prosa de Arnaz no tiene aciertos especiales y tampoco muestra mucha penetración", pero, en cambio, sí atrae por "el impacto de su presencia".[29]

A Book es la biografía de un vivo, una novela picaresca que relata el trabajoso ascenso de su protagonista. Pillo en dos idiomas, Arnaz cuenta cómo, a fuerza de su ingenio y perseverancia, se convierte en estrella de televisión y dueño de "Desilu", en su momento el estudio de cine y televisión más importante de Hollywood. Arnaz se ve a sí mismo como un astuto manipulador que sabe sacarle provecho a las oportunidades que su patria adoptiva le ofrece. Su viveza queda probada

---

29 "A Book", de Tracy Johnson, *New York Times Book Review*, 25 de enero, 1976.

en reiteradas ocasiones. Todavía muy joven, logra que Cugat lo contrate a pesar de que carece de entrenamiento musical; apenas un año después ha aprendido lo suficiente como para formar su propia orquesta, con la que alcanza un éxito inmediato. Ya en Hollywood, cuando se da cuenta de que no tiene futuro en el cine, convence a los ejecutivos de la MGM que lo eximan de su contrato y regresa con su orquesta al lucrativo negocio de la música. Años más tarde compra los derechos de *I Love Lucy* a la CBS, para revendérselos después a la misma compañía en millones de dólares. Posteriormente negocia la adquisición de la RKO, el estudio que lo había despedido quince años antes. Y cuando Philip Morris, el patrocinador del programa televisivo, comienza a ponerle trabas por el embarazo de Lucy, Arnaz va a hablar directamente con el director de la compañía, Alfred Lyons, quien, después de escucharlo, envía a todo el personal el siguiente memorándum: "*Don't fuck with the Cuban*" ("Dejen de joder al cubano").

Su sagacidad para los negocios se complementa con sus conquistas amorosas. Aun cuando no las menciona por nombre (como corresponde a un caballero cubano) no cabe ninguna duda de su éxito con las damas. Así describe su prueba de actuación ante el legendario Louis B. Mayer, quien hace pasar a algunas de las estrellas que deberán ensayar con Arnaz:

> Entonces [Mayer] aprieta un botón y ordena:
> —Que pase Lana.
> Y cuando llega la Srta. Turner, Mayer me dice:
> —¿Puedes acercarte a ella, darle la vuelta y mirarla de arriba abajo, y después volver a darle la vuelta, abrazarla y besarla?
> ¡Esto sí que iba a ser un trabajo sabroso!
> Hice lo que me pedía y entonces Mayer le dijo a Lana:
> —Regresa al set.
> La acompañé hasta la puerta y le dije:
> —Gracias.
> Ella me respondió: "Ha sido un placer", y se marchó.
> De nuevo aprieta el botón.
> —Que pase Judy.
> Entra Judy Garland y Mayer me obliga a hacer lo mismo. Ya para entonces mi pajarito estaba loco por salir volando.
> Y entonces él me dice:
> —Ya sabes que éste es el mejor estudio del mundo, y que aquí hacemos estrellas, muchas estrellas. Creo que puedes llegar a serlo. (pág. 141)

La profecía de Mayer no se cumplió, y Arnaz nunca llegó a ser estrella de cine, pero eso tampoco le preocupó demasiado. Como buen vividor, parecía menos interesado en el estrellato que en aprovechar la oportunidad de besar a Lana Turner y Judy Garland. Las constantes referencias a las aficiones del "pajarito" de Arnaz hicieron que algunos lectores se quejaran de "sus poco graciosos chistes sobre sexo".[30] No creo que a Arnaz tampoco le hubiera molestado este reproche, pues al principio del libro cita un proverbio que había aprendido de su abuelo y que, según él, siempre le ha servido de guía: "Ponga el corazón con Dios y el rabo tieso" (pág. 10). Acto seguido relata cómo perdió la virginidad a los catorce años en un burdel de Santiago de Cuba.

El interés de Arnaz en temas sexuales responde a móviles más profundos que el alarde o el exhibicionismo. Para alguien como él, que llegó a Estados Unidos siendo todavía un adolescente, los procesos de maduración sexual y de adaptación cultural están tan imbricados que no es posible separarlos. La identidad sexual se mezcla con la cultural, en tanto que el sexo se convierte en una forma de búsqueda y definición dentro del nuevo ambiente. A mi juicio, el donjuanismo de Arnaz es, al menos en parte, una vía de acceso a la cultura norteamericana. La americana encarna lo americano; Lucy representa a Estados Unidos en su forma más palpable. Esto no tiene nada de raro. En su conocido libro de memorias, *Lost in Translation*, Eva Hoffman escribe: "Cuando me enamoré de mi primer americano, me enamoré de la otredad".[31] Este mismo amor por lo distinto, lo nuevo, se advierte en la atracción de Arnaz hacia las americanas, y en particular hacia Lucy. Para él, como para muchos otros inmigrantes, el sexo es un puente, un medio de compenetración, una manera de abordar y conocer la cultura extraña.

La viveza de Arnaz se extiende a sus labores como autor. Negándose la asistencia de un escritor profesional, se dispone él mismo a componer su autobiografía a pesar de su "no muy buen dominio del idioma inglés" (pág. 322). La torpe sintaxis de esta declaración ya nos avisa que el autor de este libro no sabe escribir, y tampoco le importa confesarlo. Hacerse pasar por autor es una máscara más, el colmo de su viveza. El título genérico de *A Book* sirve, entonces, no sólo para

---

[30] "A Book", *Publishers Weekly*, 8 de diciembre, 1975; y "A Book", de Johnston, pág. 29, respectivamente.
[31] *Lost in Translation*, de Eva Hoffman, Penguin Books, Nueva York, 1989, pág. 186.

confirmar la pobreza imaginativa de su autor, sino además para proclamar que no tiene que seguir las reglas del juego editorial.

No obstante, el desplante no es del todo convincente. En este caso, como en otros, la viveza funciona como táctica de evasión. El título de las memorias de Arnaz es, ante todo, un vacío, un espacio en blanco; como tal, alude a material que se ha omitido o cuya importancia ha quedado minimizada, tal vez porque el autor no encontró la manera de articularlo. Ese material está relacionado, sin duda alguna, con Lucy. Aun cuando Arnaz se regodea en las descripciones de sus amoríos con las americanas, el ejemplo máximo de dicha fascinación es su relación con Lucy. Más que una tipa, Lucy es una "arquetipa", y el tema central del libro es el amor de Desi por Lucy, y su angustia y remordimiento por el fracaso del matrimonio. En este sentido *A Book* es menos una crónica de conquistas que una elegía. Esto tampoco es raro, ya que en muchas autobiografías el temple del autor alterna entre la picardía y la nostalgia.[32] Lo raro es que la nostalgia de Arnaz no guarda la menor relación, como cabría esperar, con Cuba, sino con su primer matrimonio. El verdadero exilio de Desi es afectivo, sentimental; la única patria que parece añorar es el cuerpo de Lucy.

Howard Cady, su editor en la casa editorial William Morrow, ha comentado que, en la época en que Arnaz se dedicaba a escribir *A Book*, terminaba totalmente desconsolado siempre que surgía el tema del divorcio.

> Era evidente que todavía la quería. Se alteraba mucho cuando se daba cuenta de que había sido un mal marido, de que no la había tratado bien. Cuando esto sucedía Desi se ponía extremadamente tenso y cada vez más chiflado, se desesperaba por un trago o por tener compañía femenina. Y cuando trajo a una fulana de Baja California y la instaló en un motel, ya no pudimos seguir trabajando.[33]

En el primer borrador del libro, Arnaz había incluido una relación de su vida después de Lucy; durante la edición final del manuscrito se tuvo que eliminar un tercio del texto porque la vida de Desi después del divorcio era, según Cady, "demasiado triste y deprimente". Aunque

---

[32] Ver "The Style of Autobiography", de Jean Starobinski, en *Autobiography: Essays Theoretical and Critical*, ed. James Olney, Princeton University Press, Princeton, 1980, pág. 82.
[33] Esta cita y la siguiente provienen de *Lucy & Desi*, de Warren G. Harris, Simon and Schuster, Nueva York, 1991, págs. 302-303.

al parecer los capítulos suprimidos no se han conservado, los papeles de Desi contienen fragmentos que dan una idea de lo que Cady señalaba. En una carta fechada en 1974 y dirigida a su segunda esposa, Edie, Arnaz detalla cuánto habían disminuido su fortuna y su suerte desde la época en que trabajaba en la serie. "De trabajar en la más lujosa oficina del mundo del espectáculo", dice, "he pasado a un armario de la Universal, y después de vivir en una suite del Chateau Marmont he ido a parar al sótano de la casa de tu hermana".

En lugar de narrar la vida de Arnaz después de separarse de Lucille Ball, *A Book* termina con un recuento del rodaje del último episodio de *I Love Lucy*, el 2 de marzo de 1960. Para entonces Lucy y Desi ya habían dejado de vivir juntos. Como tantos episodios, éste terminaba con un beso. Así lo describe Arnaz:

> No fue fácil rodar el último segmento de la serie. Sabíamos que nunca más volveríamos a hacer de Lucy y Ricky. El destino había dictado que la última escena requiriera un largo abrazo y un beso de reconciliación. Y así lo hicimos: nos miramos, nos abrazamos y nos besamos. Pero no fue un beso de los que se dan en escena, sino un beso que encerraba veinte años de amor y amistad, de triunfos y fracasos, de éxtasis y sexo, de celos y remordimientos, de desengaños y risas... y de lágrimas. Lo único que no pudimos ocultar fueron las lágrimas.
> Después del beso nos quedamos el uno frente al otro, mirándonos y llorando.
> Lucy entonces dijo:
> —Se supone que ahora tú digas 'corten'.
> —Ya lo sé. ¡Corten!
> *I Love Lucy* siempre fue mucho más que un título.
>
> (pág. 317)

Si Desi no pudo encontrar un título más descriptivo para sus memorias, la razón es que el título justo, el que hubiera descrito cabalmente el contenido del libro, ya había sido utilizado: *I Love Lucy*. Al fundir la última escena de la serie con la conclusión de su autobiografía, crea la impresión de que su vida y su carrera ambas terminan con el divorcio. Dos años más tarde tanto Ball como Arnaz habían vuelto a contraer matrimonio, y la nueva serie de Lucille Ball llevaba el nombre de *The Lucy Show*. *I Love Lucy* ya no era ni siquiera un título.

Mambo No. 3
El oficio de escritor

Revisando la casa de su padre tras la muerte de éste, Lucie Arnaz encontró una caja de documentos y otros objetos de interés que donó a la Love Library de la Universidad de San Diego, donde Arnaz había dictado varias conferencias. La colección incluye algunas películas caseras, un corto cinematográfico titulado Jitterhumba, *varios borradores de* A Book *y diversas notas de la época en que Desi trabajaba en su autobiografía. Como inicialmente pretendía escribir una segunda parte (con el título de* Another Book*) o, en su defecto, una novela (que seguramente hubiera titulado* A Novel*), Arnaz había clasificado esos apuntes como "Other Book" o "Novel". Las notas contienen, además de un buen número de chismes escabrosos (entre ellos una lista de los supuestos amantes de Lucille Ball), varios aforismos del autor.*

Al ver a Gary Morton, el segundo esposo de Lucy, mientras era entrevistado en televisión, Desi escribe: "Sobre Gary en TV con Lucy: parece sufrir de un enorme complejo de inferioridad al que tiene todo su derecho." A sus hijos, Lucie y Desi, les comentó en una ocasión: "La única razón por la que ustedes están vivos es que una noche me desperté y no se me ocurrió otra cosa que hacer." Sobre sus famosas peleas con Lucy, señala: "Lucy y yo tuvimos grandes discusiones, pero cuando alguien me preguntaba por qué peleábamos, tenía que responder: 'No lo sé. Ella no quiso decírmelo.'" Más pertinentes, quizás, son sus ideas sobre el oficio de escritor: "Descubrí que no es fácil escribir un libro, lo que prueba que el cerebro es algo maravilloso. Comienza a funcionar cuando naces y se detiene en el instante en que te sientas frente a una máquina de escribir."

TRES
Qué rico el mambo

Hace un tiempo mi hijo, que sabía que yo había estado leyendo la novela de Oscar Hijuelos, *The Mambo Kings Play Songs of Love* (1991), trajo a casa un póster de los Simpson con la siguiente inscripción: "¡A bailar el mambo!". Días después me enseñó un folleto según el cual uno de los pasatiempos favoritos de Homer Simpson, además de ir a la bolera, jugar a las cartas con Bart y comer chicharrones, es bailar mambo. Bart no está solo en su afición por este baile. En la película *Dirty Dancing* (1987), que tiene como escenario los centros turísticos de las montañas Catskills, muy frecuentados durante los años cincuenta, Patrick Swayze interpreta a un profesor de baile que le enseña a Jennifer Grey cómo se baila el "Mambo de Johnny". Un año antes el tema musical de otra exitosa cinta, *Something Wild* (1986), dirigida por Jonathan Demme, había sido el mambo "Loco de amor", de David Byrne y Johnny Pacheco, interpretado por Byrne y Celia Cruz. En el disco *Swing Street* (1987), Barry Manilow y Kid Creole se suman a la nueva moda del mambo con un número titulado "Hey, Mambo".

En los últimos años, la palabra, cuando no la música, aparece por todas partes: en el show en Broadway del actor colombiano John Leguizamo, *Mambo Mouth*; en el título del disco *Representing the Mambo* (1990), del grupo sureño de rock Little Feat; en las novelas *Mambo* (1990), de Campbell Armstrong, y *Memory Mambo* (1996), de la escritora cubanoamericana, Achy Obejas; en el libro de poemas de Sandra María Esteves, *Bluestown Mockingbird Mambo* (1990); en el reciclado "Mambo No. 5" (1999), de Lou Bega; en la película *Mad for Mambo* (2000). Hay además un Café Mambo en Los Angeles, un Club Mambo en Miami, un Discos Mambo en Nueva York y una actriz de películas porno que se hace llamar por el eufónico nombre de Myrle Mambo. Hasta un periodista de Chapel Hill, Carolina del Norte, en donde vivo, titula su columna (¡sobre los biorritmos!), "Radio Mambo".

Al igual que Ricky Ricardo, el mambo ilustra aspectos significativos de la cultura cubanoamericana. Como Ricky, no es menos americano que cubano, y nunca fue tan popular en su suelo natal como lo ha sido en los Estados Unidos. Además, comparte las señas de identidad de la generación del medio: nació en Cuba pero alcanzó su madurez, su forma definitiva, en Estados Unidos. A diferencia de la conga o la rumba, el mambo no es un producto "importado" a Estados Unidos, pues surgió de la mezcla de la música cubana y la norteamericana. En cuanto creación híbrida, siempre ha sido cubanoamericano.

En un breve ensayo de 1971, el novelista cubano Alejo Carpentier describía la música cubana como una "música resistente a todas las influencias extranjeras que —con algún derecho debido a la misma fuerza de corrientes exteriores— hubiesen podido desalojarla de su ámbito propio."[1] Resulta difícil referir semejante definición al mambo. Receptivo en vez de resistente, el mambo tiende a borrar las fronteras entre lo extranjero y lo nacional. ¿Cuál es la influencia "extranjera" en el mambo? ¿La percusión afrocubana o las orquestaciones inspiradas en el jazz? Ambas son igualmente responsables de su contextura. ¿Cuál es el "ámbito propio" de esta música? ¿La Habana, Ciudad México o Nueva York? Si bien sus raíces son cubanas, el sonido característico del mambo surgió en contacto con la música norteamericana y su difusión en América Latina y Estados Unidos tuvo lugar a partir de grabaciones realizadas en Ciudad México. La singularidad del mambo —su agitado tempo, su coreografía convulsiva, sus estridencias y disonancias— expresa una apretada aglutinación de diversas tradiciones musicales. No por casualidad el título en inglés de "Qué rico mambo" es "Mambo Jambo", vocablos inventados a partir de la frase *mumbo jumbo*, una mescolanza ininteligible de palabras. El mambo es, de hecho, una mescolanza, una jerigonza engendrada por el encuentro de lo ajeno con lo propio. Fernando Ortiz lo describía acertadamente como "estofado de sonoridades", explicando que las "impurezas" del mambo no socavaban su cubanidad, ya que la cultura cubana misma nace de la transculturación de ingredientes foráneos.[2] Si el mambo es un estofado, Cuba es un ajiaco; y ¿quién dice que un estofado es menos cubano que un ajiaco?

Las palabras de Ortiz suponen una postura diferente a la de Carpentier, quien se expresa como si la cultura de la isla tuviera una dirección

---

[1] "La música popular cubana", *Signos*, 2, No. 3, mayo-agosto, 1971, pág. 12.
[2] *Los bailes y el teatro de los negros en el folklore de Cuba*, de Fernando Ortiz, Publicaciones del Ministerio de Educación, La Habana, 1951, pág. 80.

fija, un domicilio permanente, un "ámbito propio" del que no debe moverse. Para el autor de *La música en Cuba*, desalojar es desarraigar, arrancar algo de su hábitat natural. Desde luego, ese "ámbito propio" no es otro que Cuba como entidad geográfica. Pero ya sabemos que Cuba es una de las islas menos insulares de la tierra, y resulta cuando menos curioso que la afirmación de Carpentier fuera escrita en 1971, después de que se produjera un éxodo sin precedentes en la historia de la isla. El mambo, concebido en Cuba, criado en México y difundido en Estados Unidos, es un hijo del monte que ha pasado la mayor parte de su vida lejos de su cuna. Es una música nómada, excéntrica, con ambiente pero sin ámbito. En inglés, el nombre mismo denota exceso, ausencia de decoro; un individuo ruidoso y deslenguado es un *mambo mouth*. Como veremos, la falta de propiedad del mambo a veces hasta raya en el improperio, el desmán ofensivo o vulgar.

En este libro adopto un punto de vista sobre la cultura cubana que destaca más su nomadismo que su instinto sedentario. Como ya he dicho, no veo incompatibilidad entre la vida en vilo y la condición cubana. Tal vez el camino de lo cubano a lo *Cuban-American* no sea fácil de transitar, pero tampoco está sembrado de obstáculos insalvables. Los cubanos, vale la pena decirlo, siempre hemos sido hombres híbridos y mujeres múltiples. Entiendo que algunos, preocupados por el peligro de la asimilación, de la pérdida de sus "raíces", se inquieten ante tales aseveraciones. Pero el mambo no es raíz sino compás; nos ubica, pero no nos planta. Música del vilo, el mambo se hace en el aire.

Aunque el mambo no se puso de moda en Estados Unidos hasta los años cincuenta, sus orígenes son mucho más antiguos. La palabra proviene de ritos congos en los que designa el momento final de una ceremonia para posesionarse del espíritu de los muertos. Después de establecer contacto con el espíritu, el oficiante acompaña el acto de posesión por cantos denominados "mambo" o "mambu". De ahí que la palabra originalmente denotara "conversación" o "mensaje". Según Fernando Ortiz, el mambo constituía un "final agudo", un enérgico floreo litúrgico que sellaba el pacto entre los vivos y los muertos.[3] En

---

[3] *La Africanía de la música folklórica de Cuba*, de Fernando Ortiz, Publicaciones del Ministerio de Educación, La Habana, 1950, págs. 232-233, 241. Ver también *El Monte*, de Lydia Cabrera, Ediciones C. R., La Habana, 1954, pág. 127; y *Flash of the Spirit*, de Robert Farris Thompson, Random House, Nueva York, 1982, págs. 110-111. A pesar de que se ha

los años treinta la palabra adquiere un significado laico. Por esa época el danzón, un género instrumental creado en 1879 por Miguel Faílde, incluía un segmento improvisado al final de la pieza que permitía que tanto músicos como bailadores hicieran gala de su talento. Ese colofón musical llegó a conocerse con el nombre de "mambo"; y aunque no ha quedado claro quién utilizó por primera vez la palabra en este sentido, en 1938, cuando Orestes López compuso un danzón titulado "Mambo", ya el significado laico del término estaba firmemente establecido.[4]

Tanto Orestes como su hermano Israel (el legendario bajista conocido como "Cachao") pertenecían a la orquesta de Antonio Arcaño, "Arcaño y sus Maravillas", una popular agrupación cuya divisa rezaba, "un as en cada instrumento y una maravilla en conjunto". Arcaño, que había ampliado el formato tradicional de la charanga (cuerdas, flauta y timbales) añadiéndole una tumbadora y el cencerro, llamaba "danzones de nuevo ritmo" a "Mambo" y composiciones afines. Cuando otras orquestas, entre ellas la de Arsenio Rodríguez, comenzaron a interpretar este danzón renovado, el término "mambo" se difundió cada vez más. Cuenta Rolando Laserie, quien debutó como percusionista en la orquesta de Rodríguez, que éste solía darle la entrada a las trompetas con el grito de "¡mambo! ¡mambo!": "La primera

---

escrito mucho sobre el mambo, no existe un estudio completo sobre el tema. Robert Farris Thompson lleva tiempo anunciando un libro que, sin duda, será el análisis más profundo y riguroso del mambo. La mejor introducción panorámica en inglés puede encontrarse en el imprescindible libro de John Storm Roberts, *The Latin Tinge*, Oxford University Press, Nueva York, 1979 (2da edición, 1999). También es útil el ensayo de Isabelle Leymarie, "Salsa and Latin Jazz", *Hot Sauces: Latin and Caribbean Pop*, ed. Billy Bergman, Quill, Nueva York, 1985, págs. 95-115. En español existen varios estudios de la música popular cubana: *Música cubana del Areyto a la Nueva Trova*, de Cristóbal Díaz Ayala, Editorial Cubanacán, San Juan, Puerto Rico, 1981; *Cuba y sus sones*, de Natalio Galán, Pre-Textos, Valencia, 1983; *Historia de la música cubana*, de Elena Pérez Sanjurjo, La Moderna Poesía, Miami, 1986; *Orígenes de la música cubana: Los amores de las cuerdas y el tambor*, de Tony Evora, Alianza, Madrid, 1997. Un valioso *dossier* de entrevistas y ensayos relativos al mambo es: *El mambo*, ed. Radamés Giro, Editorial Letras Cubana, La Habana, 1993.

[4] Aunque Natalio Galán atribuye esta composición a "Cachao", el hermano de Orestes López, todo parece indicar que se debe a su hermano. En una entrevista que le hice a Cachao en agosto de 1990, el músico confirmaba que no había sido él, sino su hermano, quien había compuesto "Mambo". Odilio Urfé señala 1935 como el año de su creación, aunque añade que la pieza no fue interpretada hasta 1939 ("Danzón, mambo y chachachá", *Revolución y Cultura*, 77, enero de 1979, pág. 57). Ver también, "Arcaño y Sus Maravillas", de Rosa Ileana Boudet, *Revolución y Cultura*, 25, septiembre de 1974, págs. 33-35. Aunque Cachao es un importante compositor y arreglista (conocido sobre todo por las "descargas" que grabó durante los años cincuenta), apenas se le menciona en los trabajos escritos en Cuba después de 1959. En una entrevista realizada por Leonardo Acosta, Orestes no habla sobre su hermano, y mucho menos sobre las contribuciones musicales de éste a la orquesta de Arcaño (*Del tambor al sintetizador*, de Leonardo Acosta, Editorial Letras Cubanas, La Habana, 1983, págs. 43-50).

persona que yo le oí decir la palabra mambo fue a Arsenio Rodríguez. Arsenio se ponía a tocar y en cierto momento durante la pieza miraba hacia atrás y le decía a los dos trompetas '¡mambo! ¡mambo!'. Y entonces los trompetas se ponían de acuerdo y salía la primera frase, que es lo que llaman diablo y después mambo. El mambo o diablo es una inspiración natural sin arreglo ninguno".[5]

Por varios años el término "mambo" se usó exclusivamente para designar el segmento final de estas composiciones. Así estaban las cosas en 1948 cuando la revista *Bohemia* publicó un extenso artículo de Manuel Cuéllar Vizcaíno, "La revolución del mambo", quizá el primer análisis serio del tema. Para Cuéllar Vizcaíno, el mambo era únicamente una forma novedosa de interpretar y bailar el danzón, distinguida por su nivel de improvisación: "Todos los músicos, con excepción del bajista y del tumbador, están autorizados para hacer lo que les dé la gana, inspirándose o improvisando aires a la diabla, de modo que se establece lo que llamaríamos una caprichosa e informal conversación entre el piano, la flauta, el violín, el güiro, el timbal y el cencerro, mientras el bajo y la tumbadora regañan rítmicamente como para poner la casa en orden." Y si bien la improvisación carece de la "elegancia" y la "gracia" del resto del danzón, gusta a bailadores y músicos por igual.[6]

En un artículo de ese mismo año, el musicólogo Odilio Urfé subrayaba también la espontánea polirritmia del mambo. Según Urfé, originalmente los mambos se caracterizaban por su "anarquía dentro del Tempo" y no solían escribirse en el pentagrama. Con la aparición del formato del *jazzband*, los arreglistas comenzaron a escribir la sección de mambo, aun cuando en esos casos se creaba más bien una "atmósfera de mambo" que un mambo propiamente dicho.[7] Urfé concluye que el verdadero mambo exige libre improvisación: "Para que se produzca el mambo se requiere fundamentalmente que todos, absolutamente todos los que participan en su formación, toquen de manera distinta lo que tienen escrito. Más claro, todos deben ejecutar lo que no está escrito dentro de lo que está escrito. Para obtener un genuino

---

[5] Rolando Laserie, entrevista con el autor, Miami, Florida, 14 de agosto, 1990. Los recuerdos de René Touzet confirman lo anterior: "El mambo la primera vez que se oyó fue en la orquesta de Arsenio Rodríguez. Lo de Arcaño no era mambo, era danzón" (René Touzet, entrevista con el autor, Miami, Florida, 13 de agosto, 1990).
[6] "La Revolución del mambo", de Manuel Cuéllar Vizcaíno, *Bohemia*, 40, no. 2, 30 de mayo de 1948, págs. 20-21, 97-99. La cita aparece en la pág. 21.
[7] "La verdad sobre el mambo", de Odilio Urfé, *Inventario*, 1, no. 2, mayo de 1948, pág. 12.

mambo los instrumentistas deben emplear solamente en el 'clímax' o 'nudo' efectos rítmicos. Ritmo contra ritmo. Nada de tonadas ni melodías definidas. No debe haber ritmo fijo en ningún instrumento."[8]

Estos dos ensayos ayudan a llenar algunas de las lagunas en la génesis del mambo. En primer lugar, establecen un vínculo entre mambo sagrado y profano; además, coinciden en definir el mambo como un diálogo o contrapunteo de instrumentos. Así lo describe Ortiz: "el mambo es, en fin, cierto típico efecto musical producido por cruzamiento de los ritmos de varios instrumentos, o sea un 'palabre' o 'conversación de ritmos'."[9] Tanto Urfé como Cuéllar Vizcaíno hacen hincapié en la libertad de improvisación del mambo, insistiendo que para lograr un mambo los músicos deben tocar "a la diabla" ("diablo" era, de hecho, un sinónimo de "mambo"). El resultante tumulto sonoro se ve controlado solamente por la regularidad del bajo y la tumbadora; el resto corre por cuenta de la audacia y la discreción de los integrantes de la orquesta. Urfé expresa esta idea al afirmar que el mambo descubre melodías y ritmos tácitos, "lo que no está escrito dentro de lo que está escrito". Si el mambo litúrgico propiciaba el contacto entre lo visible y lo invisible, el mambo profano establece un diálogo entre lo audible y lo inaudible.

Los ensayos de Urfé y de Cuéllar Vizcaíno resultan igualmente significativos por lo que no dicen. Los musicólogos interesados en establecer la "cubanía" del mambo se inclinan a subrayar el papel de Arcaño en la evolución del género. Su importancia, así como la de Arsenio Rodríguez y los hermanos López, es indiscutible. No obstante, queda claro que ni Arcaño ni Arsenio —ambos mencionados en el artículo de *Bohemia*— consideraban el mambo un género musical autónomo. El primero lo definía sencillamente como un "montuno sincopado".[10] En 1948, por lo menos diez años después de que la palabra hubiera adquirido su sentido musical, el mambo todavía estaba supeditado al danzón.[11] El momento

---

[8] "La verdad sobre el mambo", de Urfé, pág. 12.
[9] *La Africanía de la música folklórica de Cuba*, de Ortiz, pág. 246.
[10] Cita en "La revolución del mambo", de Cuéllar Vizcaíno, pág. 97.
[11] En *Isles of Rhythm*, publicado también en 1948, Earl Leaf ofrece una extensa relación de ritmos cubanos: rumba, conga, son, danzón, danzonete, guaracha, guajira, zapateo, bolero, pregón; pero no menciona el mambo. Sin embargo, sí explica que durante los rituales vudú, la santera es llamada "mambo", aunque no lo relaciona con la música o el ritual afrocubano. Véase *Isles of Rhythm*, A.S. Barnes and Company, Nueva York, 1948, págs. 41-56. El compositor Bobby Collazo señala que la moda del mambo empieza a fines de 1946; ver *La última noche que pasé contigo*, Editorial Cubanacán, 1987, pág. 264. Sin embargo, en 1950, Juan J. Remos escribía que el mambo era una "nueva forma" que

crucial en la evolución del mambo tiene lugar cuando se desaloja de la matriz del danzón, otrora su "ámbito propio". El responsable de tal hazaña fué Dámaso Pérez Prado, el auténtico "rey del mambo".

El mambo ha tenido muchos notables exponentes, pero Pérez Prado fue, sin duda, el que más aportó tanto a su definición musical como a su éxito comercial. El diminutivo pianista ejerció una influencia mayor y llegó a mucho más público que los demás músicos latinos de los años cincuenta, Tito Puente, Machito y Tito Rodríguez entre ellos. Si en las décadas de los treinta y los cuarenta Desi Arnaz había sido el "conquistador de la conga", en los cincuenta Pérez Prado se convirtió en el indiscutible "rey del mambo". Como bien ha señalado Natalio Galán, el mambo fue esencialmente una "excogitación", una brillante ocurrencia del autor de "Patricia".[12] A diferencia del son o de la rumba, el mambo no procede de una larga tradición popular. Las primeras rumbas se bailaron en las calles; los primeros mambos se bailaron en salones de baile. Galán compara el mambo con un rico guarapo servido en un vaso de plástico —analogía justa, pese a que la intención es despreciativa, pues apunta a la artificialidad del género, al hecho de que es una música "culta". Y si bien diversos músicos contribuyeron a la receta, fue Pérez Prado quien le añadió los últimos ingredientes y lo preparó para el consumo.

Nacido en la provincia de Matanzas en 1916, Pérez Prado se traslada a La Habana en 1942, donde comienza a tocar en pequeños clubes como el Kursal y el Pennsylvania.[13] Posteriormente fue pianista y arreglista de la orquesta Casino de la Playa, hasta que en 1948 sale de Cuba para instalarse en Ciudad México, donde adquiere fama como "el Glenn Miller de México". A pesar de que en 1948 Pérez Prado era una figura reconocida en los círculos musicales de La Habana y de que

---

acababa de "irrumpir" en la escena cubana. ("La virtud del mambo", *Diario de la Marina*, 27 de diciembre de 1950). Hasta la fecha, "mambo" sigue siendo también el término utilizado para designar una sección de un arreglo de música "salsa", lo que explica por qué composiciones que no son mambos son clasificadas como tales.

[12] *Cuba y sus sones*, de Galán, pág. 342. La popularidad del mambo en los últimos años ha provocado la aparición de varios pretendientes al título de "rey del mambo"; en particular, Machito, Mario Bauzá y Tito Puente. Incluso a Desi Arnaz, que nunca interpretó un mambo, se le llama ahora el "rey del mambo".

[13] La fecha de nacimiento de Pérez Prado varía entre 1916 y 1922 según la fuente que se consulte. Aquí me atengo a la información ofrecida por Helio Orovio en su *Diccionario de la música cubana*, Editorial Letras Cubanas, La Habana, 1981, pág. 32.

en sus arreglos para la orquesta Casino ya se pueden escuchar las estridencias características del mambo, ni Cuéllar Vizcaíno y ni Urfé lo mencionan, lo que sugiere que para estas fechas todavía no se le asociaba con el entonces incipiente género. Pero sólo dos años más tarde su nombre se convertiría en sinónimo de mambo.

Ya en 1942 y 1943 Pérez Prado había comenzado a experimentar mezclando la sonoridad de las *big bands* norteamericanas con ritmos afrocubanos, aunque la fusión no cuajó hasta varios años después. En 1946, el músico se trasladó a Nueva York donde hizo algunos arreglos para Desi Arnaz, Miguelito Valdés y Xavier Cugat. A su regreso a la isla, Enrique C. Betancourt lo entrevistó para *Radio Magazine,* una publicación habanera. Al final de la entrevista, Pérez Prado declara: "Estoy preparando un estilo musical nuevo que creo que va a gustar mucho: el son mambo. El primer número se llama 'Pavolla'. Ya sólo falta un 'pase' al piano y, tal vez, alguna corrección. La firma Vda. De Humara y Lastra está esperándolo como cosa buena para grabarlo y lanzarlo al mercado. Vamos a ver qué sale de ahí."[14] Aunque no ha quedado claro el impacto que tuvo la visita a Nueva York en el desarrollo de las ideas musicales de Pérez Prado, es indudable que el "son mambo" anticipa lo que más tarde llamaría llanamente "mambo". El texto de la entrevista venía acompañado de una instantánea del compositor al piano, sosteniendo una hoja de papel pautado sobre la que había escrito, en grandes caracteres, "SON MAMBO".

A pesar del optimismo de Pérez Prado en esta entrevista, los estudios de grabación de la isla nunca mostraron gran interés por su música, considerándola rara e intelectualista. El cantante Rolando Laserie cuenta la divertida anécdota de que los músicos cubanos, en particular los trompetas, temían a Pérez Prado por la dificultad de sus arreglos: "Pérez Prado era un artista muy moderno y había que ser muy buen músico para trabajar con él. Sobre todo los trompetas, porque les ponía muchas notas altas que eran difíciles de tocar. Los músicos en Cuba veían llegar a Pérez Prado y decían: 'Dios mío, ahí viene Beethoven', porque él fue el Beethoven del mambo."[15]

---

[14] *Apuntes para la historia*, Ramallo Bros. Printing, San Juan, Puerto Rico, 1986, págs. 110-113. No he logrado encontrar ese título en la extensa discografía de Pérez Prado. En la misma entrevista, Pérez Prado dice sobre Desi Arnaz: "es un gran tipo que quiere mucho a Cuba".

[15] Entrevista con el autor, Miami, Florida, 14 de agosto, 1990.

No fue hasta 1949, después de abandonar Cuba y establecerse en México, que Pérez Prado logró interesar a una compañía disquera en sus "excogitaciones". Herman Díaz, en aquel entonces el encargado de la división internacional de RCA Víctor, recuerda que la primera sesión de grabación fue el 30 de marzo de 1949.[16] Si quisiéramos celebrar el nacimiento del mambo, ése sería el día indicado, pues fue durante esa sesión que Pérez Prado grabó "Qué rico el mambo" (o "Qué rico mambo"), la pieza que tomó el mundo de la música por asalto. En los años que siguieron Pérez Prado grabó docenas de mambos. En 1952 su agente publicitario declaró que Pérez Prado había vendido más de seis millones de discos de mambo.[17] Aunque la cifra sea una exageración, no cabe duda de que el músico matancero había alcanzado un éxito espectacular. En la época en que abandonó Cuba, Pérez Prado ganaba, como pianista y arreglista, 50 pesos a la semana; pocos años después se decía que sacaba 20.000 dólares al mes. Su popularidad en México llegó a ser tal que dondequiera que iba debía ser protegido por la policía.

Robert Farris Thompson, que se encontraba en México en 1950, ha dejado una vívida descripción de los inicios de la moda del mambo:

> Me encontraba en Ciudad México en marzo de 1950, pocas semanas después de que Pérez Prado conquistara el mundo con su versión del mambo neoyorquino con sabor a Bop. En el Hotel del Prado asistí a una fiesta de mambo que amenazaba con echar abajo el edificio. Nunca antes ninguno de los que estaba en aquella fiesta había bailado mambo, pero la nueva música parecía gritarles un insistente "ven". La gente había decidido que, a diferencia de otros bailes, cualquiera podía bailar mambo. Algunos intentaban seguir los pasos de un Fox Trot. Otros, riéndose, probaban con la samba. Una mujer alta y hermosa comentaba: "En serio, mi vida, pero qué ritmo más raro."[18]

Según Thompson, la rareza del mambo surgía de su hibridez. Algunos de los antecedentes de la mezcla se encuentran ya en el "danzón de

---

[16] Ver "Mambo Rage Latest in Latin Dance Line", de Nat Hentoff, *Down Beat*, 1 de diciembre de 1954.
[17] "Prado's New Mambo Is Sweeping the Americas", de Ralph J. Gleason, *Dancing Star*, 2, no. 3, enero de 1952, págs. 4, 16.
[18] "Mambo with Pantomime", de Robert Farris Thompson, *Dance*, 32, No. 6, junio de 1958, pág. 68.

nuevo ritmo" de Arcaño, pero otros provienen directamente del jazz norteamericano. Antes de Pérez Prado, el mambo estaba vinculado a la charanga, con su particular complemento de flautas, violines, bajo y timbales. Inspirado en orquestas como la de Glen Miller, Pérez Prado incluyó en la suya una amplia sección de saxos y trompetas, lo cual la apartaba del modelo cubano.[19] Ni siquiera el conjunto de Arsenio Rodríguez, con su reducida sección de metales, le servía de precedente. Ferviente admirador de Miller, Stan Kenton y otros instrumentistas norteamericanos de la época, Pérez Prado utilizaba su primera línea de cuatro saxos y cinco trompetas de maneras insólitas. Los sonidos de sus metales, con sus disonancias y sus notas altas y agudas, sumados al contrapunteo de los saxos, introducía una nueva sonoridad en la música "cubana".[20] El "Mambo" de Orestes López, animado pero contenido, no se parecía en nada a los de Pérez Prado. Para un público acostumbrado a sones y boleros, el mambo en realidad era un *mumbo jumbo*.

El mambo de Pérez Prado también sonaba "raro" porque carecía de la estructura de dos o tres partes de otras formas musicales. Debido a su origen en un montuno instrumental, cuando el mambo se independiza pasa a ser un fragmento autónomo, una "pieza" que no se enmarca dentro de una totalidad. Por eso, como ha señalado John Storm Roberts, le falta "complejidad interna y formal".[21] Una composición como "Qué rico el mambo" es un agresivo y breve exabrupto musical, complejo en sus armonías y disonancias internas, pero inquietantemente uniforme en su contextura. Si abordamos uno de los mambos de Pérez Prado *in medias res*, no es fácil distinguir si la pieza empieza o si está a punto de terminar. La letra tampoco nos ayuda a ubicarnos, pues, en caso de que exista, es tan escueta que roza lo absurdo. Pérez Prado emplea las palabras a la manera del *scat*

---

[19] Para un análisis más detallado de la orquesta de Pérez Prado, véase la obra de Acosta, *Del tambor al sintetizador*, pág. 49.
[20] Pérez Prado hace hincapié en la importancia de las partes de trompeta y saxo: "La interpretación del mambo se basa en los saxos, pues son ellos los que llevan la pauta fundamental del ritmo. La sección rítmica acentúa esa pauta y los metales tienen un número de funciones variables que pueden interpretar. Los metales dan la melodía por encima de los saxos y el ritmo; pueden hacerle un contrapunteo al saxo, pueden limitarse a acentuar rítmicamente las figuras que los saxos están interpretando, o simplemente cambias y haces que los metales lleven la pauta del ritmo mientras los saxos tocan la melodía" (cita tomada de "Prado Tells How Mambo Made It But Not How He Makes It Tick", de Nat Hentoff, *Down Beat*, 1 de diciembre, 1954).
[21] *The Latin Tinge*, pág. 128.

en el jazz, repitiendo sílabas aisladas como si fueran punteadas de piano o de trompeta. En "Qué rico el mambo", la letra entera dice: "Mambo, qué rico el mambo, mambo qué rico é, é, é, é". Hasta el apócope de "es" delata la tendencia al minimalismo. La letra de otro famoso mambo, "La niña Popoff", se limita a pronunciar el nombre una y otra vez. Además, el título de algunos de sus mambos más conocidos consiste sólo en un número —"Mambo No. 5", "Mambo No. 8"— gesto que nos revela tanto las ambiciones artísticas del autor (su compositor favorito era Stravinsky), como su indiferencia respecto al lenguaje. No en balde otro conocido mambo se titula, "Ni hablar".

Lacónico más que lírico, reiterativo más que narrativo, el mambo no "come cuentos". En su esencia es un género instrumental. De ahí que casi todos los mambos cantados, como los que Beny Moré grabara en México con Pérez Prado, son más bien sones o guarachas con algunos floreos mambísticos. Cuando el mambo aúna música y letra, el resultado es a menudo la logoclasia, la desarticulación o fragmentación del lenguaje. El mambo cultiva las cualidades fónicas u onomatopéyicas del idioma, sin prestar mucha atención a su capacidad para comunicar significados. Las palabras valen no por su sentido, sino por su sonoridad.

Es éste el contexto donde debemos situar la idiosincracia más famosa de Pérez Prado: los enfáticos gruñidos con que salpicaba sus interpretaciones. Poco después de su llegada a los Estados Unidos en 1951, *Newsweek* publicó el siguiente comentario: "Las actuaciones de Pérez Prado se caracterizan por peculiares sonidos semejantes a eructos que el músico vocaliza para inducir a su orquesta a 'darle'". Por esa misma fecha, la revista *Ebony* señalaba: "Profiriendo extraños sonidos guturales mientras dirige, Prado conduce su orquesta a una furiosa intensidad musical". Otras publicaciones comparaban sus gruñidos con "los vehementes gritos de un arriero" o "con el rugido de una foca".[22]

Pero según Pérez Prado, los enigmáticos gruñidos eran sólo el vestigio de una palabra; tal como explicó en diversas ocasiones, los sonidos

---

[22] Tomado respectivamente de "El Mambo", *Newsweek*, 4 de septiembre, 1950; "Mambo King", *Ebony*, 6, septiembre de 1951, pág. 46; *The Story of Jazz*, de Marshall Stearns, Oxford University Press, Nueva York, 1956; y "Pérez Prado Ork", de Bill Smith, *Billboard*, 7 de agosto, 1954.

eran el resultado de la manera en que arrastraba la palabra "dilo", con la que instaba a sus instrumentistas a esforzarse.[23] La desarticulación de "¡dilo!" para convertirlo en "¡uj!" es tal vez el mejor ejemplo del ímpetu logoclasta del mambo, de su tendencia a reducir el vocablo a voz, la comunicación a expresión. El que sea precisamente la palabra "dilo" la que se ve sometida a este proceso de reducción subraya la significación del gesto, pues sin el verbo *dicendi* no hay narración posible. En el mambo un gruñido vale por mil palabras.

El laconismo del mambo asistió a su difusión internacional. Sin letra que traducir, la misma grabación podía llegar a públicos de diversas nacionalidades. A causa de los acápites numéricos de algunos mambos, ni siquiera había que cambiar los títulos. El mambo es un compás, pero sin norte: la letra, en inglés o en español, lo hubiera orientado demasiado en una dirección. (En la década anterior, parte de la popularidad de la conga en Estados Unidos también se debió a que era esencialmente instrumental). En este sentido el contraste entre el mambo y los *latunes* de los años cuarenta resulta ilustrativo. La mayoría de estas "tonadas latinas", como "I'm On My Way To Cuba" de Irving Berling y "Cuban Pete" de Desi Arnaz, no eran más que sones o boleros con letra en inglés. El equilibrio cultural emergía del contraste entre el fraseo verbal y el musical. Las tonadas eran monolingües, monomusicales pero biculturales: el ritmo era cubano, la letra americana y la combinación cubanoamericana. Muchos *latunes* eran sencillamente atroces, pero algunos lograban un meloso y melodioso acoplamiento de música y letra, manifestación característica de ingenio bicultural. En el caso del mambo, la música misma acopla ambas culturas. El ingenio no yace en el juego entre lenguaje y ritmo, sino en el contrapunteo de sonidos y ritmos disímiles.

La extensa producción de Pérez Prado se puede separar en tres apartados. El primero incluye los mambos "puros", piezas como "Qué rico el mambo", "Caballo negro", "Mambo No. 5", "Mambo No. 8",

---

23 *Dilo (Ugh!)* se convirtió en el título de uno de sus discos (RCA Víctor, 1958). La explicación de Pérez Prado puede encontrarse en el artículo "Latin Americana", de Oscar Berliner, *Down Beat*, 22 de enero, 1955. En las notas que aparecen en la carátula de *Dilo (Ugh!)*, Watson Wilie dice: "El aspecto más intrigante del grito de guerra de Prado es precisamente cómo se las arregla para convertir el sonido de la palabra '¡Dilo!' en algo como '¡Uj!'. El autor guarda en secreto la técnica exacta, pero para el oído analítico parecería que logra esta transición despojando a la palabra de todas sus vocales y consonantes antes de soltar el aire".

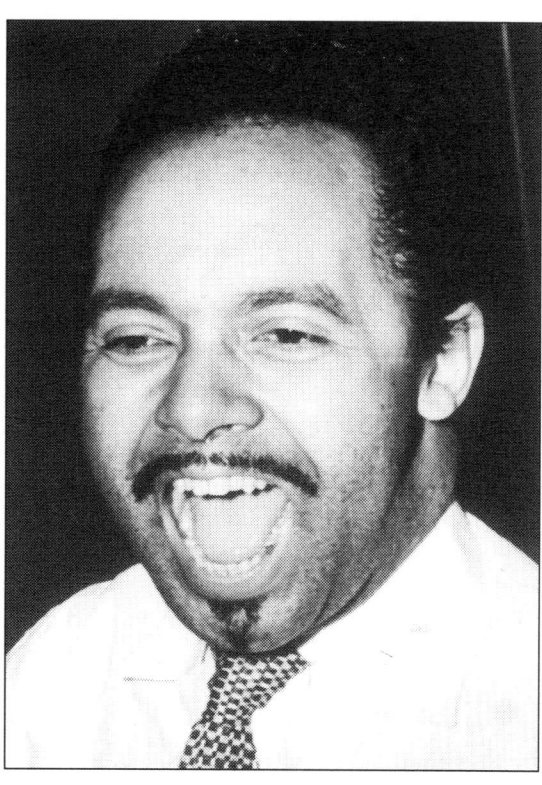

Dámaso Pérez Prado
hace "¡Ugh!"
(Fotografía autorizada
por *Corbis Images*)

"La niña Popoff" y otros. Estas composiciones encierran el "estofado" de sonoridades en su estado más condimentado. El segundo grupo comprende piezas que, a pesar de no ser mambos, incluyen toques o pasajes mambísticos; este grupo recuerda al danzón de nuevo ritmo de Arcaño en el cual el mambo formaba parte de un todo más amplio. Aquí podríamos incluir los éxitos más grandes de Pérez Prado, "Cherry Pink and Apple Blossom White" ("Cerezo rosa", versión aplatanada de una canción francesa), con el memorable solo de trompeta de Billy Regis, y "Patricia", un swing que, interpretado por Nino Rota, fue usado por Fellini como tema musical de *La dolce vita* (1960).[24] "Cherry Pink and Apple Blossom White" estuvo en las listas de éxitos de la revista

---

[24] Refiriéndose a "Cerezo rosa", el historiador del rock Arnold Shaw afirma: "repleto de bajos, vibrantes e intensos tonos en los trombones, con trompetas, cencerros y gruñidos por todo lo alto, era un mambo —un baile latino que significaba para la rumba lo que el jitterbug para el fox trot". Véase *The Rocking '50s*, Hawthorn Books, Nueva York, 1974, pág. 123.

Billboard durante veintiséis semanas, logro superado únicamente por "Don't Be Cruel", de Elvis Presley. Este segundo grupo incluye también la mayoría de los números que Pérez Prado grabó con Beny Moré a principios de los cincuenta, como "Pachito e'ché", "Bonito y sabroso" y "Mambo e'te". La ironía de la carrera del "rey del mambo" es que algunos de sus *hits* más sonados fueron composiciones que realmente no eran mambos. De hecho, cuando en 1955 "Cerezo rosa" se convierte en un éxito, ya la moda del mambo había comenzado a pasar; cuando sucede lo mismo con "Patricia" en 1958, el mambo sólo perduraba en bastiones de música latina como el Palladium de Nueva York.

La tercera categoría dentro de la obra de Pérez Prado comprende versiones en ritmo de mambo de canciones como "Granada", de Agustín Lara, el viejo danzón cubano "Almendra", o "El Manisero", de Moisés Simon, que había dado inicio a la moda cubana en Estados Unidos en los años treinta. Los innovadores arreglos de Pérez Prado de estos números archiconocidos, tal como la versión de "Granada" incluida en su álbum *Havana 3 a.m.* (1956), demuestran, una vez más, el ímpetu hibridizante del mambo. Las ingeniosas y a veces burlonas interpretaciones de boleros como "Bésame mucho" y "Ojos verdes" tienen una frescura —tanto en el sentido de originalidad como en el de atrevimiento— que se puede apreciar aún hoy en día. Ya que el "Beethoven del mambo" a menudo componía contra el tempo y el espíritu de la música, su versión de una pieza como "Bésame mucho", donde el agresivo timbre de las trompetas perfora la ñoña melodía, equivale a una risueña parodia del original. La disonancia musical se ve subrayada por lo que podríamos describir como disonancia tonal; esos estridentes metales se encuentran totalmente fuera de lugar en semejante escenario. En manos de Pérez Prado, la trompeta se convierte en trompetilla. Aquellos que ponen en duda la "cubanía" del mambo harían bien en reflexionar si ese humor desmitificador no nace del choteo. En cierta ocasión, Carpentier señaló que Pérez Prado emplea el "*nonsense*, el disparate verbal, con un desparpajo que le confiere, al menos, el mérito del humorista."[25] Habría que añadir que ese desparpajo no

---

[25] *Ese músico que llevo dentro*, de Alejo Carpentier, Editorial Letras Cubanas, La Habana, 1980, Vol. 2, pág. 344. En esta compilación, que abarca tres volúmenes de artículos sobre música, Carpentier hace mención de Pérez Prado o el mambo sólo una otra vez al señalar, "Me encanta cierta música popular urbana, tan llena, a veces, de auténtica gracia. Me gusta la melodía de 'Silbando el mambo' de Pérez Prado, y también la canción —tan insinuante, indolente— de 'La balandra Isabel'" (Vol. 3, pág. 177).

sólo aflora en las letras minimalistas, sino también en la frescura de los arreglos.

Existen dos corrientes de pensamiento sobre el mambo. La primera, que llamaré la escuela de La Habana, hace hincapié en las raíces del mambo dentro del danzón y presenta a Bebo Valdés, compositor de piezas como "Güempa", "Mambo caliente" y muchas otras, como el adalid del genuino mambo cubano. Cristóbal Díaz Ayala, por ejemplo, afirma que los mambos de Bebo Valdés están "mucho mejor elaborados y [son] más cubanos que los de Pérez Prado."[26] La otra escuela, la de Nueva York, subraya acertadamente la mezcla de música afrocubana y jazz que tuvo lugar en esa ciudad durante la década de los cuarenta. Según los adeptos de esta escuela, las principales figuras de la historia del mambo son músicos asentados allí, como Machito, Tito Puente, Tito Rodríguez y Justi Barreto. Pérez Prado no encaja en ninguna de las dos escuelas, aunque estaba familiarizado con el origen afrocubano del mambo y bien pudo haber recogido algunas ideas durante su estancia en Nueva York en 1946. Pero su espectacular carrera tiende a exceder ambas teorías sobre el origen y la naturaleza del mambo. Para la escuela cubana, Pérez Prado es demasiado americano, mientras que para la de Nueva York resulta demasiado "comercial". Además, apenas tocó en Nueva York, donde Tito Puente ocupaba el trono del rey del mambo.

Vástago de la tradición cubana de traslación, de "desalojo", Pérez Prado es otro de esos cubanos para quienes la falta de "ámbito propio" se convierte en condición de creatividad. John Storm Roberts ha criticado sus mambos por considerarlos "de un raro, si bien extraviado [*misplaced*], ingenio".[27] Pero en el *misplacement*, el extravío, la mala colocación, yace el origen del mambo, como la de toda la cultura cubanoamericana. Según Natalio Galán, el mambo de Pérez Prado exhibe "un neurótico desequilibrio rítmico"[28]; sí, pero a veces hay libertad en el desequilibrio y novedad en la neurosis.

---

[26] *Música cubana*, de Díaz Ayala, pág. 227. Según Juan J. Remos, el mambo "no ha nacido en nuestro suelo, no obstante ser su autor matancero: ha venido de fuera y lo traen, con su inventor, ejecutores de otros patios: especialmente de México" ("La virtud del mambo", pág. 5).
[27] *The Latin Tinge*, de Roberts, pág. 128.
[28] *Cuba y sus sones*, de Galán, pág. 342.

Antes de abril de 1951, fecha en que Pérez Prado se presentó ante un público norteamericano por primera vez, el mambo apenas era conocido en Estados Unidos. Su difusión tuvo lugar en dos etapas. La primera comenzó a fines de los cuarenta, momento en que la música cubana había ganado en popularidad dentro de la creciente población hispana de Nueva York. Ya en 1947 Tito Puente dirigía una orquesta llamada los *Mambo Devils* (Los Diablos del Mambo); un año antes, en 1946, el cubano José Curbelo había grabado un disco titulado "Los reyes del mambo".[29] Es muy probable, sin embargo, que en esa época la palabra "mambo" no designara todavía un género autónomo, sino el final improvisado y rápido que remataba una guaracha o un danzón. Significativamente, "Los reyes del mambo", de Curbelo, no es un mambo sino una guaracha.

La segunda etapa se inicia en 1950, cuando el director de orquesta Sonny Burke, encontrándose de vacaciones en México, escucha "Qué rico el mambo". Poco después lo graba cambiándole el título a "Mambo Jambo". Un año más tarde, la compañía Decca saca a la venta un álbum de mambos instrumentados por Burke (la mayoría sigue demasiado de cerca los arreglos de Pérez Prado) y una de sus composiciones, "Mambo Man", aparece en el musical *Painting the Clouds With Sunshine* (1951). Alentados por el éxito de "Mambo Jambo", los ejecutivos de la RCA Víctor trasladan a Pérez Prado de su sello internacional al de pop, y su éxito latinoamericano se repite en Estados Unidos. En poco tiempo "Qué rico el mambo" pasa a formar parte de las listas de éxitos al vender más de 600.000 discos, y desde ese momento el mambo se identifica con el músico cubano con "cara de foca" y trajes de chuchero que saltaba desenfrenadamente en el escenario emitiendo extraños sonidos guturales.

(La fama de Pérez Prado en Estados Unidos tuvo un precio. Siempre se pierde algo en una traducción, y Pérez Prado perdió su nombre

---

[29] La información procede de *The Latin Tinge*, de Roberts, pág. 124. Según Albert y Josephine Butler, en 1944 Anselmo Sacasas grabó "The Mambo" ("Mambo As It Is Danced at Broadway's Palladium", *Dance*, 24, no. 3, marzo de 1950, pág. 32). No he logrado encontrar confirmación de lo anterior, pero es posible que la grabación de Sacasas fuera del viejo danzón de Orestes López. En su relación de "hitos del mambo", Ernest Borneman cita los conciertos celebrados en 1946 en el salón Sweet's de Oakland, California ("Big Mambo Business", *Melody Maker*, 11 de septiembre de 1954). Otro músico de Nueva York, Joe Loco, aseguró en una ocasión que ya desde 1936 él tocaba mambo en Harlem (*Metronome*, 71, mayo de 1955, pág. 12), lo que seguramente no es cierto (por algo se llamaba "loco"). En 1948, *Dance News* informaba: "El mambo constituye el más popular de todos los bailes actualmente de moda en las salas nocturnas de Nueva York" (Don LeBlanc, "The Mambo", *Dance News*, 13, No. 4, octubre de 1948, pág. 8).

de pila, Dámaso. Para los norteamericanos quedó como "Pérez Prado", con el "Pérez" —eventualmente "Prez"— sustituyendo a Dámaso. Aún hoy en día algunas fuentes de referencia en lengua inglesa dan su nombre como "Prado, Perez".)

La rapidez con que el mambo fue asimilado por la cultura norteamericana ofrece un ejemplo más de la fascinación que ejerce lo "latino" en Estados Unidos. En abril de 1951, en vísperas de la primera gira de Pérez Prado, la revista *Time* advertía que un nuevo baile estaba a punto de conquistar el país. Encabezada por el "emperador del mambo", la "conquista" resultó ser un éxito arrasador, con llenos en todas partes. Las reseñas sobre las actuaciones de Pérez Prado alababan tanto su música como su presencia escénica. En agosto del mismo año, cuando Pérez Prado estaba a punto de comenzar otra gira de conciertos, *Variety* opinó que era "una apuesta segura para colgar el cartel de 'agotado' en las taquillas de todo el país", añadiendo que la orquesta de Pérez Prado resultaba tan eficaz "en un concierto como lo era en una sala de baile". Meses después, la publicación *Down Beat* informaba que la gira de Pérez Prado por la Costa Oeste había atraído por primera vez en muchos años a 3.500 fanáticos a la sala Sweet's de Oakland.[30]

A fines de 1951 la "mambomanía" ya estaba en pleno apogeo. En los años que siguieron las revistas más leídas de Estados Unidos divulgarían noticias en primera plana sobre la nueva moda musical. *The New York Times Magazine, Collier's, Life, American Mercury, Ebony, Saturday Review* —todas le dieron la bienvenida al mambo con una mezcla de interés y perplejidad, pues nadie sabía a ciencia cierta en qué consistía el mambo. En 1954, el historiador del jazz Nat Hentoff escribía que el mambo se había convertido en "un desconcertante frenesí nacional, arrebatadoramente popular pero casi imposible de definir."[31] Incluso el nombre de la música resultaba un misterio, y las autoridades en la materia ofrecían diferentes conjeturas: algunos pensaban que era un recurso "onomatopoético"; otros remontaban sus orígenes a los rituales afrocubanos; y hasta hubo quien aventuró que era la palabra

---

[30] *Time*, 9 de abril, 1951; *Variety*, 29 de agosto, 1951; "Prado's West Coast Tour a Huge Success", *Down Beat*, 5 de octubre, 1951. Gleason añade: "Es una pena que no estuvieran presentes todos los directores de orquesta que han estado refunfuñando porque ya nadie baila en Estados Unidos. Amigos míos, el público de Prado baila; todos, jóvenes y viejos, dan sus pasitos. Con frecuencia la orquesta bajaba tanto su sonido que se podía escuchar, por encima del golpeteo de la tumbadora, el rítmico sonido de los pies de los bailadores. ¿Desde cuándo no se oía algo semejante en un lugar tan grande como el Sweet's?"

[31] "Prado Tells How Mambo Made It But Not How He Makes It Tick", de Hentoff, pág. 3.

empleada por los guajiros cubanos para cortar caña (la caña caía al grito de ¡mambo!).

Sin duda, la reputación de ser un baile lujurioso y desinhibido aguzó la curiosidad. Un tema recurrente en la prensa era la dimensión "salvaje" o "primitiva" del mambo, lo que un escritor denominaba su "alto coeficiente sexual" y otro calificaba de "capacidad de desatar todos los demonios".[32] *Ebony* comenzó su exposición de la siguiente forma: "Sus impulsos son primitivos, sus ritmos frenéticos, sus pasos delirantes, y se llama mambo." En un pretencioso ensayo titulado "The Mambo and the Mood" (El mambo y el ánimo), Barbara Squier Adler concluía: "El mambo bien pudiera ser la contrapartida musical del psicoanálisis. Ambos liberan, o parecen liberar, al individuo de las tensiones que se generan cuando se intenta llevar una vida normal en una época anormal."[33] El propio Pérez Prado recibía el calificativo de "moderno dios del placer" y "diablito",[34] mote adecuado si recordamos, por un lado, el papel de los "diablitos" dentro de las fiestas afrocubanas, y, por otro, el hecho de que "diablo" había sido sinónimo de mambo.

Como los *Latin lovers* de Hollywood, el mambo representaba, al mismo tiempo, una amenaza y una tentación. Los profesores de baile trataban de amortiguar su erotismo asegurando a sus alumnos que existían dos variedades de mambo, el "suave" y el "duro".[35] El primero, que se enseñaba en las academias elegantes como la de Arthur Murray, era un baile de "sutil prudencia". Mientras la Sra. Arthur Murray le aseguraba al americano de clase media que el mambo no era más que una "rumba con paso de jitterbug", Arthur Murray se jactaba en su programa de televisión de que podía enseñar los pasos

---

[32] Tomado, respectivamente, de "Mambo: The Afro-Cuban Dance Craze", de Walter Waltham, *American Mercury*, 74, enero de 1952, pág. 17; y "The Mambo and the Mood", de Barbara Squier Adler, *New York Times Magazine*, 16 de septiembre, 1951.

[33] "Mambo King", *Ebony*, 6, septiembre de 1951, pág. 45; "The Mambo and the Mood", de Adler, pág. 22.

[34] Respectivamente, en los artículos "Mambo King", pág. 46; y "Pérez Prado Shines on Coast", *Down Beat*, 13 de enero, 1954. Existía, claro, un elemento de tipificación racial en todo esto. En Cuba ya se clasificaba el mambo como "una africanización" del danzón (Cuéllar Vizcaíno, "La revolución del mambo", pág. 98). La revista *Time* señalaba que el mambo combinaba "la sutil artimaña del latino con la simplicidad del ritmo de las orquestas de sociedad" ("Darwin and the Mambo", 6 de septiembre, 1954). El titular de la revista *Life*, en su número correspondiente a diciembre de 1954, rezaba: "Uncle Sambo, Mad for Mambo". "Sambo", en inglés, es un epíteto racial despectivo.

[35] "Mambo Today", de Albert Butler y Josephine Butler, *Dance*, 27, no. 12, diciembre de 1952, pág. 52.

esenciales del mambo en menos de un minuto.[36] En cambio, el mambo "duro" era el hermano prieto y tosco del mambo de salón. Practicado en sedes como el Palladium de Nueva York —"el Hogar del Mambo"— esta frenética variante era un baile de "desbordante exhibicionismo" caracterizado por violentas contorsiones y movimientos lascivos.[37] Al repasar la literatura sobre el mambo casi medio siglo después, queda claro que nadie sabía exactamente qué era el mambo ni cómo debía bailarse. Existían tantas formas de bailarlo como manuales de instrucciones. En 1958, *Dance Magazine* todavía abría sus páginas a un acalorado debate sobre el tema.[38] (Fue un mambolero mejicano quien, a mi juicio, dio la mejor descripción: "El mambo lo bailamos como podemos.")[39]

Hasta cierto punto la actitud mambofóbica era de esperarse, pues, de hecho, el mambo es "un simulacro [*mockery*] del sexo normal", como observó alguien despectivamente.[40] Una vez desalojado del danzón, el mambo conservó su intensidad, su cualidad paroxística, su imprevisibilidad, pero sin el atenuante de la subordinación. A diferencia del son o del propio danzón, el mambo carece de los crescendo y accelerando, del "embullo parabólico" que distingue a otros géneros musicales cubanos.[41] En el mambo no hay coqueteo anticipatorio ni laxitud posterior, pues transcurre sólo en el vértice de la parábola, en su clímax. A diferencia del danzón, no es un baile de galanteo o apareamiento, ya que el apareamiento es un ritual con fases, como una obra teatral con varios actos o una sinfonía con diferentes movimientos. El mambo se limita a un acto y a un movimiento: *wham-bam, thank-you, mambo*. La revista *Life* lo expresaba del siguiente modo:

---

[36] "What the Heck is the Mambo", de Mrs. Arthur Murray, *Down Beat*, 1 de diciembre, 1954.

[37] *Down Memory Lane. Arthur Murray's Picture Story of Social Dancing*, de Sylvia G. L. Dannett y Frank R. Rachel, Greenberg, Nueva York, 1954, pág. 174.

[38] Véase "Rumba's Anniversary", de Robert Luis, y "Mambo Not a Dance?", de Dorothea Duryea Ohl, *Dance Magazine*, 32, No. 6, junio de 1958, págs. 66-68. Pérez Prado sostenía que el mambo debía bailarse "cómo te parezca" ("Prado Tells How Mambo Made It But Not How He Made It Tick", de Hentoff, pág. 3). En 1959, el mambo todavía estaba muy de moda en el Palladium. Ver "Palladium Mambo", de Robert Farris Thompson, *Dance Magazine*, 23, no. 9, septiembre de 1959, págs. 73-75.

[39] Citado en *Pérez Prado y el mambo*, de Carlos J. Sierra, Ediciones de la Muralla, México, 1995, pág. 80.

[40] "Mambo: Afro-Cuban Dance Craze", de Walter Waldman, *American Mercury*, 74, enero de 1952, pág. 20.

[41] "Embullo parabólico" es la frase que utiliza Fernando Ortiz para referirse a la música afrocubana (*Los bailes y el teatro de los negros en el folklore de Cuba*, pág. 150).

"más rápido y menos elegante que la *rhumba*, el mambo le permite a sus bailadores llegar al extremo del paroxismo por medio de la improvisación individual, mientras exhiben una expresión de gozo ineluctable."[42] El tempo acelerado, los bruscos movimientos y contorsiones, el minimalismo de su letra, la estridencia de los metales, incluso las famosas eyaculaciones verbales de Pérez Prado —todo ello contribuía al paroxismo rítmico del mambo. Con razón la letra del *ur*-mambo alardea: "Mambo, qué rico es".

Además de las continuas referencias a su erotismo, circulaban historias peculiarísimas sobre los nefastos efectos que el mambo podía tener sobre los bailadores. En los medios de prensa norteamericanos fue muy divulgada la noticia de que en Lima, en enero de 1951, el Cardenal Juan Gualberto Guevara amenazó con negarle el Santísimo Sacramento a los que asistieran a los conciertos de Pérez Prado. Años después, el obispo colombiano Miguel Angel Builes condenó los baños mixtos en la playa, la educación sexual, el cine y el mambo.[43] Asimismo, en 1951 se comentó que un individuo enloquecido por el mambo había asesinado a varias personas en Ciudad México, mientras que el entonces presidente de Filipinas, Ramón Magsaysay, declaró que el mambo era un "desastre nacional"; los filipinos no quieren trabajar, decía Magsaysay, lo único que quieren hacer es bailar mambo. Pero tal vez la anécdota más singular tiene que ver con un torero cubano (lo que ya de por sí es bastante raro) que declaraba haber sufrido una cornada debido a que los funcionarios de la Plaza de Toros de Ciudad México habían impedido que se tocara mambo mientras él toreaba.

Los músicos y compositores norteamericanos no tardaron en subirse al tren del mambo. Como había sucedido con la conga y la *rhumba*, comenzaron a aparecer piezas "samboides", es decir, composiciones que, sin ser mambos, aludían al género, ya fuera en la música o en la letra. Casi todas estas composiciones eran en realidad "metamambos", comentarios graciosos sobre la locura que generaba el mambo en sus adeptos.

Papa loves mambo.
Mama loves mambo.
Look at him sway with it.

---

[42] "Uncle Sambo, Mad for Mambo", *Life*, 20 de diciembre, 1954.
[43] *La salsa*, de José Arteaga, Intermedio Editores, Bogotá, 1990, pág. 88.

> *Guess he's okay with it.*
> *Shouting olé with it, now:*
> *Ugh!*

[A papá le gusta el mambo. / A mamá le gusta el mambo. / Mira cómo se mueve. / Parece que le sienta. / Grita olé, y entonces: / ¡uj!]

El fragmento citado viene de "Papa Loves Mambo", un mamboide que representó un éxito rotundo para Perry Como. Más que un mambo, es un swing con inflexiones latinas. Del mambo la canción sólo toma algunas figuras de percusión, uno que otro trompetazo, y, sobre todo, la imitación de los inimitables gruñidos de Pérez Prado. Por supuesto, los puristas despotricaban contra los mamboides. Ernest Borneman, columnista de *Melody Maker*, señalaba que eran "algo espantoso: mal escritos, mal instrumentados y de mal gusto."[44] Daba igual: en una sola semana, en octubre de 1954, las compañías discográficas norteamericanas sacaron a la venta nada menos que diez "discos estilo mambo".[45]

Entre los mamboides de mayor éxito se encontraban, junto a "Papa Loves Mambo", "They Were Doing the Mambo (But I Just Sat Around)" (Bailaban el mambo, pero yo me quedé sentado), de Vaughn Monroe, que dio inicio al género; y "Mambo Italiano", de Rosemary Clooney, prohibido en la radio por difamar, supuestamente, a los italoamericanos al declarar en su letra, "los calabreses bailan el mambo como dementes". Otros mamboides: "Middle Age Mambo", "Mambo Rock", "Mambo Baby", "Loop-de-Loop Mambo" y "Mardi Gras Mambo". Las fiestas navideñas de 1954 celebraron el advenimiento de otro híbrido aún más raro: el villancico-mambo, como "Jingle Bells Mambo", "We Wanna See Santa Do the Mambo", "Rudolph the Red-Nosed Mambo" y "I Saw Mommy Doing the Mambo (With You Know Who)", de Jimmy Boyd, en el que un niño descubre a su madre bailando mambo con Santa Claus. Por último, y como prueba de que el mambo no era sectario, Micky Katz grabó "My Yiddishe Mambo", inspirado en una mam-

---

[44] "Mambo '54", de Ernest Borneman, *Melody Maker*, 1 de enero, 1955. Cualquiera que, a lo largo de 1954, hubiera encendido el televisor para ver el programa de Perry Como, podría haberlo visto no sólo cantando esa canción, sino también intentando bailarla con Peggy Lee (Peggy se menea mucho mejor que Perry). El video clip puede encontrarse en *TV Variety XXV*, Shokus Video # 466, 1990.
[45] "Mambo Fever Hits Peak in Music Biz, with More to Come", *Variety*, 20 de octubre, 1954.

bolera judía que "cocinaba sus *challes* para Noro Morales". El final de la pieza es el colmo de la hibridez del mambo: "¡Olé! ¡Olé! ¡Oy vey!".[46]

La primera actuación de Pérez Prado en Nueva York tuvo lugar en el Starlight Roof, la elegante sala del Hotel Waldorf Astoria. Al principio, el mambo había sido considerado un fenómeno propio de la clase obrera y, en concreto, de negros y latinos. El Hogar del Mambo era el Palladium, situado cerca de Harlem, en Broadway y la calle 53, y orientado a una clientela lo mismo negra que hispana. Pero de los salones latinos de Nueva York el mambo se extendió a los de clase media norteamericana y, posteriormente, a la alta sociedad que frecuentaba el Waldorf. El debut de Pérez Prado en el Waldorf, el 27 de julio de 1954, fue la señal de que el mambo había penetrado todos los estamentos de la sociedad norteamericana. Puede que su orquesta no haya sido la mejor que se haya presentado en el Waldorf, pero desde luego que fue la más escandalosa. Hasta entonces, la única referencia que los clientes del Waldorf tenían de una orquesta latina era la de Xavier Cugat, con sus sarapes, sus chihuahuas y sus monótonas *rhumbas*. Aunque el astuto Cugat ya había sacado un disco llamado "Mambo at the Waldorf", el día de la presentación de Pérez Prado fué la primera vez que la clientela del Waldorf pudieron escuchar el mambo "auténtico".

Las reseñas fueron halagadoras, si bien cautelosas. Alabando el virtuosismo de "Prez", sus autores manifestaban reservas sobre lo adecuado de la música para un lugar como el Starlight Roof. Sería exagerado afirmar que quedaron alarmados, pero sí subrayaban las "sorprendentes" payasadas de Pérez Prado en el escenario, el "vestuario abigarrado" de la "horda frenética" de *mamboniks* y las numerosas "espectadoras que gritaban en pleno éxtasis" al escuchar los primeros acordes de "Qué rico el mambo". "No cabe la menor duda de su destreza", decía uno, "pero debería saber que existe algo que se denomina ir más allá de tus propios límites".[47] Durante la temporada, que se extendió varias semanas, el espectáculo fue bien acogido por el público, sin llegar a tener la aceptación que solía disfrutar en otros lugares. Hasta donde he podido determinar, ésta fue la primera y la última vez que la orquesta de Pérez Prado tocó en el Starlight Roof.

---

[46] *"Challes"* es la galleta judía; *"Oy vey"* es "¡Ay Dios mío!" en yiddish.
[47] Las citas son, respectivamente, de "Pérez Prado Ork", de Smith, págs. 46-47; y "Night Club Reviews", *Variety*, 4 de agosto, 1954. Véase también "Prado Means Mucho Mambo", de Bill Coss, *Metronome*, 70, octubre de 1954, pág. 19.

Durante el mes de julio de 1954, el Waldorf era sólo una de varias salas neoyorquinas dedicadas al mambo. Para aquellos que no podían costear la entrada del Starlight Roof, había una multitud de lugares donde aliviar o cultivar la afición por el mambo. Los miércoles por la noche el Palladium ofrecía el "Mamboscope", la "bacanal del baile" donde se podía gozar toda la noche con Tito Puente, participar en un concurso de mambo y tomar clases de mambo impartidas por "Killer Joe" Piro (que era italiano) y "Cuban Pete" Aguilar (que era puertorriqueño). Todo por $1,75.[48] O se podía ir al Roseland, donde tocaba Tito Rodríguez, o al Arcadia, que presentaba a Machito, o a otros pequeños clubes donde también se le rendía culto al mambo. Algunas ciudades disponían de sus propios santuarios: Chicago tenía el Mambo City, Los Angeles el Ciro's y San Francisco el Macumba Club.

En otoño de 1954, la compañía Tico Records organizó "Mambo USA", una gira por 56 ciudades que llevó el mambo al interior de los Estados Unidos. El contingente de cuarenta instrumentistas incluía a Machito, Miguelito Valdés, Pupi Campo, Joe Loco, Facundo Rivero y otros músicos latinos de renombre. En diciembre de 1954 las tiendas rebosaban de artículos de regalo relacionados con el mambo: muñecas mamboleras, camisones de dormir con motivos de mambo, y un "kit" de mambo (un disco, unas maracas y una larga alfombra de plástico con dibujos de los pasos del baile). Ese mismo mes la Paramount estrenaba la película *Mambo*, con Silvana Mangano en el papel de una bailarina que debía decidirse entre el matrimonio y el mambo (gana el matrimonio). Pocos meses después el propio Pérez Prado, que ya había figurado en varias "cabareteras" mejicanas, realizó su debut en Hollywood en *Underwater!*, una exitosa cinta de la RKO cuya principal atracción, además de la música, era Jane Russell bailando un mambo en trusa.

En diciembre de 1954, Cuba llegaba a todos los confines de Estados Unidos. *I Love Lucy* era el programa más popular de la televisión; Ernest Hemingway acababa de ganar el premio Nóbel de literatura por *El viejo y el mar* (1952), una novela sobre un pescador cubano; y el mambo se había convertido en una obsesión nacional. En la entrega

---

[48] "The Mambo!! They Shake A-Plenty with Tito Puente", de Nat Hentoff, *Down Beat*, 6 de octubre, 1954; "'Killer Joe' Piro: Past and Present", de Michael McSorley, *Dance*, 29, no. 10, octubre de 1955, págs. 40-41, 84; "The Palladium", de José Torres, *New York Magazine*, 21-28 de diciembre, 1987. Piro, considerado uno de los mejores bailadores de mambo, afirmaba haberlo enseñado a 90.000 aficionados.

de la revista *Downbeat* correspondiente a diciembre de 1954, todos los números en la lista de "mejores grabaciones" eran mambos.

No obstante, hasta el *tempo* del mambo *fugit*, y después de 1954 la mambomanía desapareció súbitamente para dejar paso a un nuevo ritmo de origen cubano, el chachachá (si bien en la cinta *Teacher's Pet*, de 1958, Doris Day y Gig Young todavía bailan un modesto mambo). Intentando mantenerse en el candelero, Pérez Prado también cambió su tonada. Conservó los metales con su toque jazzístico, pero empezó a prescindir cada vez más de los instrumentos de percusión cubanos; en 1958, cuando grabó "Patricia", ya le había añadido un órgano a su orquesta y había cambiado las tumbadoras y los bongós por una batería y unas panderetas. El resultado es lo que algunos llaman, con razón y sorna, "música de caballitos": un ritmo más pueril que incitante, aburrido y monótono. Sin la fibra afrocubana, la música de Pérez Prado perdió la energía y frescura que la distinguían. Para apreciar la diferencia, basta comparar la versión original de "Qué rico el mambo", de 1949, con la que incluyó en *Big Hits by Prado* (RCA Víctor, 1960).[49] En la primera, el arreglo es agresivo, tenso, con trompetas que alcanzan lo que un crítico denominó "alarmantes tonalidades".[50] En la versión posterior, sin embargo, el *tempo* es más lento, las trompetas más suaves, y la percusión afrocubana ha desparecido. En su lugar, el monótono golpeteo de las panderetas y la batería ejerce un control rítmico que le resta soltura a los demás instrumentos. La letra de "Caballo negro", uno de los primeros mambos de Pérez Prado, decía: "Caballo negro que tienes la cola blanca". El verso constituía una metáfora de la esencial mulatez del mambo.[51] Pero a finales de los años cincuenta, esa cola blanca comenzó a zarandear al caballo negro. A pesar de que en sus inicios el mambo siempre había estado al borde del exceso, el Pérez Prado de estos años parecía empeñado en no pasarse de la raya.

Esta moderación o "domesticación" recuerda la de Desi Arnaz. Al igual que el Arnaz de *The Long, Long Trailer* y *Forever, Darling*, Pérez Prado comenzó a perder su acento. Si en *Forever, Darling* Desi cambia

---

[49] La grabación original aparece reeditada en *15 grandes éxitos de Pérez Prado y su orquesta* (RCA International, 1983); la versión de 1960 puede encontrarse en *Mambo Night Fever* (BMG Music, 1989).
[50] *Diccionario de la música cubana*, Orovio, pág. 33
[51] Puede que también fuera una referencia a la cocaína, vulgarmente "caballo".

su tumbadora por una concertina, Pérez Prado —ahora "Prez"— la cambia por un órgano eléctrico y unas panderetas. Ricky Ricardo, que en cierta ocasión había "compuesto" un mambo —el "Nurtz to the Mertz Mambo"— compartía la vivacidad y osadía del rey del mambo. Bullicioso y disonante, alardeaba de bocón, de *mambo mouth*; sabía que el genio era parte de su ingenio. Pero cuando Ricky pasa a ser el Larry Vegas de *Forever, Darling*, pierde su agresividad, sus aristas. Algo parecido le sucedió a Pérez Prado; sus primeros mambos hacían gala de una exuberancia juvenil que, al cabo de cincuenta años, todavía resulta encantadora. Al escucharlos, tenemos la sensación de que el compositor se ha excedido, de que su afición por el fraseo inesperado o la disonancia chillona ha llegado demasiado lejos. Tales exabruptos son el equivalente musical de los arranques en español de Ricky. Con el tiempo, sin embargo, las estridencias de Pérez Prado fueron disminuyendo y su antigua extravagancia se trocó en respetabilidad. Hasta sus famosos gruñidos se tornaron menos frecuentes. El rey del mambo se convirtió así en una copia de Larry Vegas, insípido e inofensivo.

Aunque Pérez Prado evolucionó hacia un sonido más "suave" a causa de la popularidad del chachachá, el mambo y el chachachá no eran compatibles. Descendiente directo del danzón, el chachachá se mantenía a salvo de influencias "foráneas". Además, a diferencia del mambo, le otorgaba un papel primordial a la letra. De ahí que apenas haya nada más anodino que los *"chachas"* instrumentales que todavía hoy utilizan academias como Arthur Murray's para enseñar dicho baile. Gran parte del interés que despierta un chachachá se encuentra en sus temas pintorescos: un dentista borracho, un calvo que quiere pelarse, una voluptuosa muchacha que lleva rellenos, marcianos sandungueros. El chachachá es cháchara, conversación, maledicencia; divulga noticias o propaga chismes. El mambo también es conversación, como ya vimos, pero son los instrumentos los que se interpelan entre sí. Nada más lejos de la cháchara del chachachá que los inarticulados gruñidos de Pérez Prado.

El primer chachachá, "La engañadora", compuesto por Enrique Jorrín en 1948 y grabado en 1951, es una de las piezas más famosas dentro de la música popular cubana. (Jorrín originalmente llamó "mambo-rumba" a su nuevo ritmo.) "La engañadora" cuenta la historia de una "chiquita" que disfruta paseándose por una concurrida esquina de La Habana. La muchacha es el sueño de cualquier hombre, o por lo menos de cualquier hombre latino: "gordita", "bien formadita" y "graciosita" —en resumen, "colosal".

> A Prado y Neptuno
> iba una chiquita
> que todos los hombres
> la tenían que mirar.
> Estaba gordita,
> muy bien formadita;
> era graciosita;
> en resumen, colosal.

Pero sucede que las llamativas curvas de esta chiquita son falsas, son *falsies*. Una vez descubierta la impostura, ningún hombre se detiene a mirarla. La moraleja de su historia es que, tarde o temprano, la lisa o llana verdad sale a la luz. La dama "boba" no puede engañar al cubano "vivo".

> Pero todo en esta vida se sabe,
> sin siquiera averiguar;
> se ha sabido que en sus formas
> rellenos tan sólo hay.
> Qué bobas son las mujeres
> que nos tratan de engañar.
> ¡Me dijiste!

Con un larga introducción de ritmo pausado, casi lánguido, "La engañadora" se desenvuelve como una fábula moralizante centrada en la falsedad de las apariencias, en el llamado "engaño de los ojos". Comedido y ejemplarizante, el chachachá es partidario de la disciplina, de la contención. De ahí que las letras estén llenas de figuras de autoridad —policías, doctores, jueces. Al carecer de la libertad de un montuno, con su contrapunteo y sus correspondientes inspiraciones, no favorece la improvisación. Por lo tanto, la muchacha de los rellenos, la que improvisa sus curvas, debe ser desenmascarada y castigada. En el chachachá el pentagrama es cárcel: un-dos-cha-cha-chá, un-dos-cha-cha-chá. Las exuberantes ocurrencias coreográficas de los *mamboniks* no tienen cabida.

En la canción de Jorrín, cuando queda al descubierto el fraude, el coro replica: "¡Me dijiste!" Esta exclamación apunta al impulso básico del género, que es circular información o habladurías. ¿Qué es la letra de "La engañadora" sino un malicioso chisme? Otro famoso chachachá resume su historia con la pregunta, "¿Quién te lo dijo, nené?", cuya respuesta es: "Me lo dijo Adela". Otro empieza: "Oyeme mamá."

Y otro: "Yo quisiera saber". El énfasis en decir, en contar, en averiguar se opone al laconismo del mambo: logofilia contra logoclasia, comunicación contra expresión, labia contra lascivia. La tendencia del mambo a desarticular hasta el verbo *dicendi*, reduce las oraciones a palabras, las palabras a sílabas, y las sílabas a gruñidos. Si el mambo tiende al apócope —¡uj!— el chachachá tiende a la amplificación. No es sorprendente que no tardara en aparecer un chachachá anti-cháchara, "Tiqui tiqui", que decía: "Si sigues con el chisme te va a pesar. No quiero tiqui tiqui conmigo."

Una ocurrencia mambística que es pura cháchara: ¿no sería posible adivinar en la "engañadora" de Jorrín al propio mambo? Tal vez no sea casualidad que la dama boba pasea sus falsas curvas por una calle llamada "Prado". En términos musicales, la estrategia de contención del chachachá pudiera ser una respuesta directa al desafuero del mambo, que abultaba sus formas musicales con material extraño. Precisamente en 1951, año de la erupción del chachachá, Ortiz describía al mambo utilizando un lenguaje muy parecido al de la canción de Jorrín. Según Ortiz, el mambo era también resultado del "remplissage o relleno".[52]

Puesto que el autor de *Contrapunteo cubano* creía firmemente en el beneficio de los mestizajes, no veía nada malo en ello; pero en ciertos sectores sí existía hostilidad hacia el mambo, que a veces se percibía como hijo ilegítimo —natural por artificial— del danzón. Además, Pérez Prado, que había abandonado la isla, había alcanzado mucha más fama que cualquier otro músico cubano. Algunos compositores, entre ellos Eliseo Grenet y Bebo Valdés, idearon lo que se ha denominado "géneros cubanos en respuesta al mambo", como el sucu-sucu (de Grenet) y la batanga (de Valdés).[53] Cuando el chachachá desbancó al mambo, muchos músicos cubanos parecieron lanzar un suspiro de alivio. El propio Beny Moré, que había sido la voz del mambo, dio la bienvenida al nuevo baile proclamando en una canción: "Ya los pollos no bailan mambo, ahora bailan chachachá".

---

[52] *Los bailes y el teatro de los negros en el folklore de Cuba*, de Ortiz, pág. 81.
[53] Véase Díaz Ayala, *Música cubana*, págs. 195-196. Existía, además, un impedimento práctico a la difusión del mambo en Cuba, pues el "sonido" de Pérez Prado requería de una gran orquesta, lo que no era factible para muchas agrupaciones de la isla. (Para el chachachá, al contrario, una charanga era más que suficiente.) De ahí que en Cuba el mambo fuera primordialmente fenómeno de victrolas y grandes espectáculos como los del Tropicana, donde actuaban bailarinas profesionales al estilo de "Las mulatas de fuego" o "Las mamboletas".

Igual que en Cuba, en los Estados Unidos el chachachá (con asistencia del merengue dominicano) también desplazó al mambo. En marzo de 1954 ya se podía escuchar el toque de difuntos: Herman Díaz, quien había contratado a Pérez Prado para la RCA Víctor cinco años antes, señalaba en la revista *Variety* que prefería el chachachá porque era, "desde el punto de vista musical, menos vulgar que el mambo".[54] Ante tal afirmación, Pérez Prado lanzó un desafío; estaba dispuesto a pagarle 5.000 dólares a cualquiera que demostrara que el chachachá era sustancialmente diferente del mambo.[55] En vano: para principios de 1955 la prensa especializada comenzó a publicar artículos con titulares que iban desde "Al diablo con el mambo" hasta "Y después del mambo, ¿qué?".[56] Tras añadir una sección de violines a su orquesta (haciéndola de ese modo más compatible con la charanga tradicional), Pérez Prado inventó otro baile similar al chachachá, la "culeta", que nunca llegó a ponerse de moda. Posteriormente, creó el "suby", el "pau-pau" y el "dengue", que tampoco tuvieron mucho éxito. En 1956, el mismísimo rey del mambo sucumbió a la nueva moda en un musical muy pobre titulado *Cha-Cha-Boom* (1956), que algunos críticos estimaron debía haberse llamado "Cha-Cha-Bomba". El reinado del rey del mambo había llegado a su fin.[57]

Ultimamente el mambo ha vuelto a ponerse de moda, pero ese renovado interés también pasará. El mambo resulta demasiado estrafalario, demasiado faccioso, demasiado inquieto, como para cautivar la atención de un gran público durante mucho tiempo.[58] Al igual que otras creaciones cubanoamericanas, el mambo es una novedad, y como tal carece de "ámbito propio". Mas por ello mismo sigue siendo un modelo de ingenio híbrido y frescura intercultural. Los trompetazos de Pérez Prado traspasan fronteras; sus gruñidos son comprensibles

---

[54] "New Terps Bet Hot-Cha Cha", *Variety*, 9 de marzo, 1954.
[55] "Cha-Cha-Cha Old Hat Says Pérez Prado", *Billboard*, 10 de septiembre, 1955.
[56] "To Heck with the Mambo", de Sammy Kaye, *Down Beat*, 20 de abril, 1955; "After the Mambo, What?", de Barry Ulanov, *Metronome*, 71, febrero de 1955, págs. 21, 35.
[57] Pérez Prado continuó grabando en las tres décadas siguientes, produciendo álbumes tan lamentables como *Pérez Prado A-Go-Go* y el pseudosicodélico *Pérez Prado está IN-creíble*. Pérez Prado también había probado suerte componiendo piezas más extensas, *Voodoo Suite* (1955), *Concierto para bongó* (1960) y *Exotic Suite of the Americas* (1962). Murió en Ciudad México el 14 de septiembre de 1989.
[58] El mambo perdura, en dosis diluidas, en lo que se denomina "salsa". Al chachachá le fue algo mejor, pues subrrepticiamente pasó a alojarse en muchas canciones rock. Después de la Aragón, mi orquesta de chachachá preferida son los Beach Boys; y después de "La engañadora", mi chachachá predilecto es "Don't Worry Baby".

(e incomprensibles) en cualquier idioma. La letra de otro de sus mambos dice, "A la cachi-cachi-porra-porra, a la cachi-cachi-porra-porra". Así es el mambo de zoquete, de bocón. Fragmento que rehusa la totalidad, fracción que se niega a ser quebrado, el mambo ocupa un lugar señero en la topografía cultural de la Cuba del Norte. La riqueza del mambo, la ricura del mambo, yace en ilustrar cuán fértil pueden ser los mestizajes culturales. Mambo: qué rico é, é, é, é.

Mambo No. 4
Los espejos del Versalles

Por muchos años uno de los puntos de referencia de la Cuba del Norte ha sido un restaurante llamado Versalles, situado en la esquina de la Calle Ocho y la Avenida 35, justo en el corazón de La Pequeña Habana. Lo único que el Versalles comparte con su homónimo francés son los espejos en las paredes. La gente va al Versalles no sólo para ver y ser vista, sino para multiplicarse. Tal vez por eso, cuando retiraron algunos de los espejos en 1991, se produjo un revuelo tal que la gerencia se vio obligada a ponerlos nuevamente en su lugar. Este pintoresco restaurante, mezcla de Cuban kitsch *y* Cuban kitchen, *es un paraíso para los narcisos del exilio: Nirvana de la Pequeña Habana. Allí la cena siempre es escena; todas las prendas que quieras lucir más todas las mariquitas que puedas deglutir multiplicadas hasta la saciedad por las superficies reflectoras. Y, de contra, una camarera que te dice, "mi vida".*

Cruzando la calle está La Carreta, otro concurrido restaurante con un menú casi idéntico, pero con un mood *muy distinto. Si el Versalles es visibilidad, La Carreta es discreto: no hay espejos, escasean las ventanas y la iluminación es tenue. Refugiado en un reservado, disfrutando una medianoche a media luz, el retraído parroquiano de La Carreta no es ni mirón ni mirado.*

Durante muchos años he alimentado la fantasía de que los espejos del Versalles conservan la imagen de todo aquel que ha pasado por allí, como cuando apagamos el televisor y las huellas borrosas de lo que estábamos viendo quedan en la pantalla. El salón de los espejos es también la casa de los espíritus. No por casualidad el Versalles se encuentra a sólo dos cuadras del Cementerio Woodland, que guarda los restos de muchos cubanos célebres, entre ellos el padre de Desi Arnaz, cuyas cenizas reposan en un nicho situado encima del de Gerardo Machado, y mi abuela.

En muchas ocasiones los demógrafos han numerado la población cubana de Miami. Pero ¿se le ha ocurrido a alguien contar el número de cubanos que han muerto en Miami? Si la ciudad es una pequeña Habana, no es sólo por los cubanos que allí viven, sino también —y sobre todo— por los que allí han muerto. Los vivos siempre podemos mudarnos; los muertos no. Ellos son los únicos residentes permanentes de verdad. Aunque la dictadura castrista terminara mañana mismo y todos los exiliados regresáramos a nuestra patria, Miami seguiría siendo una pequeña Habana. Nuestros muertos así lo han determinado.

El Versalles es una montería de recuerdos. La historia de la Cuba del Norte —triste pero feliz— está grabada en sus refulgentes paredes. Cuando me llegue el momento de tomar mi último chocolate y pagar lo poco que debo, quisiera desaparecer en uno de esos espejos. (Preferiría el que está detrás del mostrador, junto a la máquina de hacer espresso.*) Mi ambición y mi esperanza es ser un reflejo en el Versalles.*

CUATRO
El sonido de Miami

Durante los años sesenta, la música que oíamos en Miami estaba encaminada a hacernos olvidar la realidad del exilio. Era música de resistencia, en el sentido carpenteriano, salvo que las "corrientes exteriores" que intentábamos sobrenadar fluían dentro de nosotros mismos. Estas canciones, a la vez reticentes y locuaces, nos servían para canalizar el caudal de emociones que desataba el estar lejos de Cuba —la rabia, la nostalgia, la desorientación, la "neura"— pero sin obligarnos a enfrentar las causas de esos sentimientos. Como el propio exilio, estas tonadas proponían el escapismo como un medio de adaptación. Tal vez la más popular de todas fue "El son se fue de Cuba", compuesta por Billo Frómeta, que no era cubano sino dominicano. Interpretada y grabada por muchos artistas, la versión que mejor recuerdo es la del Dúo Cabrisas-Farach, ya que el hijo de Irene Farach y yo estudiábamos en la misma escuela. Esta pieza narra la historia de un guajiro que al llegar al Malecón descubre que el son ha abandonado la isla, junto con el himno nacional, "El manisero" y otras piezas cubanas. Este exilio sonoro ha instaurado un mudo pesar en toda la ciudad, donde ya nadie ríe, baila o canta.

"El son se fue de Cuba" refleja el deseo del exiliado de elevar a categoría de malestar nacional las dificultades por las que atraviesa un segmento de la población. Evidentemente, el tema de la canción no es el exilio de la música cubana sino el de muchos cubanos. Al enumerar todas las canciones que ya no se escuchan en La Habana, la letra rezuma nostalgia; pero quien se ha marchado "llorando de tristeza" no es "La Bayamesa" o "El Manisero" sino el propio cantante, y no es precisamente en La Habana, sino en dondequiera que éste se encuentre, donde apenas se oye música cubana. Sin embargo, el narrador de la letra se muestra extrañamente reticente respecto a su paradero; cuando dice "El son se fue de allá", reconoce tácitamente que él ya no está "allá", en Cuba, pero se abstiene de nombrar el "aquí" desde donde entona su lamento. En la letra de la canción, la música cubana asume el papel de los oídos que ya no la escuchan.

Durante los años sesenta, la música de La Pequeña Habana recurría constantemente a esta clase de evasiones. Cuando escucho esas canciones ahora, me llama la atención la escasez de referencias a acontecimientos o personajes históricos. No sólo es Fidel Castro anatema; incluso el nombre de la isla es utilizado con cierta reticencia. Así sucede, por ejemplo, en "He perdido una perla", de Nazario López. Como Cuba es la Perla de las Antillas, el referente quedaba claro, pero el país mismo no se nombra hasta el último verso. Cuando el cantante por fin pronuncia el dulce nombre, las dos sílabas halagan el oído del oyente con la ilusión de la restitución, como si decir "Cuba" fuera lo mismo que recuperar el añorado país. (Años más tarde, esa misma reticencia onomástica se observaría en "Soy", de Willy Chirino, y en "Mi tierra", de Gloria Estefan.)

Al igual que "He perdido una perla", las letras de estas canciones expresan un dolor intenso pero difuso, una angustia en vilo. En "Un caminante", un himno al desamparo popularizado por el sonero Roberto Torres, el cantante advierte: "No es preciso que sepas de dónde vengo; simplemente la vida lo quiso así." Como un instrumento sísmico que registra temblores pero no las fallas que los provocan, las letras de estas canciones anotan el impacto afectivo del exilio, pero sin explicitar sus orígenes. Atribuirle al país condiciones propias de los exiliados es parte de esta estrategia de evasión. Cuba no se ha perdido en el mar, como en la canción de Nazario López, pero —trágicamente— muchos cubanos sí.

A decir verdad, durante los años sesenta y parte de los setenta, si el son se había ido de Cuba, todavía no había llegado a Miami. Los álbumes a la venta en las farmacias y bodegas, o en tiendas como La Tijera, eran compilaciones de vieja música cubana, con títulos como "La Cuba de ayer", "Nostalgia de Cuba", "Ecos de Cuba" y "Añoranza cubana". Ya que algunos de los artistas más populares de esa época todavía estaban en la isla, las grabaciones desenterraban música de artistas como Cheo Belén Puig y José Antonio María Romeu, saltándose una o más generaciones, o bien ofrecían versiones nuevas de números clásicos, ahora interpretados por artistas exiliados como El dúo Cabrisas-Farach, Los Rufino o Los violines de Pego. La música contemporánea estaba representada por algunos artistas que ya habían emigrado, como Blanca Rosa Gil, Fernando Albuerne, Roberto Ledesma, Rosendo Rosell, Eduardo Davidson y algunos más. A medida que fueron pasando los años, el repertorio musical del exilio, enriquecido con nuevos artistas procedentes de la isla, fue ampliándose. Pero los discos del legendario Beny Moré, figura problemática por cuanto permaneció en Cuba hasta su muerte en 1963, brillaban por su ausencia. Pasarían muchos años antes de que fuera posible encontrar en Miami alguna grabación suya o algún disco de homenaje al "Beny".

Durante más de diez años, la música de La Pequeña Habana estuvo abocada al pasado: era la Cuba de ayer y la música de ayer. Cada cierto tiempo, se montaban espectáculos en el Dade County Auditorium ("Dei Caunti" en el argot local) como el popular "Cuba canta y baila". Nadie parecía darse cuenta de lo extraño que resultaba ver a Cuba cantando y bailando en los escenarios de Miami. Esas funciones, protagonizados por artistas que habían sido más o menos famosos en Cuba, comenzaban con el himno nacional cubano y, antes de que concluyeran, seguramente alguien habría interpretado "El son se fue de Cuba", "He perdido una perla", "Yo volveré" (de Eduardo Davidson) o "Cuando salí de Cuba" (del chileno Luis Aguilé), en la que el cantante afirma que no podrá morir porque su corazón está enterrado en Cuba.

Aunque hoy en día tales efusiones suenan un tanto excesivas, en aquella época eran poco menos que inevitables, ya que la hiperbólica expresión de sentimientos patrios servía para obnubilar la realidad circundante. En la música de esa época, Miami, Estados Unidos, el exilio —todos eran espejismos. Como en la canción de Frómeta, Cuba es un "allá" al que no corresponde ningún "aquí". En las pocas ocasiones cuando Miami se menciona, sirve sólo de contraste con respecto a La Habana. En "Flagler Street", un chachachá de los sesenta, las lindas "cubanitas" que se pasean por La Pequeña Habana hacen que Flagler Street se parezca a la calle de San Rafael de La Habana.[1]

En este tipo de música la adaptación a la sociedad norteamericana no entra en consideración. Todavía en 1974 un merengue titulado "El bilingüe" criticaba el bilingüismo comparándolo a la homosexualidad. El protagonista de la canción, Abelardo (apodado "Abe"), asegura con voz amanerada:

> No ha sido culpa mía
> haber nacido varón.

---

[1] La letra de "Flagler Street" empieza: "Flagler, Flagler Street, / me recuerda a San Rafael a mí. / Las cubanitas lucen bonitas / cuando pasean por Flagler Street, cosita buena". Una composición afín es "Callecitas de mi Cuba", de Rosendo Rosell, que enumera con ternura diferentes calles de La Habana y de otras ciudades cubanas.

> Pero de que yo sea bilingüe
> de eso no hay discusión.[2]

"El bilingüe" nos sitúa en un mundo donde todos los hombres son machos y monolingües. La aculturación es afeminamiento, y aprender inglés es un delito de lesa hombría. No en balde los autores de la canción son "jóvenes del hierro".

No fue sino hasta los setenta cuando otras corrientes se mezclaron a la oleada de nostalgia. Aunque la temática del exilio no desapareció del todo, fue matizándose con nuevas inquietudes. A principios de los setenta la promoción de exiliados más jóvenes ya había comenzado a crear su propia música. Estos músicos pertenecían al contingente que, con el tiempo, conformaría la generación del medio. A diferencia de Los Jóvenes del Hierro (que no eran tan jóvenes), muy pocos tenían edad suficiente como para haber iniciado su carrera en Cuba. Su música oscilaba entre la nostalgia y la asimilación. En un mismo álbum se podían encontrar evocaciones de las palmas reales y comentarios sobre la ropa de diseñadores. El español era la lengua predominante, aunque el inglés empezaba a figurar con cierta regularidad. Igual se podía oír una canción sobre un hombre que visitaba a un santero para que le ayudara a encontrar su Rolex, que una versión en ritmo de guaguancó de "Can't Get Enough of Your Love", de Barry White. Al principio, tales hibridismos resultaban desconcertantes, pero con el tiempo llegarían a ser un modo de vida.

Las primeras señales del cambio las dieron grupos como los Coke o los Antiques, que tocaban en fiestas privadas. Olvidados hoy en día, ellos desempeñaron una importante función de enlace; por una parte, daban a conocer la actualidad musical del resto del país, sobre todo en lo que tocaba a música latina —los Coke grabaron "Bang Bang", un bugalú de Joe Cuba, y los Antiques hicieron sus propios arreglos de composiciones de Carlos Santana. Por otra, empezaban a acercarse a la música de la "Cuba de ayer" de una manera distinta. A fines de los sesenta era toda una revelación escuchar a los Coke interpretar "Sabor a mí", el ácido bolero de Alvaro Carrillo, dentro del formato instrumental de una banda de rock. Estas eran las mismas canciones que tarareaban nuestros padres, pero acompañadas ahora por guitarras

---

[2] *Si tienes vergüenza no me hables más*, de Los Jóvenes del Hierro (Sound Triangle Records, 1974). Reproducido con autorización de Peer International Corporation.

eléctricas y panderetas. Poco importaba que las enrevesadas letras a veces se tergiversaran; ello añadía encanto y singularidad a la interpretación. Para los gustos de hoy, la música de los Coke y los Antiques resulta rudimentaria, y la calidad de sus grabaciones, francamente pobre. Pero la amalgama de nostalgia y actualidad de su música preparó el camino para lo que se llegó a conocer como "el sonido de Miami".

Paralelamente a estos grupos prosperaban las orquestas que tocaban sólo música cubana, como la Orquesta Cristal o los conjuntos de Luis Santí y Juanito Ayala. Aunque a veces interpretaban composiciones propias, su repertorio se inclinaba por piezas cubanas clásicas. Estas agrupaciones, sin embargo, prácticamente desaparecieron a mediados de los setenta, sustituidas por instrumentistas y compositores más jóvenes que traían una música y un mensaje considerablemente diferentes. Willy Chirino comenzó a grabar en 1974, casi al mismo tiempo que Carlos Oliva; dos años más tarde, Hansel y Raúl editaron su primer disco y también lo hizo el grupo Miami Sound Machine, que logró su primer éxito en 1977 con "Renacer". Más tarde, en 1979, el grupo Clouds irrumpe en escena con el acertado título *¡Llegamos!*. Tal y como sugieren los nombres de sus discos, estos artistas estaban propiciando un renacimiento musical y vital; la preocupación obsesiva por el *illo tempore* de Cuba comenzaba a receder ante el *here and now* de Miami. Cuando Gloria Estefan y Merci Murciano dicen en "Renacer" que un nuevo amor ha tomado el lugar del anterior, es fácil dar a sus palabras una interpretación cultural tanto como afectiva. La carátula de *¡Llegamos!* muestra varias fotografías de los integrantes del grupo bajándose de un tren, de una lancha y de una avioneta. La provocativa referencia a la repatriación de los cubanos es evidente, pero ahora el énfasis no recae en la partida sino en la llegada. Ya no es "Cuando salí de Cuba", sino "¡Llegamos!".

Pero llegada no quiere decir olvido. Mientras descienden de la lancha o de la avioneta, los integrantes de Clouds portan varios instrumentos musicales, entre ellos una tumbadora; y una de las canciones del disco es un popurrí titulado "Cha Cha Party". No se trata de un comienzo puro y categórico, sino de un renacer lastrado por recuerdos de la vida anterior. De la misma forma, tampoco se han disipado las incertidumbres del exilio, perceptibles en la tensión entre el nombre del grupo y las fotografías en la carátula. ¿Cómo es posible que "nubes" (*clouds*) toquen tierra? El malestar del exilio no desaparece del todo; seguimos en el aire, flotando como nubes. (El reto es hacer de *trips* corazón, asumir el exilio no como término sino como punto de partida.)

Clouds, ¡Llegamos!.
(Fotografía autorizada por Carlos Oliva)

Un factor clave en el desarrollo del sonido de Miami fue una estación de radio que se llamaba a sí misma la "Super Q" (WQBA-FM). El inicio de sus transmisiones, en marzo de 1979, coincidió con la aparición de artistas y grupos locales, de manera que la Super Q no tardó en convertirse en uno de sus más importantes medios de difusión. Para entonces, Chirino, Hansel y Raúl, Carlos Oliva, Clouds y Miami Sound Machine llevaban actuando algunos años. Pero aunque su música era popular en bodas, "quinces" y discotecas, casi no se escuchaba por la radio. Antes de la Super Q, las estaciones en español —como la "Fabulosa" o la "Cubanísima"— se dedicaban mayormente a programas políticos o novelas. Por su parte, las estaciones norteamericanas se interesaban solamente en pop o rock en inglés. La Super Q fue la primera estación en dirigirse al segmento más joven de la población cubana (y más tarde latinoamericana).

La estación gemela de la Super Q en la banda AM era nada menos que La Cubanísima (WQBA-AM), paradigma de la radio cubana en Miami, cuyos programas eran ridiculizados con la consigna, "Más música y menos bla-bla-blá". Si la WQBA-AM era La Cubanísima, la quintaesencia de la cubanidad, su pareja en la FM era Super Q, o sea, "Super Cuba" (pero pronunciado en inglés: "Quiuba"). En esta competencia de superlativos, la Super Q respondía al patriotismo de la otra emisora autoproclamándose "supercubana", a pesar de la hibridez de su programación. Aunque los disc jockeys de Super Q hablaban en español (en un notorio incidente, un locutor "niuyorriqueño" fue despedido por no dominar el idioma), lo mismo se emitía rock o disco en inglés que baladas, boleros y "salsa" en español.[3] El *jingle* publicitario, interpretado por Miami Sound Machine, definía de manera sucinta e ingeniosa el proyecto de la emisora:

> *Super Q,*
> *we love you,*
> *la mejor música la tocas tú.*

---

[3] Empleo la palabra "salsa" en su sentido más amplio, como clasificación genérica de la música de origen caribeño desarrollada en Estados Unidos. Después del apogeo del mambo y del chachachá, la música latina volvió a refugiarse en los barrios hispanos de Nueva York y otras ciudades, donde se enriqueció con nuevos géneros como la pachanga, la fusión de rock latino denominada bugalú y antiguos ritmos caribeños como la plena puertorriqueña y el merengue dominicano. El producto resultante recibió el nombre de "salsa", marbete más útil para efectos de mercadeo que para describir un género de música. El album de salsa más influyente, *Siembra* (1978), de Rubén Blades y Willie Colón, contiene sones, plenas y merengues, así como otras canciones más directamente comprometidas con el rock norteamericano. En inglés, "salsa" invariablemente se traduce a *sauce* (en vez de a *gravy*), con el resultado de que en más de una carátula de discos de salsa aparece una botella de ketchup. Tito Puente señaló en una ocasión: "La única salsa que conozco viene en una botella. Lo que yo toco es música cubana."

El estudio más completo sobre la salsa es *El libro de la salsa*, de César Miguel Rondón, Editorial Arte, Caracas, 1980. También son útiles los siguientes ensayos: "New York's Salsa Music", de Robert Farris Thompson, en *Saturday Review*, 28 de junio, 1975; "Popular Music in Puerto Rico: Toward an Anthropology of Salsa", de Jorge Duany, en *Latin American Music Review*, 5, No. 2 (Otoño-Invierno 1984), págs. 186-216; "Salsa para una ensalada", de Guillermo Cabrera Infante, en *Literatures in Transition: The Many Voices of the Caribbean*, ed. Rose S. Minc, Ediciones Hispamérica, Baltimore, 1982; y los volúmenes: *Salsa: the Rhythm of Latin Music*, de Charley Gerard con Marty Sheller, White Cliffs Media Company, Crow Point, Indiana, 1989; *La salsa*, de José Arteaga, Intermedio Editores, Bogotá, 1990; *De lo afrocubano a la salsa*, de Olavo Alén Rodríguez, Editorial Cubanacán, San Juan, Puerto Rico, 1992; y *Salsiology: Afro-Cuban Music and the Evolution of Salsa in New York* City, ed. Vernon W. Boggs, Greenwood, Nueva York, 1992; *Música: The Rhythm of Latin America*, de Sue Steward, Chronicle Books, San Francisco, 1999; *Tito Puente and the Making of Latin Music*, de Steven Loza, University of Illinois Press, Urbana, 1999.

Al personificar a la emisora e interpelarla tanto en inglés como en español, el terceto viene a decirle al oyente: somos tan cubanos como "tú" y tan americanos como *you*, mensaje reforzado por la rima de los monosílabos Q, *you* y *tú*. Pero, ¿en qué idioma hacer la rima? ¿Es "Super Q" o "Super Quiú"? Si lo decimos en inglés, distorsionaremos el sonido de *tú* para pronunciarlo "tiú", pero si lo hacemos en español, tenderemos a hispanizar el *you*, que quedaría como "llú". Aunando los sonidos de *you*, *tú* y Q (que es Cuba), el *jingle* establece el emplazamiento intercultural que define a sus oyentes. Hay una rima más, que queda tácita: *two*, dos. Insinúa el *jingle*: Al ser *tú* igual que *you*, somos dobles; al querer en inglés ("*I love you*") y tocar en español ("la mejor música la tocas tú"), somos dobles. En suma: somos *two* —como tú. La actitud burlona de Los Jóvenes del Hierro ha desaparecido por completo; ahora el bilingüismo no es una lacra sino una enseña.

Como el *jingle* de la Super Q, el sonido de Miami es un "estofado" que se conforma a partir de la cocción de ingredientes heterogéneos. Otro ejemplo de ello es la versión de "Good Loving" de Miguel, Oscar y La Fantasía, un conjunto de finales de la década de los ochenta. En alas de la "Fantasía", el clásico del rock-and-roll, popularizado por los Rascals, reencarna en un son montuno de seis minutos de duración donde concurre hasta "El manisero".[4] La letra de la canción habla sobre un joven que va al médico porque se siente mal; el médico le receta *good loving*, "buen amor". Es precisamente después del diagnóstico cuando se desata el montuno, donde la flauta entreteje traviesas y complicadas figuras alrededor de los estribillos, algunos en inglés, otros en español. Querer bien es tocar bien, y tocar bien es transculturar.

Algo parecido sucede en la interpretación del Conjunto Impacto del *hit* de Billy Joel, "Rosalinda's Eyes".[5] Pero en este caso la transculturación es también un regreso, ya que la canción de Joel remoza los *latunes* de los años cuarenta. Tal vez por eso, antes de pronunciar una sola palabra en inglés, el cantante abre con un piropo en español —o, mejor dicho, en cubano— que anuncia el tema de la canción a la vez que anticipa la hispanización de la pieza: "Qué lindos ojos tú tienes, mami." "Rosalinda's Eyes" narra el amor de un músico exiliado por "Rosalinda", una cubana de ojos tan azules (¿?) como el cielo de Cuba.

---

[4] El número forma parte del disco *Miguel, Oscar y La Fantasía* (Suntan Records, 1985); la misma idea fue utilizada posteriormente en el musical *Salsa* (1988), una *Saturday Night Fever* hispana, donde "Good Loving" es interpretado por el coreógrafo Kenny Ortega.
[5] *Conjunto Impacto* (SOLS, 1984).

En la voz de Billy Joel, la letra es una ficción, una tierna impostura; el arreglo del Conjunto Impacto hace de la impostura una sentida realidad. La frase *"Oh, Havana, I've been searching for you everywhere"* ("Oh, La Habana, te he estado buscando por todas partes"), repetida a lo largo de la canción, justifica la nueva instrumentación, que enmarca la melodía en el contexto rítmico de un son. Una vez terminada su narración, el cantante abandona el inglés. El montuno se cierra con unos versos que traducen al español la letra inglesa:

> Cuando conocí a mi amor
> vivía triste y abatido,
> en mi mente confundido
> y en mi corazón dolor.
> Cantaba sin la alegría
> al no encontrar comprensión,
> muerta en mí la inspiración
> al no ver la patria mía.
> Ella me dio la ilusión;
> la esperanza renació;
> brilla la luz en mi alma
> que el destierro apagó.

Así, la tonada que empezó como *latune* concluye como punto guajiro.

Una relación de los exponentes más notables del sonido de Miami debería incluir a Alma, Willy Chirino, Clouds, el Conjunto Impacto, Hansel y Raúl, Carlos Oliva y Los Sobrinos del Juez (también conocidos por su nombre inglés, The Judge's Nephews), Gloria Estefan y The Miami Sound Machine, la Orquesta Inmensidad, Elio Rodríguez and Chiko and the Man, y Miguel, Oscar y La Fantasía. Casi todos estos grupos se organizaron a finales de los años setenta, y algunos —Gloria Estefan, Chirino, Hansel y Raúl, Clouds, Los sobrinos del juez— siguen grabando y actuando dos décadas más tarde. En lugar de intentar hacerle justicia a todos, optaré por concentrarme en los tres que a mi juicio mejor ilustran los rasgos predominantes de este tipo de música: Hansel y Raúl, Willy Chirino y Gloria Estefan.

Hansel y Raúl (Hansel Martínez y Raúl Alfonso) comenzaron su carrera profesional en Nueva York como las voces principales del conjunto Charanga 76, cuyo primer éxito fue "Soy", una composición de

Willy Chirino. Cuando se trasladaron a Miami, el grupo cambió su nombre a Hansel y Raúl y la Charanga, y después, a Hansel y Raúl. Entre 1976 y 1989 grabaron una docena de álbumes y actuaron sin descanso en clubes locales.[6] En 1989 el dúo se separó; pero a partir del 1995 han vuelto a grabar juntos.

Hansel y Raúl representan la vertiente tradicional del sonido de Miami. De cierta manera siguen la línea trazada por el sonero Roberto Torres, Los Jóvenes del Hierro y grupos afines, pues su música está firmemente enraizada en los viejos patrones cubanos (una reciente grabación lleva por título, *100% Cubano*). Desde el punto de vista musical, el grupo recuerda a las orquestas de los cincuenta como la Aragón o Fajardo y Sus Estrellas. Es más, durante muchos años el bajista de Hansel y Raúl fue Israel López, Cachao, uno de los "padres" del mambo y antiguo integrante de Arcaño y Sus Maravillas. Incluso el sobrenombre de Hansel y Raúl, "Los gallos de la salsa", delata su linaje, ya que "gallo" es un apodo que asumían los viejos rumberos cubanos.

Las letras de sus composiciones tienden a evocar los tópicos del folklore de la isla: tarrudos, mujeres fondilludas, niños ilegítimos, homosexuales, snobs de la alta sociedad. Ello da lugar, de vez en cuando, a curiosos anacronismos; "Ponme la mano, Caridad" (1984) cuenta la historia de Caridad, una muchacha de familia adinerada que se fuga con el hijo del lechero. Escribir una canción en Miami a mediados de los ochenta basada en el manido estereotipo del lechero libidinoso es transformar al Miami de hoy en la Cuba de ayer. Incluso el título alude a una melodía precastrista, "Ponme la mano aquí, Macorina", y hasta el apodo de la muchacha, Cachita, nos recuerda un conocido chachachá. Tal vez la única concesión a la realidad sea que Cachita no se fuga con el lechero, sino con su hijo.

Pero Hansel y Raúl no siempre le rinden culto a la nostalgia. Aunque no se aparten demasiado de las fórmulas cubanas, sus letras más

---

[6] Su discografía incluye: *Charanga 76: Encore* (TR Records, 1977), *Con la lengua afuera* (Suave K712, s.f.); *Charanga 76 en el 79* (TR Records, 1979); *Hansel & Raúl y La Charanga* (Top Hits, 1981); *Hansel & Raúl* (Top Hits, 1981); *Hansel & Raúl* (Top Hits, 1982), *Hansel & Raúl* (Top Hits, 1983); *Hansel & Raúl* (Top Hits, 1984); *La magia de Hansel y Raúl* (RCA International, 1986); *Tropical* (RCA International, 1986); *Hansel y Raúl y la Orquesta Calle Ocho* (RCA International, 1988); *Blanco y negro* (CBS International, 1988); *Celebrando* (Sony Discos, 1995); *100% Cubano* (Copacabana, 2000). Los discos de Hansel como solista son: *Solo* (CBS International, 1989); *El Gato* (CBS International, 1990); *Latinoamericano* (Sony Discos, 1992); *Mamey* (Sony Tropical, 1995); Raúl, por su parte, ha grabado *El gallo de la salsa* (Gayo Productions, 1989) y *Raúl* (Rodven Records, 1993).

interesantes reflejan las nuevas circunstancias de la vida en Estados Unidos. Al abordar estos temas, Hansel y Raúl expresan los valores y las preocupaciones de ese segmento del exilio más reacio a la asimilación. Si bien tratan asuntos de actualidad como la lotería de Florida, los amores interculturales, el divorcio, las "factorías", la liberación de la mujer, siempre lo hacen desde un punto de vista "100% cubano". En la canción "Latinoamericano" (1992), de Hansel, el narrador informa a su novia americana que, si de verdad quiere hacerlo feliz, *happy*, en lugar de llamarlo *honey*, debe decirle "papi".

A pesar del tono risueño, estas canciones dejan la impresión de un mundo patas arriba, donde las viejas normas y expectativas han perdido vigencia. Los hombres no mantienen a sus familias; las mujeres engañan a sus esposos; los hijos mascullan un lenguaje ininteligible. Uno de los éxitos más sonados de Hansel y Raúl fue "María Teresa y Danilo" (1985), una burla de la alta sociedad cubanoamericana inspirada por la serie televisiva *Dallas*. Danilo está preocupado porque su hija se va a casar con un joven que es, en realidad, su hijo ilegítimo. Despreocúpate, le dice María Teresa, su esposa, cuando Danilo le confiesa su inquietud: nuestra hija también es ilegítima.

En tanto que gallos cubanos, Hansel y Raúl se desentienden de las prohibiciones reunidas bajo el marbete de lo "políticamente correcto". El sexo y la anatomía femenina son temas recurrentes; en "El carro y la mujer" (1989), Hansel desempolva la comparación de las mujeres con los automóviles, excepto que aquí el viejo cacharro de mujer se cambia por un modelito japonés con *cruise control*. En "Ella" (1988), tres amigos se dan cuenta de que están compartiendo a la misma polifacética mujer. En "El matrimonio perfecto" (1983), él es homosexual y ella es lesbiana. En "Esa mujer me gusta" (1982), el narrador se enorgullece de que el amplio trasero de su novia no cabe en el asiento de un avión. La disparidad entre asientos y asentaderas —butaca contra *buttock*— puede tomarse como metáfora de la temática de Hansel y Raúl: los cubanos no se adaptan a los módulos norteamericanos. El humorismo de sus canciones no tapa el hondo malestar que las subyace, porque en ese mundo de tarrudos y bastardos y carros que no funcionan y trabajos que no dan para vivir, algo no anda bien. Otra de sus composiciones, "Cómo da vueltas la vida" (1987), dice:

> De lo que fuimos nada somos;
> ya cada cual es diferente
> y lo tenemos que aceptar.

>Ya se marcó nuestro destino
>y cada cual tiene un camino
>que caminar.

El cantar de los gallos tapa un gemido.

Tanto en el plano musical como en el cultural, la música de Willy Chirino, "el rey del pop del Miami cubanoamericano",[7] es bastante más diversa. Nacido en Cuba, Chirino llegó a los Estados Unidos siendo aún adolescente; después de pasar un tiempo en Nueva York, regresó a Miami, donde formó un grupo de rock llamado "Willy Chirino and the Windjammers", con el que actuaba en locales como el Sonesta de Key Biscayne y el Papá Grande de Coral Gables. Algunos años después el grupo se dispersó, pero Chirino siguió tocando y ganándose muchos y leales admiradores. Si bien su música ha alcanzado cierta difusión fuera de Miami (especialmente en Puerto Rico y en Cuba, donde abundan las copias piratas de sus discos), Chirino no ha dejado de ser esencialmente un artista local. Aunque lleva muchos años anunciando que grabará un disco entero en inglés, todavía no lo ha hecho, quizá debido a que su música está demasiado vinculada a las vivencias y actitudes de los cubanos exiliados. Una vertiente importante dentro de su obra son los números de tema político, tales como "La jinetera", "Habana D.C.", "Memorándum para un tirano", "Nuestro día ya viene llegando" y "Cuba libre". Estas composiciones, que denuncian la tiranía castrista con buen humor y mal genio, han contribuido a dificultarle la entrada a algunos mercados latinoamericanos, pero también han realzado su vigencia y popularidad dentro de la comunidad de exiliados.

Compositor y multinstrumentista, Chirino hace buen uso de sus facultades en su primer álbum, *One Man Alone* (Un hombre solo; 1974), donde él toca todos los instrumentos. Desde entonces ha sacado a la venta más de una docena de discos, entre los que se destacan *Evolución* (1978), *Zarabanda* (1985), *Acuarela del Caribe* (1989), *Oxígeno* (1991), *Asere* (1994) y *Cuba Libre* (1998).[8] En lugar de circunscribirse a un tipo

---

[7] Daissan McClane, en el *New York Times*, 10 de junio, 1990.
[8] Su discografía: *One Man Alone* (GEMA, 1974); *Chirino* (GEMA, 1975); *Chirino 3* (Borinquen, 1976); *Evolución* (Borinquen, 1978); *Come into My Music* (Oliva-Cantú, 1979); *Diferente* (Oliva-Cantú, 1980); *La salsa y yo* (LAD, 1981); *Chirinísimo* (LAD, 1982); *Subiendo* (Top Hits, 1983); *Zarabanda* (CBS International, 1985); *Amándote* (CBS International, 1988); *Acuarela del Caribe* (CBS International, 1989); *Oxígeno* (CBS International, 1991); *South Beach* (Sony Tropical, 1993); *Asere* (Sony Tropical, 1995); *Baila conmigo* (Sony Tropical, 1997); *Cuba Libre* (Sony, 1998).

de música, como lo han hecho Hansel y Raúl, Chirino ha experimentado con diversos géneros y formatos orquestales; cuando su música asume tendencias abiertamente nostálgicas o reiterativas, más que repetir, lo que hace es trasladar, traducir. En sus actuaciones ha interpretado la canción judía "Hava Nagilah" a ritmo de guaguancó y el merengue "El negro" como bolero. Su versión de "Can't Get Enough of Your Love" de Barry White termina con un coro de *doo-wop* secundado por bongós, pailas y tumbadoras.

En las notas que aparecen en la carátula de su segundo álbum (*Chirino*, 1975), el cantante dice que él practica "una música elástica", calificativo que describe con precisión su estilo. Más de un viejo músico cubano me ha dicho que Chirino no toca música "cubana". Sin duda alguna, su música no se evade de las influencias "foráneas"; sus primeras grabaciones, que incluyen números como "We Just Want to Rock and Roll" (Sólo queremos tocar rock), más bien tienen un sonido americano, e incluso en sus discos más recientes Chirino ha seguido componiendo y grabando en inglés ("New York City Blues," en *Baila conmigo*). Aun cuando sus mejores logros dentro de esta modalidad son competentes imitaciones de música norteamericana, resulta un tanto desconcertante escuchar a Chirino cantando un estribillo en falsete al estilo de Brian Wilson.

El primer álbum de Chirino contenía una canción que se ha convertido en su rúbrica. Si bien hace más de veinte años desde la primera grabación de "Soy", esta pieza sigue siendo parte obligada en cada una de sus actuaciones. Se trata de una de esas composiciones que, tal vez sin proponérselo, capta los sentimientos de una comunidad en un momento de su historia. Sin ser explícitamente una canción sobre el exilio, miles de exiliados cubanos se han visto retratados en su letra. De igual modo que "El son se fue de Cuba" definía la nostalgia de los primeros años del exilio, "Soy" plasma la sensación de desposesión que la sucedió.

Su título promete una autodefinición, un retrato del joven artista, pero lo que ofrece es, en realidad, mucho menos definitivo.

> Soy la más pequeña aldea
> en un distante lugar.
> Soy el ruido y la marea
> del inmenso mar.
> No soy cadenas ni rejas.
> Soy azúcar y soy sal.
> Si me quieres o me dejas
> me da igual.

Lo primero que llama la atención es la despersonalización del sujeto. El cantante no afirma que ha nacido en una pequeña aldea, sino que es una pequeña aldea; no dice que no está en prisión, sino que no es una prisión; no que le gusta lo dulce y lo salado, sino que es azúcar y es sal. Las equivalencias son tan directas como evasivas. ¿Quién habla en la canción? Puede que no sea una persona sino un lugar, y en ese caso la letra constituye una extensa prosopopeya. De ser así, el sujeto no es Chirino sino Cuba, la tierra del azúcar, la sal y las prisiones. Pero eso nunca se afirma explícitamente, y el nombre de Cuba no figura en la canción. Por el contrario, la vaguedad de la letra hace difícil asignar una identidad al sujeto hablante, que se escurre en el desplazamiento de una equivalencia a otra.

Más que una definición, "Soy" es una adivinanza, uno de esos acertijos en el que se adivina la identidad de un objeto partiendo de sus características. Si la adivinanza es buena, los rasgos distintivos deben resultar engañosos y exactos a la vez.

> Soy al revés y al derecho
> el mismo nombre y valor;
> en la tierra está mi lecho
> y amarillo es mi color.
> ¿Quién soy?

En "Soy" el catálogo de rasgos aislados anima al oyente a reunirlos bajo un mismo concepto o definición; mas no es posible, ya que en este acertijo musical, la dispersión no conduce a la unidad. La fusión de identidad personal y destino nacional lanza a ambos a la deriva, como si la propia Cuba fuese una isla que flota sin rumbo. Tal como sucedía en las primeras canciones del exilio, el desalojo se convierte en indicio nacional.

En el "Son de la loma", de Miguel Matamoros, la pregunta sobre la identidad queda resuelta cuando se sitúa el origen de los cantantes en la inamovible tierra cubana, en sus llanos y lomas.[9] Pero las imágenes que prevalecen en "Soy" tienen que ver con elementos en los que no es posible echar raíces —el mar, las olas, el ruido. Acuáticas o aéreas en

---

[9] Un esclarecedor comentario sobre el "Son de la loma" puede encontrarse en *La ruta de Severo Sarduy*, de Roberto González Echevarría, Ediciones del Norte, Hanover, 1987, págs. 102-107.

vez de telúricas, estas imágenes evocan movimiento, nomadismo, desplazamiento. Dibujan una red, no de raíces, sino de rutas. Esta imaginería recurrirá obsesivamente en la música de Miami, como se puede comprobar por los siguientes títulos: "Yo soy un barco" (1979), de Chirino; "Amor velero" (1980), de Clouds; "Alma de marinero" (1982), de Hansel y Raúl, "Soy como el viento" (1980), de Gustavo Rojas. Todas ellas retratan un yo difuso, sin dirección o definición. El estribillo de "Soy" dice:

> Soy como la brisa
> que, siempre de prisa,
> no anuncia su partida.
> Y, como el dinero soy,
> donde yo quiero voy
> sin una despedida.

Brisas, nubes, barcos, gotas de agua, el sonante y rodante dinero —tales son las máscaras del yo del exiliado.

En el plano musical, la canción resulta igualmente difícil de situar. La primera versión de "Soy" es una balada donde Chirino se acompaña con órgano eléctrico, guitarra acústica y batería. En la versión de Charanga 76, "Soy" es una "salsa", animada y bailable.[10] A finales de los ochenta, Chirino hace una nueva grabación (*Amándote*, 1988), esta vez dentro del género de *latin pop*, con una nutrida orquesta y un arreglo más movido. En cualquiera de las versiones, sin embargo, la letra conserva su enigmático encanto.

Después de *One Man Alone*, Chirino saca varios discos notables sobre todo por la experimentación con diferentes estilos y sonidos. En estas grabaciones observamos a Chirino aprendiendo a "colocar" la voz, buscando un estilo y un registro vocal propios. Pero sólo en su cuarto álbum, que lleva el acertado título de *Evolución* (1978), lo consigue plenamente. La pieza que da nombre al disco es un danzón "elástico" en el que se combinan la flauta y cuerdas de la charanga con el sintetizador. A mitad de canción el cinquillo del danzón queda a un lado, y la letra anuncia que lo que sigue es un "ritmo de ayer en su nueva versión". "Ritmo de ayer" evoca "Cuba de ayer", y el danzón

---

[10] "Soy" aparece en el primer disco de Charanga 76 (TR, 1976), cuando Hansel ya formaba parte de la agrupación pero Raúl todavía no.

elástico de Chirino representa un esfuerzo por distanciarse de la música reiterativa de los primeros años, pero sin cercenar los lazos de continuidad. Queriendo renovar en vez de repetir o romper, Chirino sitúa el danzón en un marco instrumental diferente y le añade un montuno con ritmo de chachachá.

Este impulso evolutivo, de traslación y recreación, asoma también en el popurrí "Salsa Medley", que incluye fragmentos de varias rumbas. Al comienzo del popurrí Chirino señala que, como otros barrios de Miami ya cuentan con sus propias canciones, es hora de hacer "un guaguancó para el Sagües" (*Sagües* es una hispanización de *South West*, el área suroeste del Condado Dade, donde se encuentra La Pequeña Habana). Unos años antes Luis Santí había compuesto "La Norgüesera" en alabanza a la zona noroeste de Miami; ahora Chirino hace lo mismo con "La Sagüesera". En "Salsa Medley" el nomadismo de "Soy" cede paso a un acto de nominación arraigado en un lugar concreto. El cantante vagabundo de "Soy" reaparece aquí como *genius loci*.

Sin embargo, la topografía de la canción es algo engañosa: el título en inglés, con su referencia a la "salsa" (término poco usado en Miami en esa época), alude a la música latina de Nueva York de los sesenta y los setenta, aunque Chirino arma su popurrí a partir de clásicos de la rumba como "Amalia Batista". A pesar de la especificidad onomástica, los ecos de otras calles, de otras ciudades, se escuchan en este "guaguancó para el Sagües", como si La Pequeña Habana misma fuera un popurrí, cierto "arreglo" de ritmos ajenos. En otro popurrí de música cubana, Elio Rodríguez incluye lo siguiente: "Adiós papá, adiós mamá, que yo me voy pa' Hialeah".

El nombre mismo de la Sagüesera demuestra una conciencia de lugar que aleja esta canción de "El son se fue de Cuba" y otras composiciones afines. El mero hecho de decir "Sagües" es crucial, pues hace posible el proceso de reposesión. Nombrar el lugar dónde uno se encuentra pudiera parecer sencillo, pero durante muchos años el impulso sustitutivo de los exiliados cubanos impedía semejantes actos de emplazamiento. En 1974, reconocer que las calles donde uno vivía pertenecían a un barrio con su propio nombre, un nombre inventado por los residentes del lugar y que mezclaba el español y el inglés, era a la vez insólito y liberador. Hay que haber formado parte de esa comunidad para comprender su aversión hacia el presente. En la época en que Chirino graba esta canción, hacía tiempo que la palabra "Sagüesera" era de uso común, aunque todavía no había entrado a formar parte de la cultura "oficial" de la comunidad. A pesar de su aparente insignificancia, canciones como "La Norgüesera" y "Salsa Medley" marcan un hito en la evolución de La Pequeña Habana, pues reflejaban el asentamiento de la comunidad, que ya no se definía exclusivamente por su relación con Cuba.

Los libros y ensayos sobre Miami han tendido a subrayar la importancia que tiene la política para los cubanoamericanos; pero al escuchar la música de esos años, uno se sorprende de la escasez de referencias políticas. Durante los setenta y gran parte de los ochenta, el tema de Cuba prácticamente desapareció de la música, ya que no de la vida, de la ciudad. Aflora brevemente en 1980 y 1981 a causa del éxodo del Mariel, que motivó canciones como "Yo soy el cubano" y "Soy de allá",[11] pero después vuelve a receder otra vez. Es sólo a partir de los noventa, con el colapso de la Unión Soviética y la crisis de los balseros, que figuras como Chirino, Carlos Oliva y Hansel y Raúl han empezado a tratar temas políticos en su música.[12] A diferencia de la denominada "salsa consciente" de Nueva York, firmemente arraigada en el barrio puertorriqueño, la música de Miami prefiere temas que no aludan a su propio escenario. Con ello no quiero decir que no exprese los valores de la comunidad que le da origen, sino más bien que uno de esos valores es una estudiada habilidad para evitar actos nominativos como el de "Salsa Medley". En la música popular cubana cunden los topónimos; no así en el sonido de Miami.

Un ejemplo de tal evasión es otra canción de Chirino, "Los diseñadores" (1982), que celebra y satiriza el desenfrenado consumismo de los ochenta. El protagonista es un hombre que se jacta de poseer productos de marca.

> Tengo un traje de Yves St. Laurent
> un perfume de Paco Rabanne,
> tres corbatas diseño Cardin
> como toda la gente.

---

[11] Ambas son composiciones de Titti Sotto grabadas por Gustavo Rojas; en *Gustavo Rojas* (CBS Internacional, 1980). El éxito mayor de Rojas fue una canción titulada "Oye", incluida en su segundo álbum (Union Records International, 1983), compuesta por René Touzet.

[12] Algunos ejemplos, además de las canciones de Chirino mencionadas anteriormente, son: "Los balseros", de Hansel; "La Habana espera", de Titti Sotto; "Canción de amor (no de protesta)", de Carlos Oliva.

> Dos camisas que son Cacharel,
> tres pañuelos de Coco Chanel,
> cuatro jeans, un reloj y un mantel
> son de Sergio Valente,
> como toda la gente.

Aun cuando Chirino lleve el inventario a extremos paródicos (una bicicleta Cartier, un cepillo de dientes Hermenegildo Zegna), el tono resulta afirmativo, aprobatorio. Al slogan político de la Cuba pre-castrista, "Vergüenza contra dinero", el protagonista de Chirino parece responder: "Dinero sin vergüenza". La primera palabra de la canción, "Tengo", da la clave, pues el catálogo consigna actos individuales de posesión. Y al parecer se trata de una actitud compartida, porque "toda la gente" posee los mismos objetos de marca. Si la "salsa" niuyorkina se desarrolla en el "barrio", la de Miami tiene como escenario el *mall*, el centro comercial. No resulta fácil encontrar canciones escritas en Miami que, a semejanza de "Plástico", de Rubén Blades, menosprecien el materialismo.[13] El dinero y las cosas que con él se pueden conseguir son temas recurrentes en la música de Miami. Otro ejemplo es "Tengo" (*Oxígeno*, 1991), un merengue de Chirino cuyo título le hace eco a un conocido libro de Nicolás Guillén.

> Tengo lo que tengo.
> Nadie me lo regaló.
> Por eso lo mantengo
> con el sudor de mi frente.
> Trabajo que me costó.

Lo que resulta significativo en el inventario de productos de "Los diseñadores" es lo poco que revela sobre el propietario. Sabemos que está casado (le compró a su esposa una cartera Valentino) y que tiene una casa (compró un cenicero Gucci para adornar la sala), pero nada más. ¿Quién es este hombre? ¿Dónde nació? ¿Dónde vive? ¿Qué edad

---

[13] "Plástico", incluido en *Siembra* (1978), lanza una crítica despiadada contra una pareja de jóvenes "plásticos" que sólo piensan en vivir bien. A diferencia del sonido de Miami, que habla en nombre de una clase políticamente conservadora y ascendente, la salsa de Nueva York encarna los valores del proletariado. Según Duany, "La espina dorsal de la música salsa es el proletariado puertorriqueño... Las mejores canciones de salsa expresan los problemas de esta clase desfavorecida" ("Toward an Anthropology of Salsa", pág. 207).

tiene? La canción hace una relación de objetos, pero no dice prácticamente nada del contexto temporal, físico o social en el que tales objetos existen. Definido por repetidos actos de posesión expresados en tiempo presente, el protagonista de "Tengo" es huérfano de pasado y de futuro; vive en vilo, amurallado detrás de sus preciados tarecos. Pero tal vez los relojes y ceniceros sean su manera de compensar por su desposesión espiritual: dice "tengo" porque no puede decir "soy". Al no saber quién es o adónde va, fabrica su sentido de identidad a partir de su poder adquisitivo: gasto, luego existo. En última instancia, la ostentación de "Los diseñadores" no se halla tan lejos de las quejas de "El son se fue de Cuba".

El sonido de Miami padece de altibajos, de *mood swings*. La secuencia de números en un album de Chirino o de Hansel y Raúl nos lleva sin aviso del hedonismo más campante al *pathos* más desolador; en *Oxígeno*, la canción que sigue a "Tengo" es nada menos que "Nuestro día ya viene llegando," donde Chirino narra su partida de Cuba y los primeros años duros de exilio. Los altibajos se suceden incluso dentro de la misma composición: "Nuestro día ya viene llegando" empieza en tono menor, como un adolorido lamento, pero termina en son de guerra con el himno nacional cubano. Siempre me ha parecido que la "suavidad" del sonido de Miami, su preferencia por las baladas o la salsa suave, es un síntoma del variable estado de ánimo de los exiliados.[14] Basándome en parte en mis propias reacciones a estas canciones, intuyo que en ellas se filtran emociones que tienen otras fuentes.

A veces hasta las canciones de amor sirven para expresar, y quizás para controlar, frustraciones de índole muy distinta. Gloria Estefan dijo una vez que para sus coetáneos seguir pensando en Cuba es "como amar a alguien que nunca has conocido".[15] De ahí que en las baladas y boleros cubanoamericanos, el amor infeliz, el desencuentro de dos amantes, funcione como metáfora del destierro. En "No debería ser así" (1985), Chirino dice:

---

[14] Carlos Oliva, fundador y figura principal de Los Sobrinos del Juez, define el sonido de Miami como una "salsa suave" que mezcla "jazz, música cubana, caribeña, y rock"; en "Carlos Oliva y su formidable grupo musical" (*Alerta*, 23 de marzo, 1987); ver también, "Carlos Oliva: Precursor del Crossover", *Cartel*, 4, No. 3 (1992), págs. 2-5. Según Thomas D. Boswell y James R. Curtis, el sonido de Miami "quizá se describe mejor como una forma suave de salsa, en el que los elementos comerciales del rock y el jazz son más acentuados que en la salsa nacida en Nueva York" (*The Cuban-American Experience*, Rowman and Allanheld, Totowa, Nueva Jersey, 1983, pág. 141).

[15] "Gloria Estefan", de Hank Bordowitz, *VisàVis*, 1, junio de 1992, pág. 59.

> No debería ser así,
> tú por allá, yo por aquí
> como si fuéramos extraños.
> ¿Por qué triunfó la incomprensión
> y se interpuso entre los dos
> una aparente estupidez?

Cuando Chirino pronuncia estas frases, resulta fácil oír "revolución" en lugar de "incomprensión". Al efectuar la sustitución, el oyente convierte la letra en un lamento por el distanciamiento entre los cubanos de dentro y de fuera. El sesgo político se hace casi explícito en el último verso de la canción, "yo sé que vamos a volver", que vaticina la reunificación de los amantes, pero que también repite la aseveración que, durante cuatro décadas, ha sido el mantra de todo exiliado.[16] El espectro y la expectativa de "volver" —el sentimiento tanto como la palabra— rondan la letra de innumerables composiciones como ésta, cuyo tema, en apariencia, no tiene nada que ver con la política. En "Mataría" (1995), Hansel y Raúl afirman:

> Mataría por volver a estar contigo,
> por tenerte en mis brazos,
> rectificando el pasado,
> por volver yo mataría.

Para mí —mas no creo que sea solo para mí— el "amor desesperado" del que cantan Hansel y Raúl en esta canción se confunde con la nostalgia del exiliado por la patria ausente.

La letra de una de las canciones más populares de Jorge Luis Piloto, otro prolífico compositor cubano de Miami, dice en parte:

> Pido la paz para esta guerra.
> Quisiera reponer mis armas,
> parar con esta hostilidad
> que no conduce a nada.
> Te propongo una tregua.[17]

---

[16] "No debería ser así," *Zarabanda* (Sony Discos, 1985). Se trata de otra composición de Titti Sotto.

[17] "Perdóname", grabada por el salsero puertorriqueño Gilberto Santa Rosa (en *Punto de vista*, CBS Discos, 1990).

Nuevamente, el contexto de la canción es romántico, pero el deseo de reconciliación de los amantes puede reflejar por igual los sentimientos de muchos cubanos de "aquí" con respecto a sus compatriotas de "allá".[18]

En la música de La Pequeña Habana, la inconciencia con que se festeja la prosperidad material y la tristeza con que se lamentan las penas de amor son las dos "caras" del mismo disco, rayado a fuerza de repetición. Detrás del brillo y el oropel se abre un vacío; debajo de la ostentación supura una herida. El sonido de Miami es político hasta la médula; pero es una política que reniega de la política, que busca alivio, ya que no remedio, en ceniceros Gucci y zapatillas Dior. Desdeñar la superficialidad de estas composiciones es ignorar todo lo profunda que puede ser la piel.

En los álbumes posteriores a *Evolución*, la música elástica de Chirino continúa explorando géneros musicales. Sus discos contienen sones, guaguancós, merengues, plenas, boleros, rock, blues y flamenco. Tanto en calidad de compositor como de intérprete, Chirino a menudo sobresale en canciones humorísticas del tipo de "Los diseñadores" o "Castígala" (1985), homenaje y parodia al machismo:

> En asuntos de mujeres
> yo soy bien machista;
> en lo que a eso se refiere
> que me pongan en la lista.

Incluso aquí, sin embargo, la dimensión política se insinúa, puesto que la frase "que me pongan en la lista" alude a una consigna de la Cuba comunista.

Una modalidad que Chirino ha cultivado con éxito es lo que se podría llamar "santería pop", otro engendro híbrido ocasionado por la mezcla del sonido de Miami con creencias religiosas afrocubanas. De más está decir que los ritos afrocubanos son una presencia ubicua en la música de la isla; pero no es lo mismo oír a Celia Cruz entonar un

---

[18] Un ejemplo curioso de la identificación de lo político con lo sentimental es la traducción al español del hit de Bobby Goldsboro, "Honey" (1968), interpretada por Orlando Contreras. En la versión original, se trata de la lacrimosa historia de un señor que se lamenta por la muerte de su esposa, la *Honey* del título; en la versión en español de Orlando Soto, Cuba ocupa el lugar de la amada inmóvil. La letra inglesa dice: *"And Honey I miss you, and I'm feeling blue; and I'd love to be with you, if only I could"*. La letra española traduce: "Mi Cuba te extraño, y no soy feliz; deseo tenerte y no estoy ahí".

bembé que escuchar a Gloria Estefan cantando "Rhythm Is Going to Get You" (El ritmo te va a poseer). Trasladada a la música de Miami, la santería es un mecanismo de filiación cultural más que una práctica religiosa. Al igual que los "azabaches" que cuelgan del cuello de muchos jóvenes cubanoamericanos, la "santería pop" reafirma vínculos con Cuba. La comercialización de estas creencias no resulta tan marcada como en el "Babalú" de Desi Arnaz, que carecía de conexión alguna con una comunidad de creyentes, pero aún así es bastante evidente. La diferencia es que Arnaz interpretaba "Babalú" para entretener a un público norteamericano, mientras que la "santería pop" es un género para consumo casi exclusivo de los cubanos exiliados.

En "Mister Don't Touch the Banana" (1991), de Chirino, un americano inadvertidamente se mete en una ceremonia dedicada a Changó, el dios del trueno. Cuando ve una mesa llena de comida, el americano, creyéndose que es un bufet, se come un plátano. Desde luego, la comida es una ofrenda religiosa y el plátano es precisamente una de las frutas favoritas de Changó. Al observar el sacrilegio, algunos devotos se desmayan y otros practican exorcismos. El coro de la canción advierte: *"Mister don't touch the banana, banana belong to Changó"* ("Míster, no toque el plátano, el plátano es de Changó"). El americano, que no entiende lo que está sucediendo, se disculpa en su macarrónico español: *"Sorry,* excúseme, *me* no saber que la banana ser de Mr. Chango". La canción se burla de la ignorancia del americano, quien no se da cuenta que Changó es un *orisha*, a la vez que establece un lazo de hermandad entre los oyentes que, claro, sí "cogen" el chiste.[19]

Pero tal vez la composición de Chirino que mejor encarna la mezcla musical y cultural del sonido de Miami es "Un tipo típico". Tema principal del disco *Acuarela del Caribe* (1989), esta canción llegó a ser algo así como el himno informal de la generación 1,5. Igual que "Soy", "Un tipo típico" dibuja un autorretrato; pero si el autorretrato

---

[19] "Mister Don't Touch the Banana" es una composición de Chirino y Marisela Verena. Otros números de "santería pop" son "El collar de Clodomiro" (1980), "Muéveme el coco" (1982), "Wilfredo el mago" (1982) y "San Zabaranda" (1985), interpretadas por Chirino, y "Ekelecuá" (1991), interpretada por Carlos Oliva y Los Sobrinos del Juez. Todas estas canciones son de Titti Sotto (1945-1992), quien fuera el compositor más prolífico de todos los que ayudaron a crear el sonido de Miami. Sus canciones fueron grabadas por artistas de diversas generaciones y nacionalidades: Olga Guillot ("La Habana espera", "Intentaré"), Lissette ("De carne y hueso"), "Se ve y se va" (Sophy), "No lo dejes caer" (Johnny Ventura), "Culeca" (Las Chicas del Can), "Bin Bon Ben" (Lisa M). Otra de sus composiciones más conocidas es "La esquinita habanera", popularizada por Hansel y Raúl.

de "Soy" resultaba difusamente ambiguo, el de "Un tipo típico" es ambivalente pero afirmativo. En "Soy" el conflicto del hablante consistía en que no pertenecía a ningún lugar; aquí el conflicto nace del vaivén entre dos lugares, dos diversos e incompatibles "ámbitos propios". A pesar de que el protagonista de la canción se considera "matamórico" y "chapotínico", o sea, a pesar su afición por la música tradicional cubana —lo que se llama música "típica"— tiene además una "veta de rocanrolero" que lo convierte en seguidor de Jimi Hendrix, los Beach Boys y los Beatles. Dependiendo de su estado de ánimo, se inclina hacia el son o hacia el rock, sin poder decidirse por uno u otro:

> El son montuno o el rock-and-roll,
> no sé cuál es mejor.
> Tengo dividido mi corazón
> entre Tito Puente y los Rolling Stones.

A lo largo de "Un tipo típico", pedacitos de "El son de la loma", "Seis lindas cubanas" y otras canciones cubanas se entremezclan con clásicos del rock-and-roll como "Tutti Frutti" y "Sergeant Pepper's Lonely Hearts Club Band". La selección de fragmentos no es casual, ya que Chirino escoge canciones cubanas que articulan la identidad nacional, lo cual hace que la mezcla desconcierte aún más. Cuando Chirino vierte el coro de "Son de la loma" en la melodía de "I Get Around", de los Beachboys, la indagación sobre los orígenes del son choca con un rock que celebra un despreocupado nomadismo. ¿Qué quiere decir que el "Son de la loma" *gets around*, que "anda de aquí para allá"? ¿Que el pueblo cubano mismo anda de aquí para allá? El hecho de que un "guajiro de Consolación" (Chirino nació en el pueblo de Consolación del Sur) llegue a cantar el "Son de la loma" con ritmo y melodía de rock ya testimonia esa dispersión. El mantra del tipo típico no es "volver" sino "revolver".

Queda por ver, sin embargo, si semejante mezcla es armónica o disonante. A esta interrogante la canción no da una respuesta clara, pues sugiere que un mismo estado puede ser fructífero para la creación pero insoportable en un plano afectivo. Tal vez el bimusicalismo o biculturalismo nos haga más listos, más originales, más ocurrentes, pero también nos hace perder el equilibrio. A medida que la canción avanza, el tipo típico, ebrio de vilo, va acelerando el movimiento oscilatorio, hasta generar una retahíla de exclamaciones identificadas con artistas de distintos estilos, épocas y nacionalidades:

> *I am the eggman, I am the walrus.*
> *Químbara-quimbara-quimba-quimbambá.*
> *Toma chocolate, paga lo que debes.*
> *Bab-babaluba-ababab.*
> *¡Familia!*
> *¡Azúcar!*
> *¡Pa' afuera!*
> *¡De película!*
> *¡Uj!*

Estas frases se repiten cada vez con más rapidez y volumen hasta que la canción se convierte en un barullo ensordecedor. Pero en el ruido está la señal. Por mucho que nos guste *mix it up*, llega un momento en que la mezcla aturde. La repetición de la frase, "toma chocolate y paga lo que debes", estribillo de un famoso chachachá, sugiere que el biculturalismo tiene un precio. Llevado al extremo, nos hace perder el sentido y el sonido. Tal vez no sea una mera coincidencia que la canción que sigue a "Un tipo típico" en *Acuarela del Caribe* se titule "Demasiado". Al fin y al cabo, hay que escoger entre Tito Puente y los Rolling Stones.

El sonido de Miami, en las voces de Willy Chirino o de Hansel y Raúl, no ha logrado interesar al público norteamericano. Como señala Enrique Fernández, la versión del *World Beat* de Miami permanece demasiado fiel a sus orígenes como para atraer a oyentes de otras nacionalidades.[20] El "tipo" de Chirino sólo es típico para algunos ciudadanos de la Cuba del Norte. Su bilingüismo lo aleja tanto de los norteamericanos como de los latinoamericanos; y los demás hispanos residentes en Estados Unidos quizás puedan identificarse con el vaivén cultural, pero la música cubana les resultará ajena. Lo mismo le ha sucedido a Clouds, a Los sobrinos del juez y a otros grupos de Miami. Tanto en el plano musical como en el lingüístico, su acento cubano es demasiado evidente. Los "Clouds" no flotan libremente; son "Clouds of Miami", el nombre que adoptaron en 1984.

El único grupo que sí ha efectuado el *cross-over* es Miami Sound Machine (MSM), que a mediados de los ochenta llegó a ser uno de los

---

[20] "Worlds Collide", de Enrique Fernández, *Village Voice*, 10 de noviembre, 1992. Tanto en su columna de *Village Voice* durante los años ochenta como en otros ensayos y artículos más recientes, Fernández ha sido un atento y versado cronista de las peripecias de la música cubana dentro y fuera de la isla. Sobre el sonido de Miami, ver también su artículo, "The Miami Sound", *Village Voice*, 29 de enero, 1986.

más populares de Estados Unidos. Como otras agrupaciones, MSM comenzó amenizando fiestas privadas durante los años setenta. Al principio el grupo estaba compuesto por seis músicos y cantantes, pero fue reduciéndose gradualmente hasta que, en 1986, con el éxito de "Conga", quedaron únicamente Kiki García y Gloria y Emilio Estefan.[21] Poco después Emilio Estefan dejó la banda para dedicarse a la promoción, y García, autor de algunos de los mayores éxitos de MSM ("Conga" entre ellos), abandonó el grupo. Desde entonces MSM estuvo integrado fundamentalmente por una cantante, Gloria Estefan, y un conjunto de músicos que variaba de un disco a otro. A partir de 1990, se desechó el nombre de Miami Sound Machine y quedó Gloria Estefan como solista.

MSM dio sus primeros pasos cultivando ese sonido suave con tendencias al pop característico de una vertiente del sonido de Miami. Prácticamente todos sus éxitos iniciales fueron baladas cuyo único elemento latino era el idioma. Como la propia Estefan ha señalado, las influencias más marcadas en su música provenían de grupos norteamericanos como los Carpenters.[22] Ya que que las primeras grabaciones de MSM contenían baladas y rock suave, con alguna que otra pieza "disco", esta música significó un cambio importante respecto a Hansel y Raúl y otras orquestas más "típicas". Nada de tarros ni lecheros en los discos de MSM. Nada de sones o pregones. Encabezada por dos "pepillas" cubanas, Gloria Estefan y Mercy Murciano, la banda se dio a conocer con canciones que llevaban títulos insulsos como "Quiéreme", "Te quiero, te quiero", "Without Your Love" y "You're All I Have". Tampoco abordaban el tema de la nostalgia por Cuba ni abundaban en el conflicto entre culturas. Era una música sencilla, sentimental y libre de tensiones.

Por esos años MSM difícilmente podía considerarse un grupo "latino". La amplia popularidad que alcanzó en América Latina a fines de los setenta y principios de los ochenta se debía a que su música era

---

[21] Los integrantes originales del grupo eran Gloria y Emilio Estefan, Raúl y Merci Murciano, Juan Marcos Avila y Kiki García. Entre los discos de Gloria Estefan y MSM se encuentran: *Renacer* (Audiofon, 1977); *Miami Sound Machine* (Top Hits, 1978); *Miami Sound Machine* (CBS International, 1980); *Río* (CBS International, 1982); *A toda máquina* (CBS International, 1983); *Eyes of Innocence* (CBS-Epic, 1984); *Primitive Love* (CBS-Epic, 1985); *Let It Loose* (CBS-Epic, 1987); *Cuts Both Ways* (CBS-Epic, 1989); *Into the Light* (Epic EK-46988, 1991); *Mi tierra* (Sony, 1993); *Hold Me, Thrill Me, Kiss Me* (Sony, 1994); *Destiny* (Sony, 1996); *Alma caribeña* (Sony, 2000).

[22] *Gloria Estefan*, de Grace Catalano, Saint Martin's Press, Nueva York, 1991, pág. 36.

Miami Sound Machine, "Renacer".
(Fotografía autorizada por Foreign Productions and Publishing, Inc.)

pop en español. Fue sólo más tarde, y como parte de un esfuerzo encaminado a conquistar el mercado norteamericano, que MSM asumió una identidad latina. En sus inicios fue una banda de rock suave en español; posteriormente se transformó en un grupo de salsa suave en inglés. Tal como lo ve Gloria Estefan, los gustos musicales de MSM responden a la personalidad de sus integrantes: "Podemos subirnos al escenario y hacer un verdadero número de salsa, pero ese no es el tipo de música que llevamos dentro, no es lo que queremos expresar. En cierto sentido, nosotros mismos somos 'salsa suave'".[23]

---

[23] *Gloria Estefan*, de Catalano, pág. 76.

Miami Sound Machine, "Primitive Love".
(Fotografía autorizada por Foreign Productions and Publishing, Inc.)

El proceso de hispanización de MSM comienza con "Conga" (1985), su primer gran éxito en el mercado norteamericano. Para aquellos que habían seguido de cerca la evolución del grupo, la transformación fue evidente; nunca antes Gloria Estefan había sonado tan "cubana". Esa transformación se hizo extensiva a la "imagen" de la cantante; el álbum previo del grupo se había titulado, *Eyes of Innocence* (Los ojos de la inocencia; 1984); el nuevo, donde aparecía "Conga" como tema principal, llevaba el título de *Primitive Love* (Amor primitivo). La carátula presentaba un primer plano de Estefan, muy maquillada, con la ardiente mirada clavada directamente en el lente de la cámara. Aunque sólo fuera por razones publicitarias, la "cubanita" se había convertido en una *Latin bombshell,* el estereotipo norteamericano de la latina apasionada y seductora. Originalmente la conga había sido popularizada por Desi Arnaz, otro experto del *cross-over*. Ahora volvía con Gloria Estefan, la contrapartida femenina de Desi Arnaz. Como Arnaz, Gloria rezumaba sexualidad sin agresividad. Si Arnaz era el *Latin lover* como buen vecino, Gloria es la despampanante cubanita de la casa de enfrente.

"Conga" ocupó simultáneamente el primer lugar de las listas de éxitos de música pop, latina, *soul* y de discoteca. Su popularidad se vio sustentada por un animado video que mostraba a los integrantes de MSM irrumpiendo en una ceremonia en honor a un acartonado "embajador" con monóculo. Con Emilio Estefan en la tumbadora y Kiki García en los timbales, Gloria guía al público en el sencillo pero contagioso baile. Al principio los atónitos dignatarios contemplan la escena sin moverse, pero paulatinamente van incorporándose a la Cadena Desi.

> *Everybody gather 'round now,*
> *let your body feel the heat.*
> *Don't you worry if you can't dance,*
> *let the music move your feet.*
>
> *It's the rhythm of the islands*
> *with the sugarcane so sweet.*
> *If you want to do the conga*
> *you've got to listen to the beat.*

[Venga todo el mundo, / sientan en sus cuerpos el calor. / No se preocupen si no saben bailar, / dejen que la música les mueva los pies. / Es el ritmo de las islas / con la dulce caña de azúcar. / Si quieren bailar la conga / basta con sentir el ritmo.]

Las sencillas rimas de los monosílabos lo dicen todo: *heat-feet-sweet-beat* (calor-pies-dulce-ritmo). Como los *latunes* de los cuarenta, "Conga" tiene un compás sin complicaciones y una letra sencilla. Ya que estas canciones estaban destinadas a oyentes que no sabían nada de música o cultura cubana, reciclan los mismos lugares comunes: Cuba es la tierra de la dulce caña y de los ritmos calientes. Otra rima en la letra que desempolva estereotipos: *dance-islands* (baile-islas). A diferencia del arroz con mango de Chirino o de la olla podrida de Hansel y Raúl, este tipo de "salsa" ayuda a la digestión.

En *A Book,* Desi Arnaz afirma que una de las lecciones más valiosas que aprendió de Xavier Cugat era no asustar a los americanos.[24] La canción y el video de Gloria Estefan revelan ese mismo sentido práctico; para tener éxito, la música del *cross-over* debe guiar paso a paso a los neófitos en la adquisición del nuevo ritmo. De ahí que la letra de "Conga" mezcle datos con explicaciones, supliendo las respuestas a las interrogantes planteadas por la música. Cuando Estefan explica, "*It's the rhythm of the islands*" ("Es el ritmo de las islas"), las palabras son el pasaporte de la música, su visado de tránsito. Cuando asegura a sus oyentes, "No se preocupen si no saben bailar", está contrarrestando el temor a lo nuevo. Como los demás *latunes,* "Conga" asigna sitios diferentes a cada cultura: Cuba en la cintura y Norteamérica en la voz. El resultado es que Estefan puede desplazarse de una a otra sin complicaciones, ya sea bailando como una cubana o explicando los pasos con un inglés perfecto.

Es evidente que el "tipo" de Chirino guarda poca relación con los estereotipos de "Conga". No es que Chirino sea más fiel a la tradición, pues "Un tipo típico" se toma más libertades musicales que "Conga". La diferencia radica en el tipo de oyente. Dime para quién cantas y te diré quién eres. Ya desde el título, la composición de Chirino presupone una comunidad de almas afines que comparten el mismo desgarramiento. Por lo tanto, Chirino no explica —retrata. A diferencia de la protagonista de "Conga", que sabe separar lo cubano de lo norteamericano, el tipo típico desea ser —o, de hecho, es— cubano y americano al mismo tiempo, y en todos los niveles —letra, música, instrumentación. En su época "Conga" tuvo mucho éxito entre los cubanos de Miami, pero creo que la composición de Chirino es mucho más "típica" de las vivencias de la generación del medio. Si bien "Conga" nos daba la satisfacción de ver nuestra música legitimada en el mercado anglo-americano, el placer de "Un tipo típico" es más hondo y duradero. Lo cierto es que "Conga" entronca con la música cubana de la misma manera que "Mister Don't Touch the Banana" se relaciona con la santería. Su biculturalismo es demasiado sano, demasiado complaciente y optimista.

Los otros éxitos *cross-over* de MSM durante los años ochenta, como "Rhythm Is Going to Get You" (1987) y "Oye Mi Canto" (1989), siguen la pauta de "Conga" manejando sin tensiones o complejos los

---

[24] *A Book,* de Desi Arnaz, William Morrow and Company, Nueva York, 1976, pág. 50.

estereotipos latinos. Más interesante resulta la única canción de tema cubano de *Into the Light* (1991), "Mama Yo Can't Go", que ya no es una celebración de *heat-feet-sweet-beat*. Para empezar, la persona a quien se dirige la letra es cubana. La protagonista, una joven cubanoamericana, le dice a su madre que no puede regresar —"*mama* yo *can't go*" ("mamá yo no puedo ir")— porque para ella Cuba es un país extraño. El título de la canción expresa esta actitud mediante un juego de palabras. A primera vista parece contener la única palabra española en la canción, el pronombre "yo". Pero este índice gramatical de cubanía resulta ambiguo, pues "*yo*" es también un vocativo en el argot americano (donde quiere decir "oye"). "*Mama yo can't go*" ("oye, mamá, no puedo ir") bien puede ser una frase totalmente inglesa. En tanto que retruécano bilingüe, "yo" vacila entre el español y el inglés, entre pronombre y vocativo. Otra canción de MSM contiene el mismo tipo de equívoco, aunque en dirección contraria: "Ay, Ay, I", donde la interjección en español se confunde con el pronombre de primera persona en inglés.

En "Mama Yo Can't Go", bastaría con eliminar el retruécano —imperceptible para los oyentes anglófonos— para hacer de la canción un ejemplo más de pop norteamericano, el género cultivado por artistas más jóvenes que Estefan, como Martika, Jon Secada y Carlos Ponce.[25] Pero si la asimilación es uno de los futuros posibles para el sonido de Miami, la repatriación es la otra. El mismo año en que sale "Mama Yo Can't Go", Chirino saca "Nuestro día ya viene llegando", que vaticina el fin de la dictadura castrista. Aquí Chirino ya no es un tipo típico, sino "cubano hasta la muerte". Algo parecido sucede en *Mi tierra* (1993), uno de los mayores éxitos de venta de Gloria Estefan. Después de pasar años experimentando con números híbridos y con música pop, Estefan regresa musicalmente a la tierra que apenas conoció.

---

[25] Debo mencionar también a otros artistas cubanoamericanos que, aun cuando no cultivan el "sonido de Miami", caben dentro de las coordenadas musicales de la Cuba del Norte: Nuclear Valdéz, rockeros, y los Mavericks, un grupo de música *country* dirigido por Raúl Malo. Si bien la música de estos grupos no tiene casi nada que ver con géneros cubanos, alguna que otra vez sus canciones tratan temas relacionados con el exilio (tal es el caso de "Summer", de Nuclear Valdéz, y de "From Hell to Paradise", de los Mavericks). También cabe mencionar al cantautor Pedro Tamayo, compositor de "Mi país", "Yo no fumo", "El platillo volador" y "Quiero que tú me des" (esta última grabada por Hansel y Raúl); y al rapero Mellow Man Ace, "el Ricky Ricardo del rap", conocido sobre todo por "Mentirosa", un rap en *Spanglish*. Caso aparte es el de Albita Rodríguez, quien ha alcanzado fama internacional con números como "Qué manera de quererte" y "Qué culpa tengo yo".

Nutrido de boleros, sones y danzones, el disco es un impresionante esfuerzo de recuperación. La pieza epónima, "Mi tierra", es un magnífico son de Estefano con "inspiraciones" de la propia Estefan; el autor de otro de los números, "No hay mal que por bien no venga", es Cachao, quien también toca el bajo en "Tradición". No debemos pasar por alto la relevancia del posesivo: *"Mi* tierra" (de igual modo, el título de la canción de Chirino es *"Nuestro* día"). Para aquellos cubanos que han pasado casi todas sus vidas fuera (o, mejor dicho, lejos) de Cuba, decir "mi tierra" es un riesgo y un compromiso. Un riesgo por la posibilidad que alguien nos desdiga, o que nos desdigamos nosotros mismos; un compromiso, por la toma de posición respecto a "nuestro" país.

El coro de "Mi tierra" —"La tierra te duele, la tierra te da / en medio del alma, cuando tú no estás"— entona la queja perenne del desterrado, la misma que se escuchaba en las primeras canciones del exilio. No obstante, un par de años después de *Mi tierra*, Estefan saca un nuevo disco, esta vez todo en inglés, titulado nada menos que *Destiny* (Destino; 1996), en el que ya no hay referencias a Cuba. La suerte de la generación del medio, como la del sonido de Miami, es dividir afectos y multiplicar lealtades. A mi juicio, las baladas americanas de *Destiny* no son ni más ni menos genuinas que los sones criollos de *Mi tierra*. Ya lo había dicho la Super-Q: somos *you* y tú, somos *two*. El vilo es nuestra vocación y nuestro destino.

Mambo No. 5
Oxímoros en la costa

A mediados de los ochenta había en Miami una popular discoteca latina, The Banana Boat, también conocida como "El platanito de Kendall". Allí tuve la oportunidad de escuchar una noche a Willie Chirino. Además de interpretar su repertorio de éxitos —"Wilfredo el mago", "El collar de Clodomiro", "Castígala", "Soy"— Chirino tocó el "Son de la loma". En la letra de este son, una joven le pregunta a su madre sobre la procedencia de los cantantes: "Mamá, yo quiero saber de dónde son los cantantes". La equívoca respuesta es que los cantantes "son de la loma y cantan en llano", donde "llano" se refiere tanto a la llanura como a la forma de cantar, y donde "son", además de ser un verbo, nombra el tipo de música que sirve de marco a la respuesta.

Aparentemente sin saberlo Chirino, entre los espectadores esa noche se encontraba José Fajardo, el talentoso flautista que en la Cuba de antes-de-ayer dirigía la orquesta "Fajardo y sus estrellas", superada en calidad y popularidad sólo por la Aragón. Poco después de que Chirino empezara a tocar, Fajardo subió al escenario, sacó su flauta, y sin estrellas pero brillante, se sumó al son. Lo que tuvo lugar entonces fue un "Son de la loma" memorable por el extenso contrapunteo entre el órgano eléctrico de Chirino y la flauta de madera de Fajardo. Como esta función-fusión ocurría a unas pocas cuadras de una tienda llamada Loehmann's, el "Son de la loma" se me transformó en el "Son de Loehmann's" y, como tal, en un movido y conmovedor emblema de los oxímoros en la costa de la Florida que conforman la cultura cubanoamericana. Ya resultaba bastante extraordinario oír el "Son de la loma" en un Platanito, pero tener la oportunidad de oírlo interpretado por Chirino y Fajardo juntos fue algo maravilloso. Esa noche descubrí a dónde fue el son cuando salió de Cuba: a Kendall.

Oxímoros en la costa: son y song; *loma y* Loehmann's. *Oxímoros en la costa:* Havana beats *y* Banana Boats. *Oxímoros en la costa: alma de* rock *y corazón de bolero. Pero no existe contradicción sin conflicto, ni conflicto sin bajas. El "Son de Loehmann's" es panegírico y canto fúnebre: los oxímoros matan moros.*

CINCO
Añorado desencuentro

Sin duda el escritor cubanoamericano más leído en Estados Unidos es Oscar Hijuelos, autor de cinco novelas, entre ellas *The Mambo Kings Play Songs of Love* (Los reyes del mambo tocan canciones de amor, 1989), que ganó el Premio Pulitzer en 1990 y fue llevada al cine. Aunque es simplista afirmar que Hijuelos es el "Gloria Estefan" de la literatura cubanoamericana, no deja de ser verdad que la obra de Hijuelos también va encaminada hacia el *cross-over*. A pesar de que sus novelas muestran una complejidad infinitamente mayor que las canciones de Miami Sound Machine, el objetivo de ambas es llevar la cultura cubana a un público no-cubano. Hijuelos escribe "desde" Cuba, pero "hacia" Estados Unidos. Con ello no quiero decir, desde luego, que escriba literalmente desde la isla, sino más bien que lo cubano es su punto de arranque. La voz narrativa de sus novelas, que sospechamos muy cercana al propio autor, pertenece a alguien que, si bien aún está vinculado a la cultura de la isla, no se ve a sí mismo como cubano. Tal como si su tema musical fuera, "*Mama* yo *can't go*", las novelas de Hijuelos le rinden tributo a Cuba al mismo tiempo que le dicen adiós.

Por supuesto, el interés que despiertan sus libros en el público norteamericano se debe, en gran parte, a su sabor "latino". La popularidad de *The Mambo Kings*, tanto la novela como la película, tiene mucho que ver con el exotismo de ambientes y personajes. A juzgar por las reseñas, para el lector norteamericano el atractivo de la novela radica sobre todo en los dos protagonistas, César y Nestor Castillo, "cubanazos" a ultranza. Pero lo curioso es que el autor evoca la cultura cubana para demostrar que no es posible vivir en ella. Aun cuando Hijuelos es coetáneo de la generación del medio, su perspectiva lo acerca más a la segunda generación, ya que la patria de sus padres le da un tema, pero no define su compromiso vital ni su elección lingüística. Posiblemente ésta sea la razón por la cual *The Mambo Kings* ha sido acogida con relativa indiferencia por los hispanos de

Estados Unidos.[1] El lector hispano intuye que la novela no está dirigida a él (y menos a ella), pues aunque el autor recurre a personajes y escenarios cubanos e hispanoamericanos, los coloca dentro de una obra decididamente anglocentrista.

La primera novela de Hijuelos, *Our House in the Last World* (Nuestro hogar en el mundo anterior, 1983), relata los infortunios de la familia Santinio a lo largo de varias décadas. El encuentro de Alejo Santinio y Mercedes Sorrea en Cuba en 1939 da comienzo a la obra, que pasa a narrar el matrimonio de la pareja, su emigración a Estados Unidos, el nacimiento de sus hijos y la dura vida de la familia en el Harlem hispano. El personaje central de la novela es Héctor, segundo hijo del matrimonio, quien, como el propio Hijuelos, nació en Nueva York en 1951. La niñez de Héctor está llena de tensiones y dificultades. Su padre, Alejo, llega a Norteamérica lleno de esperanzas mas nunca logra salir de la cocina de un restaurante; su madre, Mercedes, es una neurótica que padece de alucinaciones y habla con los espíritus. Resentida con su marido e infeliz con su suerte, Mercedes se va encerrando más y más dentro de sí misma hasta, finalmente, recluirse en un mundo imaginario habitado por los fantasmas de sus antepasados. Cuando en 1969 Alejo muere de un ataque cardíaco, la familia pasa de la pobreza a la ruina. Resulta significativo que los últimos dos capítulos se titulen "Fantasmas" (*Ghosts*) y "Voces del mundo anterior" (*Voices from the Last World*) —como si la existencia material de la familia dependiera de la presencia física de Alejo. Una vez muerto Alejo, las alucinaciones de Mercedes se apoderan de la narración, y aunque el hermano mayor de Héctor, Horacio, logra escapar la deprimente vida familiar, el protagonista permanece atrapado hasta el final.

A lo largo de su niñez y adolescencia, Héctor está obsesionado por la cubanidad. Una y otra vez, se lamenta de que no es tan cubano como su hermano, sobre todo porque no sabe hablar español. A diferencia de Horacio, que sigue los pasos de su padre (mujeriego, pendenciero, bebedor), Héctor se convierte en un tímido adolescente "americano". En cierta ocasión, Horacio se burla de él diciendo: "Cuando trata de ser cubano, se comporta como un imbécil".[2] Para agravar la

---

[1] Véase la reseña de Enrique Fernández titulada "Exilados on Main Street", *Village Voice*, 1 de mayo, 1990.
[2] *Our House in the Last World*, Washington Square Press, Nueva York, 1983, pág. 178. Las demás referencias a páginas van incluidas en el texto.

situación, en el físico Héctor se parece mucho a su padre: "Eran como gemelos, separados por la edad, pero con los mismos ojos, el mismo rostro e idénticos cuerpos. Sólo que Alejo era de otro mundo, cubano, cubano" (pág. 145). A medida que crece, Héctor se ve como una copia defectuosa de su padre, exacta en el físico, pero sin el temperamento criollo de Alejo. Demasiado cubano para ser americano, aunque no lo suficiente como para asemejarse a su padre, Héctor es "un bicho raro, un jorobado, un hombre con el rostro desfigurado" (pág. 190). Más adelante se autodenomina un "Quasimodo cubano" (pág. 192).

Pero Héctor no es el único monstruo en la familia. Los excesos del padre agudizan las deficiencias del hijo: "Durante la noche Héctor había gritado porque el monstruo estaba acechando en el pasillo. El monstruo era Alejo, dándose tumbos contra las paredes para llegar desde la cocina hasta el baño" (pág. 108). Calavera en su juventud, Alejo nunca renuncia a sus viejas costumbres, que su hijo asocia con Cuba. Las recriminaciones de su esposa no impiden que Alejo se pase las noches en la calle, emborrachándose y enredándose con mujeres. Si Héctor es un "bicho raro" por su déficit de cubanidad, Alejo lo es por excederse. O, al menos, eso es lo que piensa Héctor.

Cuando Horacio afirma que su hermano es imbécil (*dumb*), no debemos pasar por alto la acepción lingüística del adjetivo ("mudo"), pues los sentimientos de inferioridad de Héctor están vinculados a su impericia idiomática. Los "cubanos de verdad" (pág. 175) son aquellos que hablan el castellano sin vacilaciones ni tartamudeos. En cambio, cuando Héctor intenta hablar con la soltura de su padre o su hermano, siente que se le traba la lengua y que las palabras y las frases españolas lo inmovilizan: "Lo enfermaba ser tan americano, algo que para él significaba estar solo y asustado. Jamás había practicado el español y apenas si lo hablaba. Tartamudeaba, y tener que decir una palabra en español le hacía sentirse como borracho. Una oración en español le envolvía la cara y lo amenazaba con despellejarlo y lanzarlo contra el suelo, como le ocurría a Alejo. Evitaba el español aun cuando era el único idioma que escuchaba en su casa. Podía leerlo, lo entendía, pero se paralizaba ante la posibilidad de tener que establecer el más mínimo diálogo" (pág. 173). Héctor llega a considerarse una especie de momia bicultural, "parte cubano, parte americano; todo envuelto bajo una piel que en ocasiones le impedía moverse" (pág. 190).

Aunque Mercedes escribe poesía, es Alejo quien habrá de encarnar la lengua "materna". Cuando intenta hablar español, Héctor se asemeja a su padre, el "monstruo" que regresa a la casa borracho en la madrugada. De esa forma, el español se convierte para él en un impedimento físico, la joroba del jorobado. Las circunstancias en las que Héctor aprende a hablar inglés ayudan a conformar esta imagen del español. Sin duda alguna, las escenas más desgarradoras del libro describen la estancia de Héctor en un hospital pediátrico cuando sólo contaba tres o cuatro años (episodio basado en la vida del autor). En 1954, poco después de regresar a Estados Unidos tras un viaje a Cuba, Héctor cae gravemente enfermo a causa de una infección renal, por lo que tiene que permanecer cerca de un año en un hospital para niños. Durante todo ese tiempo su madre lo visita pocas veces, y su padre nunca. Queda, pues, al cuidado de una enfermera que lo toma bajo su protección, no sólo para curarlo, sino también para enseñarle inglés. Con el fin de obligarlo a aprender el nuevo idioma, la enfermera lo encierra en un armario del que no puede salir hasta no decir, en inglés, "*Let me out!*" ("¡Sáquenme de aquí!", pág. 103). Recalcitrante al principio, Héctor va cediendo poco a poco; eventualmente no sólo empieza a hablar en inglés, sino que comienza a desconfiar del español.

—¿Podría tomar un poco de "agua"?
—No, *water.*
—¿Podría tomar un poco de *water*?
—Sí, le contestó. —Así sí.
Y le dio un beso. Con el tiempo Héctor llegó a creer que el español era su enemigo, y cuando Mercedes lo visitaba y le contaba cómo andaban los cosas por la casa, él permanecía callado, como si la enfermera lo estuviera vigilando. Incluso sus sueños se veían interrumpidos por la interferencia del inglés, como cuando un enjambre de avispas se apodera de un rincón del jardín. (pág. 104)

Cuando por fin los médicos lo dan de alta, Héctor es otra persona. "Al regresar de Cuba", dice su madre, "Héctor estaba enfermo, pero se veía tan feliz y gordito que no sospechamos nada malo. Llegó diciendo 'Cuba, Cuba' y pasaba mucho tiempo con Alejo. Era un cubanito, siempre cotorreando en español" (pág. 91). Al cabo de un año en el hospital, Héctor se ha curado, pero ha dejado de hablar español y se ha distanciado de su padre, que apenas si lo reconoce: "Alejo miró a Héctor, preguntándose si ése era su hijo. Ahí estaba, un cubano rubito, enfermizo y delgaducho que no hablaba español. Le dio al niño unas palmaditas en la cabeza, se viró y siguió tomando cerveza" (pág. 195).

La estadía en el hospital es muerte y resurrección; Héctor pierde una nacionalidad y una lengua y adquiere otras distintas.

Las memorias y novelas escritas por inmigrantes generalmente bosquejan un proceso de conversión: "Nací, he vivido, me he transformado. ¿No es hora ya de que escriba la historia de mi vida?" Estas son las primeras palabras de *The Promised Land* (1912), de Mary Antin, una inmigrante judía que llega a los Estados Unidos a principios del siglo XX. En estas dos frases la autora resume el rito de pasaje que marca el destino tradicional del inmigrante, ese morir y renacer cuyo modelo es la conversión religiosa. A paso seguido Antin afirma: "Ahora soy una persona absolutamente diferente de aquella cuya historia tengo que contar". Tal afirmación pudiera parecer disparatada, pero es válida por lo menos en lo que respecta al idioma, pues el inglés de Antin no guarda relación con sus idiomas anteriores, el ruso y el *yiddish*. En relatos como el de Antin, la conversión del inmigrante es, ante todo, lingüística; o, mejor dicho, el cambio de lengua es la indicación más segura de que la conversión ha sido efectiva.

Our House in the Last World sigue este patrón, pero sitúa el rito de pasaje en un escenario insólito. Generalmente el lugar en donde el inmigrante aprende la nueva lengua es la escuela, y el maestro es la figura que sustituye al padre o a la madre. Así ocurre, por ejemplo, en la autobiografía de Richard Rodríguez, *Hunger of Memory*, o en *A Book*, de Desi Arnaz. En el caso de Héctor, la experiencia tiene lugar en un hospital bajo la supervisión de una enfermera, de manera que el español se convierte en dolencia. A partir de ese momento, Cuba inspirará en Héctor una mezcla de respeto y aprensión: "Cuba le dio la mala enfermedad. Cuba le dio el padre borracho. Cuba le dio la madre loca. Años después, todo ello se entrelazaría y le haría pensar que Cuba tenía algo contra él" (pág. 102). La misteriosa enfermedad, que Mercedes atribuye al agua sucia, se describe como una "infección cubana" (pág. 88) producida por los "microbios", una de las pocas palabras en la novela que aparece casi siempre en español. En la metáfora más sobrecogedora del libro, Héctor compara la radiografía de sus riñones enfermos con el mapa de Cuba (pág. 104). La comparación revela no sólo el concepto patogénico que Héctor tiene del país de sus padres, ese "mundo anterior" que lo contagia de microbios, sino su convicción —inconciente tal vez— de que lleva a esa Cuba enfermiza dentro de sí. El mundo anterior es también un mundo interior, una entrañable realidad que Héctor no puede extirpar sin eviscerarse.

La conflictiva actitud de Héctor hacia el español y el inglés ayuda a comprender la orientación anglocentrista de la narración. Aunque la novela se narra en tercera persona, la voz narrativa es la del propio Héctor. Casi al final del libro, menciona unos cuadernos en los que ha estado escribiendo sobre su familia. "Cuando escribo en mi libreta", dice, "me siento muy cerca de mi madre y del recuerdo de mi padre. Regreso a aquella casa, regreso a mis orígenes" (pág. 245). Estas frases, que aluden al título de la novela, sugieren que la narración es una trasposición de los cuadernos de Héctor. De ahí la incidencia en el título de la primera persona: *"Our House"* ("nuestra casa"). Como suele ocurrir con primeras novelas, *Our House in the Last World* es una autobiografía disimulada que traza el retrato de un artista adolescente.

Si Héctor es el verdadero narrador del libro, el esfuerzo de traducción evidente en todo el relato se hace más comprensible. Desde la primera frase de la novela queda claro que el "mundo anterior" del título será recreado a partir de la peculiar sensibilidad del protagonista: "La madre de Héctor conoció a Alejo Santinio, su *Pop,* en 1939, cuando tenía veintiséis años y trabajaba vendiendo entradas en el cine Neptuno de Holguín, Cuba" (pág. 11). La primera palabra del libro, el posesivo *Hector's* ("de Héctor"), sirve para establecer sus derechos sobre el relato; indica que, incluso cuando Héctor aún no haya entrado en la narración como personaje, el relato le pertenece. De ahí que su padre sea descrito como "Pop", un norteamericanismo incongruente, ya que desde la primera palabra hasta la última, la oración inicial acumula nombres propios en español: Héctor, Alejo Santinio, Neptuno, Holguín, Cuba. En medio de todos esos nombres hispanos, el coloquialismo *Pop* sobresale como una joroba. Pero en vista del significado de Alejo para su hijo, este primer acto de nominación es crucial. ¿Qué palabra utilizaría Héctor en inglés para llamar a su padre? ¿Le diría *Pop* cuando era niño, habiéndose criado en un hogar donde sólo se hablaba español? ¿O le decía "Papá" o "Papi"? No, siempre fue *Pop*: "Recuerdo a mi madre y a mi padre. 'Pop', siempre 'Pop'" (pág. 245). La transformación de un "papá" en un *Pop* entraña un decisivo acto de traducción. Mercedes, a quien se nombra en la misma oración con el anodino *mother*, "madre", no sufre una alteración pareja. Para Héctor, ponerle *Pop* a su padre es una manera de disminuirlo, de suprimir o amortiguar el terror que le infunde. El apócope cura, conjura. Héctor dice *"Pop"*, y el fantasma paterno se retira. (En inglés, *pop* también es un verbo que significa "reventar" o "estallar".)

Más adelante en la primera página llegamos a la descripción de la madre de Héctor: "Su nombre era Mercedes Sorrea, era la segunda de tres hermanas y permanecía soltera porque su último "prometido", que trabajaba en una fábrica de leche agria, era un canalla [*louse*]" (pág. 11). Igual que *Pop*, *louse* nombra a otro hombre cubano, alguien que bien pudo haber sido el padre de Héctor. En la primera parte de la frase, el hombre recibe el epíteto de "prometido", vocablo que aparece en español en el texto; al final de la frase el "prometido" ha sido desenmascarado como un canalla, un *louse*. No creo que sea accidental que *louse*, en su acepción literal, signifique "piojo", otro pequeño organismo trasmisor de enfermedades, otro "microbio cubano". Es como si el español fuera el idioma de las máscaras, del engaño, de las promesas incumplidas, y el inglés el idioma de la verdad. En español, el novio de Mercedes es un "prometido"; en llano inglés es, simplemente, un *louse*. Cuando Héctor vivía en Cuba, su tía le preparaba una bebida riquísima y misteriosa que él recuerda como una "poción mágica cubana". Años después descubre que aquella pócima sólo era sirope Hershey con leche (pág. 177). Lo cubano pierde su magia al entrar en contacto con la realidad norteamericana.

Tanto *Pop* como *louse* son nombres paternos que revelan la impronta del hijo. Tanto el uno como el otro se presentan como anomalías, elementos discordantes, jorobas del idioma. Como la radiografía de los riñones, estos nombres plasman la ambivalencia de Héctor hacia su padre, hacia Cuba y hacia sí mismo. Por un lado, reflejan su deseo de domesticar al padre; por el otro, la sensación de ser un inadaptado, un "Quasimodo cubano".

Our House in the Last World propicia una especie de anexionismo cultural y lingüístico. A pesar de que la mayoría de las conversaciones tiene que haber ocurrido en español, el narrador apenas se molesta en indicarlo. En lugar, todos los personajes se expresan en un inglés coloquial y desenvuelto. En cierto momento, Alejo dice sobre su cuñado: "*He is getting fucked by life*" ("La vida lo está singando", pág. 42). Por su vulgar espontaneidad, esta frase, intercalada en medio de un extenso párrafo expositivo, tiene cierto aire de autenticidad. Al leerla, nos parece escuchar la voz de Alejo. Pero, ¿cómo es posible que Alejo dijera tal cosa? La frase es parte de una conversación con su cuñada Margarita; puesto que no existe ningún modismo como éste en inglés, tenemos que asumir que las palabras de Alejo son una traducción de algún vulgarismo en español, una pincelada de "color cubano". El problema es que en español tampoco existe un modismo afín. Si traducimos la expresión de "vuelta" al español, el resultado no es un modismo sino una figura poética. Sólo en inglés la vida "te singa".

Estos ejemplos sirven para ilustrar el desplazamiento de la novela del español al inglés, una señal para el lector norteamericano de que el relato va dirigido a él. Este tropismo idiomático es un fenómeno habitual entre escritores "étnicos" norteamericanos, aunque menos frecuente en la literatura cubanoamericana. Hasta hace poco los autores cubanoamericanos, incluso cuando han escrito en inglés, se han dirigido casi exclusivamente a lectores también cubanoamericanos. Sólo en los últimos años han aparecido novelistas como Hijuelos, Cristina García, Himilce Novas y Ana Veciana Suárez, que procuran que sus novelas lleguen a un público más amplio. A modo de contraste, citaré un pasaje de otra novela cubanoamericana, *Raining Backwards* (1988), de Roberto Fernández, quien también da muestras de una cierta sensibilidad hacia la traducción, aunque en un sentido muy diferente. Uno de los personajes de Fernández, una mujer aptamente llamada Barbarita, dice:

> *I brought also a few records: The Big Dances of Anthony M. Romeu, Fajardo and His Stars, Congas and Carnivals From the Orient, and Jacinto's favorites, The Moor Woman From Syria by Little Barbaro X, and They Are From the Hills by the Moorkiller Trio.*[3]

No hay que saber mucho inglés para reconocer los nombres y títulos de esta peculiar relación: danzones de Antonio María Romeu, Fajardo y Sus Estrellas, congas y carnavales de Oriente, "La mora", Barbarito Diez y "Son de la loma" del Trío Matamoros. Fernández ha traducido la lista de la manera más literal posible, de modo que la provincia cubana de Oriente se convierte en *"the Orient"* (el Oriente), y el nombre del cantante Barbarito Diez pasa a ser *"Little Barbaro X"* (el pequeño Bárbaro X). Sólo un cubano o un conocedor de dicha música puede entender esta inspirada jerigonza. Según Fernández, *Raining Backwards* fue redactada en inglés para poder llegar a un público angloparlante; no obstante, para cualquier lector que no sea hispano o cubano, un pasaje como el anterior apenas resulta inteligible. En las divertidas y diversionistas traslaciones de Fernández, todo y nada se

---

[3] *Raining Backwards*, de Roberto Fernández, Arte Público Press, Houston, 1988, págs. 48-49.

pierde. Aun cuando adopta otra lengua, no traspasa las fronteras de la Cuba del Norte, de manera que la novela se entrega al lector angloparlante pero le esconde sus encantos. Fernández escribe un inglés en clave.

No así en *Our House in the Last World*, donde el inglés funciona como instrumento de liberación, no de confinamiento. Durante la mayor parte de su niñez y adolescencia, Héctor es un americano "tapado" que se declara abiertamente sólo en los diarios que esconde tan cuidadosamente. Cualesquiera que sean las palabras que escribe en sus libretas, todas sus oraciones dicen una sola cosa: *"Let me out!"* Es lo mismo que dice la novela en su totalidad. Como el armario del sanatorio, la "casa" del título es también un nocivo encierro: *house* y *louse* riman. En cambio, Fernández escribe un inglés anglofóbico, que se empeña en no dejarse entender por quienes no saben español. Sus novelas no dicen *"Let me out!"*, sino más bien: "¡Aquí me quedo!"

No obstante, Héctor no escapa ileso del closet. Recordando el cadáver de su padre, dice: "El problema era que su cuerpo, tendido en el ataúd, resultaba demasiado imponente" (pág. 210). ¿Problema para quién? Sus palabras demuestran que el monosílabo *Pop* no desvirtúa del todo la "imposición" paterna. Y es que, desde la perspectiva del hijo, su padre es inmortal: "Era enorme: un pantalón de talla cuarenta y seis abarrotado de recios músculos. Sus bíceps parecían piedras. Era un cubano inmenso que no iba a morir nunca, a pesar de que dijera lo contrario" (pág. 150). *Our House in the Last World* está habitada por el fantasma del padre, por su país y por su idioma. Después de reponerse de su enfermedad, Héctor "parecía americano y casi siempre hablaba como un americano. Cuba se había convertido en el fantasma cruel y misterioso que se escondía detrás de la puerta" (pág. 106). Ese fantasma usa la talla cuarenta y seis de Alejo. Si bien la novela lleva a cabo un agudo análisis de los esfuerzos de Héctor por alcanzar cierta integridad física y psíquica, por curarse de microbios e imposiciones, también deja la impresión de que no lo logra. Tal vez el "problema" de Héctor resida en la visión patológica de Cuba. La metáfora de la isla como un riñón infectado es el primer síntoma de su enfermedad. Para curarse de verdad, Héctor tiene que reinterpretar los "microbios cubanos" como agentes vivificadores, espermáticos.

Esto es lo que sucede en la segunda novela de Hijuelos, *The Mambo Kings Play Songs of Love*, cuya trama se centra en otro cubano imponente, César Castillo, el "rey del mambo". Aquí Hijuelos retoma el "problema" de la presencia paterna, aunque desde otra perspectiva: el personaje de Alejo ya no es un "monstruo" sino un "rey" y Héctor ha dejado de ser el hijo para convertirse en el sobrino, Eugenio, quien disfruta de una autonomía que Héctor nunca llega a alcanzar. Cuando Eugenio revela que su proyecto es "la resurrección de un hombre",[4] recuerda los fantasmas y las voces de la primera novela; pero aunque el retrato de César no es del todo favorable, tampoco resulta aterrador. César Castillo —su nombre y apellido ya lo indican— también se impone; aún así, no representa un problema insoluble.

The Mambo Kings narra la vida de dos hermanos cubanos, César y Néstor, que a fines de los cuarenta emigran a Nueva York y forman la orquesta Reyes del Mambo, con la que logran una gloria pasajera en 1955 a raíz de una actuación en un episodio de I Love Lucy. A pesar de cierta semejanza en el físico, Néstor y César difieren en aptitud y temperamento. Taciturno y melancólico, Néstor se enorgullece de haber compuesto el número más popular de los hermanos, "Bellísima María de mi alma", un bolero sobre una muchacha que lo traicionó en Cuba. Durante años, Néstor trabaja incansablemente en esta melodía, de cuya letra llega a hacer veintidós versiones. Sólo su muerte, en un accidente de tráfico, pone fin a esta obsesiva reescritura.

En cambio, César es más impulsivo que melancólico. Un Latin lover con voz melosa, pelo engominado y una libido incontenible, recuerda no sólo a Alejo, sino también a Desi Arnaz, su ídolo. Como Arnaz, César nace en Santiago de Cuba, habla con un marcado acento cubano, tiene "aspecto de niño bonito" (pág. 54) y toca la tumbadora. César es, en efecto, Desi sin Lucy. En Mambo Kings hay muchas páginas, en particular aquellas que describen las conquistas de César y, posteriormente, su deteriorada salud y su soledad, que pudieran haber formado parte de la autobiografía de Arnaz. En cierto sentido, la novela contiene los capítulos "perdidos" de A Book, aquellos que el editor decidió no incluir por su tono depresivo.[5] Enfermo y arruinado, César termina viviendo en un sórdido solar de Nueva York. Al borde de la muerte, con un montón de viejos discos de los Reyes del Mambo y

---

[4] Cito por la traducción de Alejandro García Reyes, Los reyes del mambo tocan canciones de amor, Ediciones Siruela, Madrid, 1990, pág. 15. Los demás números de páginas van incluidos en el texto. El algunos casos he modificado la traducción de García Reyes para seguir más de cerca la lectura original.
[5] Sobre el papel de Desi Arnaz en la novela, ver "Reading Desi Arnaz in The Mambo Kings Play Songs of Love", de Paula W. Shirley, Melus, 20, No. 3, otoño 1995, págs. 69-78.

una botella de whisky, pasa sus últimas horas rememorando los viejos tiempos, evocando una y otra vez melodías y memorias. Al describir pacientemente la agonía de César, la novela se convierte en una vigilia con fondo musical, un toque de difuntos al compás del mambo.

El primer personaje que aparece en el texto no es César o Néstor sino Eugenio, el narrador del prólogo y del epílogo. Del mismo modo que *Our House in the Last World* "pertenecía" a Héctor, esta novela pertenece a Eugenio. En el prólogo, Eugenio habla del episodio de *I Love Lucy* donde aparecen César y Néstor, "un acontecimiento marcado por el sello de la eternidad" (pág. 13) que volverá a mencionarse muchas veces a lo largo del libro. El epílogo relata la visita de Eugenio al rancho de Desi Arnaz en California, a raíz de la muerte de su tío. Sentados entre buganvillas y tomando cerveza Dos Equis, Eugenio y Arnaz rememoran los años cincuenta. La novela concluye con otra descripción de la presentación de los hermanos en el programa *I Love Lucy*, donde hacen el papel de primos de Ricky Ricardo. Al igual que Héctor, Eugenio es quien define el enfoque general de la narración, su perspectiva. Es él quien tiene la primera y la última palabra.

La relación entre César y Eugenio es un componente crucial en la novela. Tal vez parezca extraño que Eugenio se muestre mucho más interesado por su tío que por su padre; pero César, que no tiene hijos, se comporta como el verdadero padre de Eugenio. El recuento anónimo y en tercera persona de las memorias de César sirve para fundir las sensibilidades del sobrino y el tío. La presencia de César puede detectarse en el tono nostálgico y en la narración de los acontecimientos que sólo él ha presenciado (de hecho, hay momentos en que César habla en primera persona). La presencia de Eugenio se hace perceptible no sólo en el epílogo y en el prólogo, sino también en el relato enmarcado, que contiene pasajes que se repiten palabra por palabra en el epílogo, entre ellos los párrafos sobre el episodio de *I Love Lucy*.

Estas reposiciones textuales demuestran hasta qué punto Eugenio se "subscribe" a las memorias de César. En los dos sentidos de la palabra: el de escribir debajo de algo y el de legitimar. Pues si bien Eugenio no es siempre el responsable del contenido concreto que toman los recuerdos de César, sí es, en general, el gestor de todo el relato. Su nombre ya lo indica: él es la fuente, el progenitor. Al ser el pariente más cercano de su tío, Eugenio se ubica entre el "yo" narrador y el "él" narrado.

La compleja relación familiar y textual de César y Eugenio sugiere la ambivalencia de la novela en torno a lo cubano. Aunque *The Mambo Kings* ha sido calificado como "el mejor libro hispano" que se haya publicado en Estados Unidos,[6] su relación con la cultura hispánica no es en modo alguno sencilla. En el plano literario, la novela se relaciona con algunas de las obras más connotadas dentro de la novelística hispanoamericana contemporánea, pero al mismo tiempo se distancia de ellas. En este sentido *The Mambo Kings* es menos traducción que *traduction*, una reposición engañosa de sus fuentes literarias y musicales. Su filiación con la literatura en lengua española viene dada fundamentalmente por dos aspectos. La narración episódica y la forma explícita en que se cuentan las proezas sexuales de César enlazan con la picaresca y, en particular, con la picaresca erótica, género representado en Cuba por novelas como *Juan Criollo* (1927), de Carlos Loveira, y *La Habana para un infante difunto* (1979), de Guillermo Cabrera Infante. El precedente cubanoamericano sería, como ya se ha dicho, *A Book*, de Desi Arnaz. Como el protagonista de la novela de Loveira, César es un Don Juan criollo, una variante americana del arquetipo literario español. En la picaresca clásica, el hambre es la fuerza motriz; en la picaresca erótica otra clase de apetito motiva al protagonista, que en lugar de ir de de amo en amo, va de amante en amante.[7]

Este es el aspecto de la novela que más comentarios ha suscitado. Al hacer un resumen de su vida, César dice: "¿Que me dejé llevar por mi pinga? ¿Y qué?" (pág. 81). El falocentrismo (o más bien "pingacentrismo") de César ha provocado reacciones sumamente desfavorables, sobre todo entre algunas lectoras. Una de ellas ha señalado: "Aun cuando la narración de Hijuelos critica, de manera implícita, el machismo de César Castillo y las condiciones que van conformando su psicología, esa 'crítica' se ve socavada por el total predominio masculino del texto".[8]

---

[6] "The Mambo Kings Play Songs of Love", de Nicolás Kanellos, *Américas Review*, 18, No. 1, 1990, pág. 113.

[7] El éxito de César con las mujeres es tan fenomenal que ha desbordado las páginas de la novela. Algunos meses después de la publicación de *The Mambo Kings* una cantante llamada Gloria Parker le puso una demanda por libelo al autor. Parker aparece brevemente en el libro como directora de la agrupación femenina, "Glorious Gloria Parker and Her All-Girl Rumba Orchestra", una orquesta real de los años cincuenta. Parker alegaba que Hijuelos las había retratado, a ella y a sus colegas, como putas. La demanda citaba el pasaje de la novela en que César "lo hizo con tres de las componentes de la Orquesta Femenina de Rumba de la Gloriosa Gloria Parker, entre ellas con una tal Gertie, una chica que tocaba el trombón, con la que hizo el amor contra unos sacos de harina." (pág. 277). Este pasaje no bastó para probar la causa y la demanda fue sobreseída.

[8] "The Mambo Kings Play Songs of Love", de Laura Frost, *Review*, 42, enero-junio de 1990, pág. 65. Refiriéndose al contenido sexual de la novela, Hijuelos ha dicho: "Pretendía hacer una especie de parodia acerca de la supervirilidad sexual que obsesiona a los hombres en las culturas machistas. Me divertía haciéndolo. Además, para mí, es una alusión a la mortalidad y al cuerpo, y al hecho de que uno puede ser hiperfálico —tenerla

Habría que añadir que si el texto no apoya el "machismo" de César, es debido a que sus recuerdos están filtrados por Eugenio, quien se interpone entre el lector y César. La presencia mediadora de Eugenio hace de *The Mambo Kings* algo más que una celebración de la virilidad de César. Al preguntarse, "¿y qué?", César formula la interrogante que la novela, a través de Eugenio, se ocupa en contestar con una morosidad que raya en lo repugnante.

Si el donjuanismo es uno de los vínculos del libro con la cultura hispánica, el otro es la música, pues *The Mambo Kings* también muestra la impronta de recientes novelas hispanoamericanas inspiradas en la música popular. Me refiero a obras como *De donde son los cantantes* (1967), de Severo Sarduy, *Bolero* (1986), de Lisandro Otero, *La importancia de llamarse Daniel Santos* (1989), de Luis Rafael Sánchez, e incluso *El beso de la mujer araña* (1976), de Manuel Puig, que comparte con la novela de Hijuelos la práctica de insertar notas aclaratorias a pie de página. Podemos también pensar en *Tres tristes tigres* (1965), de Guillermo Cabrera Infante, y *La guaracha del Macho Camacho* (1980), de Luis Rafael Sánchez. A semejanza de *La guaracha del Macho Camacho*, basada en una melodía del mismo nombre, *The Mambo Kings* gira alrededor del bolero de Néstor, "Bellísima María de mi alma". Ambas obras arman un contrapunteo entre música y letra que culmina en la transcripción de la letra al final de cada libro. La novela de Cabrera Infante, también influida por la música popular, incluye una sección titulada "Ella cantaba boleros", frase que Hijuelos traspone en el título de su novela, ya que *songs of love* es la traducción inglesa de "boleros". Si ella cantaba boleros, los reyes del mambo, acaso "tristes tigres", tocan canciones de amor.

The Mambo Kings es un *latune* literario: palabras inglesas acompañadas por ritmos caribeños. El mambo y el bolero, los géneros cultivados por los hermanos Castillo, se corresponden con las dos discordantes emociones que vertebran la narración: la lujuria y la melancolía. Agresivo y lujurioso, el mambo es el himno de batalla de César, mientras que los quejumbrosos boleros traducen el temperamento de Néstor. El mambo es copulativo, el bolero disyuntivo. Si el mambo es crónica de conquistas, el bolero es balance de pérdidas. Además, el lirismo del

---

tan grande como el Empire State Building— y eso no supone ninguna diferencia con respecto a los temas primordiales del amor, la familia o la muerte" (citado del artículo "Oscar Hijuelos", de Michael Coffey, *Publishers Weekly*, 21 de julio, 1989).

bolero contrasta con el laconismo del mambo. En la medida en que *The Mambo Kings* se inspira en el mambo, se inclina hacia un tipo de expresividad cuyo medio no es el idioma. Casi todas las trasposiciones literarias de la música popular se centran no en la música, intraducible, sino en la letra. Así sucede, por ejemplo, en *La guaracha del Macho Camacho* o en *De donde son los cantantes*. En el caso del mambo, sin embargo, la naturaleza instrumental del género dificulta su "literaturización". ¿Cómo se escribe un gruñido? No es sorprendente, por lo tanto, que los reyes del mambo toquen "canciones de amor". La letra de los boleros, y en particular la de "Bellísima María de mi alma", llenan el vacío verbal que deja el mambo. En un bolero, la melodía se supedita a la letra, tal y como sugieren las veintidós versiones de "Bellísima María de mi alma". El narrador la describe como "una canción sobre un amor lejano que aún hace sufrir, sobre los placeres perdidos, sobre la juventud, sobre un amor tan huidizo que un hombre nunca sabe qué partido tomar, una canción sobre una mujer a la que se ama de tal modo que no se retrocede ni ante la muerte, sobre un amor tan apasionado por una mujer que se la sigue amando incluso después de que lo haya abandonado a uno" (pág. 547). La intensidad reiterativa de esta descripción, todavía más patente en el inglés original, da cierta idea de la dependencia del bolero respecto al lenguaje.

El tema de la novela puede, entonces, expresarse con una pregunta musical: ¿La vida es mambo o es bolero? Además de tomar el título de uno de los discos de los Castillo, *The Mambo Kings* está dividido en dos partes, "Cara A" y "Cara B", que al emular el formato de un disco, insinúan que la vida es a la vez mambo y bolero. César, con su "arrogancia viril" es el rey del mambo (pág. 74); Néstor es el espíritu de la letra del bolero. El narrador los contrasta de manera sucinta: "César era un macho grande; Néstor, un infeliz" (pág. 165). La ironía es que el macho grande acaba siendo tan infeliz como el infeliz, pues a raíz de la muerte de Néstor, César irá asumiendo el temperamento saturnino de su hermano. El narrador describe a Néstor como "un hombre atormentado por los recuerdos, como lo sería, treinta años más tarde, su hermano César Castillo" (pág. 69). La identificación de los dos hermanos se completa con el último acto de César antes de morir, que consiste en transcribir la letra de "Bellísima Maria de mi alma" como si fuera suya. Al copiar las palabras de su hermano a modo de testamento, César se confunde con Néstor. Igual que César, el argumento del libro va del mambo al bolero, de la conquista a la renuncia, de la lujuria a la melancolía.

La relación de *The Mambo Kings* con Cuba, y en concreto con el idioma español, es afectuosa pero distante. En cierto sentido, el español recorre todo el texto —está presente en los nombres de lugares, en la dicción de los personajes y en las constantes referencias a la música cubana. Ya que los recuerdos de César conforman la mayor parte del texto, y ya que seguramente fueron formulados en español, el relato que leemos presupone un invisible acto de traducción, como en el *Quijote*. El responsable de esa traducción es Eugenio, el "segundo autor" de la obra, cuyo ingenio radica en la habilidad de presentar los recuerdos de César de tal modo que el lector tiende a ignorar la impronta del sobrino en las palabras del tío.

El único pasaje de la novela totalmente en español es la letra de "Bellísima Maria de mi alma", que aparece justo al final del libro, y que tiene implicaciones que no podemos pasar por alto: el bolero de Néstor, testimonio de pérdidas, ha sido llevado al texto en un idioma que también se ha perdido. La "bellísima María" es un emblema no sólo de la patria sino de la lengua. Al igual que en los exabruptos de Ricky en español, la letra crea una laguna en la narración, un enigma que el lector angloparlante no sabrá descifrar. El bolero, uno de los principales vínculos de la novela con la cultura hispana, funciona así como símbolo de la pérdida de esa cultura, una pérdida cuya manifestación más palpable es lingüística.

Esa pérdida lingüística se insinúa a lo largo de toda la novela en los numerosos errores de transcripción de palabras y nombres en español. Antonio Arcaño pierde la tilde y se convierte en "Arcano"; Bola de Nieve se ve extrañamente transformado en "Pala de Nieve" y el igualmente célebre Beny Moré pierde su acento para degenerar en "Beny More". Las reglas de acentuación se aplican al azar: los nombres de César y Néstor aparecen sin acento, pero otros personajes los mantienen. Abundan también las faltas de ortografía: "nalgita" por "nalguita", "batida" por "batido", "quatro" por "cuatro". Si bien estos errores pueden ser consecuencia del descuido del autor o de sus editores, también sirven como recordatorio escritural de que toda traducción es desplazamiento, pérdida, olvido.

Al igual que la primera novela de Hijuelos, *The Mambo Kings* está escrita "desde" Cuba pero "hacia" los Estados Unidos. El tropismo del texto se hace evidente ya desde el mismo título, que va del "mambo" a la frase en inglés, *songs of love* ("canciones de amor"). La diferencia con respecto a *Our House in the Last World* es que el anglocentrismo de *Mambo Kings* no es síntoma de terror. Desde la perspectiva de Eugenio,

César Castillo no inspira pavor, sino cariño y lástima. No es el imponente fantasma de un padre, sino una benévola presencia tutelar. Esa es la distancia espiritual que Héctor, quien nunca llega a decidirse entre enterrar a su padre o elogiarlo, es incapaz de alcanzar. Eugenio, en cambio, sabe darle a César el lugar que le corresponde. El logro fundamental de *The Mambo Kings* es situar la narración de forma tal que, si bien no renuncia a sus lazos con la cultura hispana, tampoco queda inmovilizada por ellos.

Las novelas de Hijuelos que siguen a *The Mambo Kings* recalcan el alejamiento de lo cubano. Su tercera novela, *The Fourteen Sisters of Emilio Montez O'Brien* (Las catorce hermanas de Emilio Montez O'Brien, 1993), gira en torno a quince hermanos nacidos en los Estados Unidos de padre irlandés y madre cubana. Los vínculos de los protagonistas con Cuba son casi inexistentes; para la primogénita, Margarita, Cuba no es más que "ese país conflictivo donde nació mi madre"; Emilio, el menor, es un "americano puro".[9] Más reveladora aún es *Mr. Ives' Christmas* (Las navidades del señor Ives, 1995), cuyo protagonista, Mr. Ives, es huérfano de padre y madre. Mirándose en el espejo, Ives sospecha que tal vez sus padres hayan sido hispanos, posiblemente hasta cubanos o puertorriqueños, pero no tiene manera de confirmarlo. En esta novela la cultura cubana ya no queda representada por un padre o o un tío o un antiguo amor; lo cubano no es más que una hipótesis, una sospecha que el relato se niega a corroborar.

La obra de Hijuelos dibuja una de las fronteras de la Cuba del Norte, esa zona donde la cultura cubana se funde en el *melting pot* norteamericano. Hijuelos es un escritor "cubano" en el mismo sentido en que Amy Tan es una novelista "china" o Sandra Cisneros una cuentista "mejicana". Ni más ni menos. Desde luego, ello no disminuye el valor e interés de sus libros, pero sí los aleja de la sensibilidad de la generación del medio. La experiencia del exilio político, tan determinativa de esa sensibilidad, no forma parte de la temática de su narrativa. Para los personajes de Hijuelos, La Pequeña Habana es también un "arcano", un lugar tan remoto como la propia Cuba.

---

[9] *The Fourteen Sisters of Emilio Montez O'Brien*, Farrar, Straus and Giroux, Nueva York, 1993, págs. 416 y 269 respectivamente.

Mambo No. 6
Soñar con Jeannie

I

Miami, 1986.

En el mundo de la música popular caribeña, decir Cruz es evocar la imagen de Celia, la Guarachera de Oriente, que empezó con la Sonora y después, dichosa, cantó con Tito Puente y Johnny Pacheco, inter aliens. Aún así, y sin querer restarle méritos a la reina rumba, debo confesar que mi Cruz tiene otra cara y no se llama Celia sino Jeannie. Jeannie Cruz canta en el conjunto de Chirino y es puertorriqueña. En uno de los elepés de Chirino hace los coros junto con Titti Sotto; su dulce voz de fondo se puede escuchar en canciones como "Zarabanda" y "No debería ser así". Casi siempre durante las actuaciones de Chirino ella interpreta un número sola, generalmente un bolero boricua como "En mi viejo San Juan", diciendo la letra con un acento que recuerda más a Brooklyn que a Bayamón. También canta a dúo con Chirino en "Caribe", haciendo la parte que le corresponde a Angela Carrasco.

A pesar de que Jeannie tiene una voz potente y bonita, el rasgo que la define, la señal de mi Cruz, es la expresión de su cara. Sólo una frase, muy cubana, puede hacerle justicia: cara de tranca. Pero la de Jeannie es una sublime cara de tranca, que te hechiza y te fascina y te hace soñar. No importa cuál sea la canción —son, bolero o merengue— Jeannie no cambia de expresión. Sí registra ligeras modulaciones: cuando Chirino interpreta "Castígala", aprieta un poco más la tranca, no ocultando su disgusto aparente con la tónica machista de la pieza; cuando ella canta "Caribe", sua-

viza un poco las facciones y hasta llega a sonreír, como quien te hace un gran favor. Y todo con un sutil y continuo y cadencioso meneíto, que muy lejos está de los terremotos rítmicos de la Guarachera de Oriente.

Si Celia es azúcar (¡ASUCAAA!), Jeannie es hiel —o hielo. Cool y cruel a la vez, ella es la femme fatale de las discotecas cubanas de Miami: the Cruz I have to bear. No sé que será (que será) de Jeannie. Sospecho que seguirá un tiempo más en el conjunto de Chirino y después ni siquiera pasará a la historia. Pero su sublime cara de tranca, mirada y admirada en los escenarios del Riviera Lounge sagüesero o del Platanito de Kendall, se me ha hecho inolvidable. Mi dicha es haber visto de cerca la suave cara dura de Jeannie Cruz.

II

Miami, 1987

¿Soy yo quién la persigue a ella? ¿O es ella quién me persigue a mí? Fuimos al concierto de Braulio. Al subirse el telón con una hora y media de retraso, me dice mi esposa: "Una de las muchachas se parece a Jeannie Cruz". Del dicho al hecho hubo sólo un estrecho trecho; en efecto, una de las dos muchachas del coro era Jeannie, mi Jeannie, acompañada en esta ocasión por Jackie, que a veces trabaja con Lissette, la esposa de Chirino (todo en familia, con una férrea lógica farandulera). Lo comprobé primero por su meneíto, después por sus canillas y finalmente, cuando subieron las luces, por su presencia fulgurante. Era Jeannie, vestida toda de blanco, con un peinado afro, como caída del cielo o recién llegada de algún bembé.

Durante el show participó muy poco, ya que en las baladas de Braulio casi no hay coros. Por supuesto, no hizo de solista. Al presentar a sus músicos, Braulio se confundió y pronunció su nombre algo así como "Joanne". Ante su error, imperdonable en el autor de "El vicio de tu boca", nadie chistó. Yo hubiera querido interrumpir la función y exigir una rectificación: por favor, no se trata de una Juana cualquiera, sino de Jeannie — la inconfundible, la etérea, la única Jeannie Cruz. Pero esa noche en la distancia sus facciones resultaban apenas discernibles y mi Jeannie quedó en el anonimato.

No para nosotros, sin embargo. Mi esposa la conoció y yo la reconocí. Y el concierto fue más memorable aún por contar con la figura ondulante de Jeannie Cruz. Esa noche dormí con Rosa, pero soñé con Jeannie.

III

> *Cariño como el nuestro es un castigo
> que se lleva en el alma hasta la muerte.*

Miami, 1988

Hace casi un año que no la veo. La última vez, si no mal recuerdo yo que todo lo recuerdo mal, fue en la fatídica fiesta del Dinner Key, de la que salí huyendo. Y ahora, como en sueño, sin yo esperarlo, se me aparece. Hace unas semanas cuando estuve en Miami, compré otro disco de Braulio. Esta mañana, repasando la nómina de músicos, me encuentro con el nombre de Jeannie entre los integrantes del coro. Pero resulta que su nombre no es "Jeannie" sino "Geannie", con ortografía que parece evocar el *genie* de la botella. Eso es Geannie: mi genio, el espíritu de mis letras, el fantasma feliz que me persigue (que me acompaña) hasta las soledades de Chapel Hill. Ojalá nunca me abandone tu cara, mi Cruz.

SEIS
Monólogo de la lengua

Cundo, pero no estoy.

JOSÉ KOZER

Si Oscar Hijuelos escribe para despedirse de la cultura cubana, José Kozer lo hace para no tener que decirle adiós. El primero escribe "desde" Cuba, pero "hacia" Estados Unidos; el segundo lo hace en sentido contrario, "desde" Estados Unidos pero "hacia" Cuba. Nacido en La Habana en 1940, Kozer es uno de los poetas más interesantes que ha producido el éxodo cubano.[1] Por su edad y por el tiempo que lleva

---

[1] La extensa bibliografía de Kozer incluye: *Padres y otras profesiones* (1972), *De Chepén a La Habana* (con Isaac Goldemberg, 1973), *Poemas de Guadalupe* (1973), *Este judío de números y letras* (1975), *Y así tomaron posesión en las ciudades* (1978), *La rueca de los semblantes* (1980), *Jarrón de las abreviaturas* (1980), *Bajo este cien* (1983), *Nueve láminas (glorieta)* (1984), *La garza sin sombras* (1985), *Díptico de la restitución* (1986), *El carrillón de los muertos* (1987), *Carece de causa* (1988), *De donde oscilan los seres en sus proporciones* (1990), *Prójimos* (1990), *Trazas del lirondo* (1993), *Et mutabile* (1995), *AAA1144* (1997), *Réplicas* (1998), *La maquinaria ilimitada* (1998), *Dípticos* (1998), *Farándula* (1999) y *Mezcla para dos tiempos* (1999). Las referencias a las páginas de *Bajo este cien*, Fondo de Cultura Económica, Ciudad México, 1983, aparecerán en el texto (como *BEC*).
Sobre la poesía de Kozer, ver: Rose S. Minc, "Convergencias judeo-cubanas en la poesía de José Kozer", en *Cuadernos Americanos*, 142, no. 5, septiembre-octubre, 1980, págs. 111-116; y "Revelación y consagración de lo hebraico en la poesía de José Kozer", *Chasqui*, 10, no. 1, noviembre 1980, págs. 26-35; así como "José Kozer: El texto como teoría y como experiencia", de Jorge Rodríguez Padrón, en *Cuadernos Hispanoamericanos*, 399, septiembre de 1983, págs. 162-166; "José Kozer: Pasión y transfiguración de la palabra", de Sabas Martín, *Chasqui*, 13, no. 2-3, 1984, págs. 60-64; "Teoría y práctica de la arquitectura poética kozeriana: Apuntes para 'Bajo este cien' y 'La garza sin sombras'", de Pedro López-Adorno, en *Revista Iberoamericana*, 52, 1986, págs. 605-611; y "Cauce de comunión: 'Carece de causa' de José Kozer", de Jorge Rodríguez Padrón, *Inti*, 29-30, 1989, págs. 89-90. Ver asimismo mi ensayo, "Noción de José Kozer", *Revista Iberoamericana*, 152-153, julio-diciembre 1990, págs. 1247-1256, que anticipa algunas de las ideas expuestas en este capítulo. Kozer ha discutido su obra en entrevistas con Roberto Reis ("Entrevista: José Kozer", *Chasqui*, 6, no. 1, noviembre de 1976, págs. 95-99); Miguel Angel Zapata ("José Kozer y la poesía como testimonio de la cotidianeidad", *Inti*, 26-27, otoño-primavera 1987-1988, pág. 177), y Claudio Daniel ("José Kozer: Mi verso no cesa de nombrar", *Crítica*, no. 81, abril-mayo 2000, págs. 31-45).

fuera de Cuba, bien podría haber formado parte de la falange de escritores cubanos de expresión inglesa, pero Kozer nunca ha cedido a la tentación, o aprovechado la oportunidad, de escribir en inglés. Todo lo contrario: su obra se configura como una elocuente y apasionada defensa de la lengua española y de su vocación como poeta hispanohablante. Si para el protagonista de *Our House in the Last World* el español es una prisión, para Kozer es una coraza.

Tras su salida de Cuba en 1960, Kozer se estableció en Nueva York, ciudad en la que vivió hasta 1997. Estudió en la Universidad de Nueva York, especializándose en literatura brasileña y latinoamericana, y desde 1965 hasta su jubilación en 1995 fue profesor de español en el Queens College de la ciudad de Nueva York. Por su curriculum, Kozer podría considerarse un escritor cubanoamericano de Nueva York, al igual que Hijuelos; pero el lector que se acerque a la extensísima obra de Kozer sin información previa sobre el autor difícilmente lo ubique en esa ciudad, pues si bien sus poemas detallan su condición de exiliado, apenas hay en ellos alguna referencia al lugar donde ha residido casi toda la vida. Tal como sucede en algunas de las canciones discutidas en el capítulo 4, la poesía de Kozer es locuaz en lo que toca a Cuba, pero extrañamente reticente respecto a Estados Unidos.

Esta frugalidad de referencias tópicas resulta aún más notable si se tiene en cuenta la índole autobiográfica de gran parte de su obra. Tal vez el género predilecto de Kozer sea el autorretrato, como en *Este judío de números y letras* (1975) o *Trazas del lirondo* (1993), poemarios que exploran la interioridad del autor. El mismo Kozer ha afirmado que su poesía confunde el "yo biográfico" con el "yo poético";[2] no obstante, su yo "biográfico/poético" aparece vinculado sólo a Cuba. Cuando trata de su niñez o adolescencia, Kozer se explaya en la descripción de calles y vecindarios; cuando se refiere a Nueva York, una ciudad donde Kozer ha vivido mucho más tiempo que en La Habana, se limita a describir espacios interiores o domésticos de difícil ubicación: comedores y dormitorios en vez de calles, rascacielos o *subways*.

En el capítulo anterior, las novelas de Hijuelos nos llevaron hasta la frontera septentrional de la Cuba del Norte, donde empieza el territorio norteamericano. La obra de Kozer traza la frontera opuesta, el límite sureño, que colinda con la isla. Por lo tanto, si en la obra de Hijuelos se plantea el problema o el reto de la asimilación, en la de

---

[2] "Entrevista: José Kozer", de Roberto Reis, pág. 97.

Kozer se plantea el del regreso. Para Kozer, Cuba y lo cubano no constituyen primordialmente un punto de partida histórico y literario, sino una referencia constante. Muchos de sus poemas son ejercicios mnemónicos, esfuerzos por rescatar y preservar, mediante la escritura, un mundo que ha dejado de existir. A diferencia de lo que sucede en los escritores de la generación del medio, en Kozer el cultivo de la memoria no alterna con la contemplación de una nueva vida. De este modo, su obra se acerca más a los valores y las actitudes de los exiliados de la primera generación.

Sin embargo, Kozer se aparta de los escritores de la primera generación en dos aspectos fundamentales: en primer lugar, es judío, y su obra también hace hincapié en los ingredientes judíos en el ajiaco criollo: "esto (también) es Cuba, Chaguito", dice en uno de sus ensayos sobre el tema.[3] La herencia judía singulariza y complica su destierro, ya que los padres de Kozer también fueron exiliados, y La Habana que el poeta recuerda con cariño fue, para su padre europeo, una especie de *orbis ultima* ovidiana. De hecho, algunos de los poemas más conmovedores de Kozer cotejan magistralmente la desorientación que sintió su padre cuando llegó a Cuba con el desgarramiento del hijo al abandonarla. Fundiendo ambas herencias, la cubana y la judía, Kozer se percibe a sí mismo como un "cubano errante" que prolonga la milenaria tradición diaspórica del pueblo hebreo.

En segundo lugar, Kozer se inicia como escritor mucho después de salir de la isla. Poetas exiliados de mayor edad, como Heberto Padilla y Armando Alvarez Bravo, ya eran escritores antes de emigrar. Otros, más jóvenes que Kozer, como Roberto Valero y Jesús Barquet, salieron de Cuba mucho más tarde, y su vocación literaria también se encuentra firmemente arraigada en el contexto insular. Kozer es un escritor exiliado que publicó su primer libro en 1972, más de una década después de llegar al exilio, y que, según confesión propia, una vez en Estados Unidos, dejó de hablar español por casi diez años.[4] Cualesquiera que hayan sido sus balbuceos líricos, su voz poética se forma en el exilio y, lo que es más importante aún, *gracias* al exilio. ¿Hubiera sido poeta de haberse quedado en Cuba? Tal vez. Pero su proyecto de escritura está tan ligado al destierro, que su poesía resulta inconcebible sin él.

---

[3] "Esto (también) es Cuba, Chaguito", *Papeles de Enlace*, Verano de 1992, págs. 3-4.
[4] "José Kozer: Mi verso no cesa de nombrar", pág. 33.

El que Kozer se haya hecho escritor después de haber abandonado no sólo su país natal sino su lengua materna le imparte a su español un acento peculiar. Su lenguaje es abundante y preciso, pero no "suena" completamente cubano. Si pensamos, una vez más, en otros escritores exiliados, el "acento" de Kozer resulta un tanto insólito, ya que el impulso reiterativo del exiliado se extiende al uso del lenguaje. Para Kozer ésta no es una empresa fácil, puesto que se ve obligado a una repetición en vilo, una reiteración que, por así decirlo, carece de iteración original. ¿Qué sucede cuando un joven escritor aprende o se enseña a escribir poesía en un idioma distinto al del país donde reside? ¿Qué sucede si ni siquiera vive en un enclave cubano como La Pequeña Habana, sino en una ciudad babélica como Nueva York? ¿Dónde encuentra ese poeta su comunidad lingüística, las palabras de su tribu? ¿Cómo ubica a su nación dentro de su voz?

A estas interrogantes Kozer da respuestas complejas y a veces contradictorias. Si bien las remembranzas de Cuba recorren toda su obra, su español exhibe un marcado sabor cosmopolita. Kozer escribe en "cubano", sí, pero también en "mejicano", en "argentino", en "peruano" —y, por supuesto, en *yiddish*. Mezclando voces y giros de diversa procedencia, ha elaborado un español-esperanto, un idioma que impresiona tanto por su riqueza como por su artificialidad. Si el lenguaje es un lugar, como afirma Elías Canetti, el de Kozer es una utopía, un no-lugar. Su lengua poética no se apoya en el habla de ninguna comunidad real, a menos que tomemos como comunidad al mundo hispanohablante en su totalidad. Con ello no quiero decir que el español de Kozer se diferencie del habla cotidiana de la misma forma en que el lenguaje "poético" se distingue del "ordinario", sino que sus poemas usan vocablos y modismos haciendo caso omiso de fronteras lingüísticas o geográficas, como si el hablante de sus poemas reuniera dentro de sí todas las nacionalidades y modalidades lingüísticas hispánicas. En uno de sus autorretratos, "Noción de José Kozer", el poeta afirma: "Su ambición es una: todo el vocabulario" (*BEC*, pág. 42). Pero asumir todo el vocabulario implica deslocalizar el lenguaje, borrarle las peculiaridades que lo arraigan en un país y en un pueblo. A decir verdad, el que domina todas las palabras no es dueño de ninguna.

La capacidad creadora de Kozer surge, al menos en parte, de este deseo de rescatar y acaparar la lengua materna. Su voracidad es índice de desarraigo, factor de enajenación. Siguiendo a Saussure, la lingüística moderna ha hecho hincapié en la diferencia entre lengua y habla: entre la potencialidad teórica de un lenguaje y sus múltiples y parciales actualizaciones. Lo peculiar del habla poética de Kozer es que, al no contentarse con nada menos que "todo el vocabulario," ambiciona confundirse con la lengua. Creada al margen, en una especie de *no-man's-language*, su poesía se resiste a encasillamientos fáciles y filiaciones ortodoxas. Podría decirse que no conoce más tradición que la propia, la que se ha ido forjando en poemas y poemarios sucesivos. Se trata, pues, de un poeta "cubano" de difícil ubicación dentro de la poesía cubana, tanto la escrita en la isla como la producida en el exterior. Uno de sus primeros poemarios, titulado "Por la libre",[5] establece la pauta que seguirá su obra posterior, la de practicar un español libre, una lengua franca. En la praxis verbal de Kozer, donde se mezclan promiscuamente modismos y locuciones de orígenes muy diversos, se dibuja un mapa lingüístico del mundo hispanohablante; pero sucede aquí lo que en un conocido texto de Borges: el mapamundi reproduce las facciones del cartógrafo.

Es sumamente revelador que Kozer no muestra en sus poemas el menor temor a dejar de ser judío, mientras que se estremece ante la posibilidad de perder el español. En el prólogo a una antología de poesía estadounidense en español, afirma que lo que une a estos poetas es su decisión de preservar el idioma:

> En todos [estos poetas] persiste la voluntad consciente de salvaguardar la lengua madre, en tal grado que el español (más que lo español) llega a constituirse en un modo de proteger la identidad personal, estableciéndose un estado consciente de separación con el medio ambiente anglosajón... La voluntad de vivir en español, a pesar de la persistente amenaza que constituye el medio ambiente anglosajón, cosmopolita y supracivilizado en que se desenvuelven estos poetas, es según mi opinión, factor capital para agrupar esta nueva poesía latinoamericana.[6]

A paso seguido Kozer cuenta que Juan Ramón Jiménez nunca aprendió inglés porque temía que por cada nueva palabra en inglés fuera a olvidar tres en español. Descontando la opción de una escritura bilingüe, Kozer se expresa como si el español y el inglés se disputaran un

---

[5] Esta colección forma parte de *De Chepén a La Habana*, Editorial Bayú-Menorah, Nueva York, 1973, que incluye también un poemario de Isaac Goldemberg, "Crónicas y otros poemas".

[6] "Breve antología de poetas latinoamericanos en Estados Unidos", *Norte*, 11, 1970, págs. 141-142.

territorio ocupable por sólo un idioma. De ahí que, para salvaguardar su vocación literaria, tenga que desgajar la obra del medio ambiente, usando el idioma español como instrumento de bisección.

En cierta ocasión Kozer afirmó que su poesía expresaba un "continuo estado de alarma".[7] La alarma tiene su origen en la "amenaza" que "el medio ambiente anglosajón" supone para su poesía y, por ende, para su identidad. Alarma, del italiano *all'arme*, significa literalmente "a las armas". El arma de Kozer es el diccionario. En una entrevista reciente, ha señalado: "Mi relación con el español, al principio del exilio, se vio disminuida por el inglés pero, a la vez, dado el asedio de la cultura anglosajona en que vivía y he vivido buena parte de mi vida, aquello enriqueció mi sentido del idioma, retorciéndolo, abriéndolo, transformándolo".[8] Esta sensación de "amenaza" y "asedio" —un síntoma de lo que Michael Fischer ha denominado "ansiedad étnica"[9]— hace de Kozer un poeta cubanoamericano, aunque no creo que él aceptaría semejante etiqueta. Los poemas españolizantes de Kozer son, al mismo tiempo, resultado de su vocación como escritor hispanohablante y la condición necesaria de esa vocación. El rechazo a lo americano, y en concreto al inglés, será un tema recurrente, aunque no siempre explícito, en su obra. La diferencia entre el "yo biográfico" y el "yo poético" consiste en que el primero ha pasado dos tercios de su vida en un mundo que el segundo se empeña en ignorar.

La poesía de Kozer aborrece el vacío. Al igual que gran parte de la literatura moderna, su obra es recolectiva, enciclopédica. En un texto sobre Kafka, afirma que el escritor judío-checo fue "vasto en exceso" (*BEC*, p. 129). Lo mismo podría decirse del autor del poema, siendo esta misma frase, con su incipiente pleonasmo, un ejemplo de esa desmesura. En la poesía de este "judío agrio y coleccionista" (*BEC*, p. 76), todo tiene cabida: desde el vecindario de Santos Suárez en la difunta Habana de su infancia hasta los poetas de la dinastía T'ang. Una indicación

---

[7] Entrevista con Elizabeth Pérez Luna, citada por Rosa Minc en "Convergencias judeocubanas en la poesía de José Kozer", pág. 111. Kozer le atribuye esta frase a Isaac Goldemberg, con quien conjuntamente escribió *De Chepén a La Habana* (véase "José Kozer y la poesía como testimonio de la cotidianeidad", de Zapata, págs. 177-178). Ver asimismo el prólogo de Alberto Luis Ponzo, "Un continuo estado de alarma", en *Poemas de Guadalupe*.
[8] "José Kozer: Mi verso no cesa de nombrar", pág. 41.
[9] "Ethnicity and the Post-Modern Arts of Memory", de Michael M. J. Fisher, *Writing Culture*, ed. James Clifford y George E. Marcus, Berkeley, University of California Press, 1986, págs. 194-233.

importante de este fervor coleccionista es la proliferación de receptáculos en sus poemas: espuertas, arcones, tarteras, tibores, marmitas (muchas marmitas), escudillas, lebrillos, macetas, botijas, almacenes, búcaros, tiestos, silos, trojes, graneros, canastas, cestos, cestas, arcas, arcones, cántaros, ánforas, cuencos, cuévanos, alcancías, barreños, ollas. Es sencillamente asombrosa la capacidad de Kozer para darle nombres a la capacidad. Lo esencial, sin embargo, es que todas estas palabras no son sino una cifra de los poemas, ellos mismos recipientes —espuertas, marmitas o "jarrones," para usar el vocablo con el cual Kozer bautiza uno de sus poemarios.

El lector de un libro como *Jarrón de las abreviaturas* no puede menos que sentir el placer del autor al nombrar una y otra vez las criaturas y los objetos más diversos, como en el siguiente verso:

> Y la veleta en la bóveda del templete: ristra
> incorpórea (orla) la saeta en el aire. (*BEC*, p. 100)

Kozer nombra el mismo objeto con cuatro sustantivos distintos: veleta, ristra, orla, saeta. Primero asienta el sustantivo "natural," prosaico: veleta. Una vez consignada la realidad literal, el hablante se lanza a acumular metáforas, y la veleta se transforma sucesivamente en ristra, orla y saeta. Esta sucesión de equivalencias no manifiesta, a mi ver, sólo o primordialmente un deseo de encontrar *le mot juste*. Si así fuera, en el verso que acabo de citar se hubieran descartado las primeras aproximaciones a la veleta, reteniéndose sólo la que el poeta considerara definitiva. La búsqueda de la palabra exacta conduce a la concisión, a la abreviatura; pero Kozer, no obstante su título, *Jarrón de las abreviaturas*, desdeña la concisión en favor de la expansión, la enumeración, el catálogo. No se busca la palabra exacta sino el vocablo brumoso, el término impreciso pero sugerente que desencadena una serie asociativa. Kozer estima la abreviatura no por su singularidad —valor de ejemplar único— sino por su pluralidad —valor de entidades discretas que se prestan a sumas sucesivas. La abreviatura figura como guarismo en una progresión aritmética.

Otro tipo de amplificación aparece en "Santos Suárez, 1956", una evocación cariñosa del barrio donde transcurrió su infancia:

> Esta romanza
> a las marmitas, destapa: y en las tarteras, serrucho
> en escabeche

> y mil glorias y mil orines el vecindario, el lebrel y la
> [verja, tío
> Sidney
> que perseveró con los dijes, las alcancías, de un hijo
> [mayor y el canario que perseveraba
> (salmodia). (*BEC*, pág. 19)

Todo el poema es una descripción de la rutina doméstica, una "romanza a las marmitas". Kozer "destapa" ante el lector una retahíla de detalles: los cacharros de su madre, los ruidos y olores del barrio, familiares que van y vienen. En sus mejores momentos, Kozer es un poeta de nimiedades y chucherías, de *shashkes* o cachivaches. Los títulos delatan sus preferencias: "Album de familia", "Gramática de papá", "Todas las puertas dan al comedor", "Retrato (en sus quehaceres) de mamá", "Limpieza general", "Pascua en La Habana". Estos poemas no sólo celebran, sino que además ordenan, ensamblan, hilan: "y mil glorias y mil orines el vecindario, el lebrel y la verja, tío Sidney". Para Kozer cantar es contar. No es sorprendente, pues, que se describa a sí mismo como un "poeta cuantitativo", frase que se ajusta tanto a lo prolífico de su obra, como al hábito enumerativo que manifiesta en sus poemas, pródigos en cifras. Uno de sus primeros libros se titula *Este judío de números y letras*; un volumen en inglés lleva por título *The Ark upon the Number* (El arca sobre el número); y su libro más representativo es *Bajo este cien* (porque cien es el número de poemas).[10]

La justificación más explícita de esta estética de la acumulación aparece en "Gaudeamus", una estupenda apología por su vida y su arte. El título, fragmento del himno latino *Gaudeamus Igitur* (Celebremos pues), establece ya el exultante tono híbrido del poema. El monólogo del hablante se ofrece como una respuesta a sus críticos:

> En mi confusión
> no supe ripostar a mis detractores, aquellos
> que me tildan

---

[10] En 1988 Kozer calculaba que en los últimos quince años había escrito 2.300 poemas (véase "The Poetic Experience: The Logic of Chance", de José Kozer, *Philosophy and Literature in Latin America*, ed. Jorge J. E. Gracia y Mireya Camurati, State University of New York Press, Albany, 1989, pág. 100; y "La poesía como testimonio de la cotidianeidad", de Zapata, pág. 185). En una entrevista reciente, el saldo de poemas ha subido a 4.000 ("José Kozer: Mi verso no cesa de nombrar", pág 36). Sorprende no sólo la suma, sino el hecho de que el autor lleve la cuenta.

>   de postalita porque pronuncio la ce a la manera
>   [castellana o digo tío por tipo (me privan) los
>   [mestizajes
>   (peruanismos) (mexicanismos)
>   de la dicción y los vocablos: ni soy uno (ni otro) ni
>   [soy recto ni ambiguo, bárbaramente
>   romo
>   y narigudo (barbas) asirias (ojos) oblicuos y vengo del
>   [otro lado
>   del río: cubano
>   y postalita (judío) y tabernáculo (shofar y taled)
>   [violín de la Aragón o primer corneta
>   de la sonora Matancera: qué
>   más quisiera uno que no haber sido ibis migratorio
>   [(ludibrio) o corazón
>   esporádico. (*BEC*, pág. 44)

Por su pronunciación castiza y su utilización de regionalismos de diversos países, Kozer se ve estigmatizado como "postalita", término del argot cubano que identifica a alguien que adopta actitudes falsas. Aunque el poeta dice que no sabe cómo responder, la simple repetición de la crítica constituye su mejor "riposta" —un eco socarrón del epíteto insultante, "postalita". Fingiendo remordimiento, responde a la acusación de afectación hilvanando afectaciones —empezando por el título litúrgico, particularmente incongruo en el autorretrato de un judío. Cuando el hablante dice que viene "del otro lado del río", no sólo nombra su marginalidad, sino que traduce literalmente el significado de "hebreo". Cuando describe su nariz como "bárbaramente" roma, juega con la raíz griega del adverbio; además, es un bárbaro con barba, palabra que se deriva de la misma raíz. Todo el poema no es más que una serie de *barbs* o pullas dirigidas a sus detractores.

En "Gaudeamus" Kozer también blande otra de sus "armas" preferidas: el paréntesis. De cierto modo, esta idiosincracia es un corolario natural de su apego a los nombres, pues el paréntesis le permite acumular sustantivos, como en el verso ya citado: "ristra incorpórea (orla) la saeta en el aire." El paréntesis es una manera de rellenar el verso aún más, de realzar la capacidad acumulativa de la frase, de "recargar la palabra" (*BEC*, pág. 43) y "abusar de la literatura" (*Jarrón de las abreviaturas*, pág. 34). Los paréntesis son receptáculos, espacios retentivos, marmitas de la tipografía:

> las coles en las marmitas (todas las puertas abiertas
> de par en par). (*BEC*, p. 30)

Este verso se destaca por sus redondeces y sus redundancias. Redondeces: coles, marmitas, paréntesis. Redundancias: marmitas, paréntesis, puertas abiertas. Los paréntesis son marmitas; las marmitas son puertas; las puertas son paréntesis —aperturas o *cracks* que le permiten al poeta rellenar cada frase y cada verso.

Puesto que los paréntesis de Kozer no se limitan a añadir información apositiva, frecuentemente producen una alteración o suspensión de la sintaxis. En "Gaudeamus" el paréntesis no sólo segrega, conjuga. Al escribir "me privan (los mestizajes)", Kozer interpone paréntesis entre el sujeto y el verbo de la frase, así separando lo que debía estar unido y aglutinando lo que debería permanecer aparte. Otro tanto sucede en la frase, "(barbas) asirias (ojos) oblicuos", donde segrega sustantivo y adjetivo. En enunciados como éstos, las partes de la oración pierden su lugar, quedan dislocadas, desplazadas. El lector tiene dos opciones: leer la frase ateniéndose a las leyes de la puntuación (y de este modo negarse el sentido de la oración); o leerla ignorando la puntuación y ciñéndose a la sintaxis. Si hace lo primero el poema se le presenta como fragmento; si hace lo segundo, como retahíla.[11]

En el resto de "Gaudeamus" hay, si cabe, aún más "confusión" que en la primera parte.

> ...qué
> más quisiera uno que no haber sido ibis migratorio
> [(ludibrio) o corazón
> esporádico
> hecho al escándalo de quien a la hora nupcial, a la hora
> del festín
> cruza el umbral y aspira un olor a jarabes (olor) a
> [frutas tropicales y eneldo: pues
> soy así, él
> y yo, cisterna y limbo (miríadas) las manos que trepan

---

[11] También cabe mencionar que, al encerrar afirmaciones suplementarias o alternativas (para-tesis), los parentesis deslindan el lugar de un poeta que pertenece a una cultura minoritaria como la cubano-judía. En su ensayo, "Esto (también) es Cuba, Chaguito", la marca de lo cubano-judío es precisamente el "también" suplementario, colocado entre paréntesis.

>   [por la escala contaminan
>   el pensamiento
>   de tiña y verdín (aguas) imperturbables: sin nación,
>   [quieto
>   futuro
>   y jolgorio de marmitas redondas (mis manos) son mi raza
>   [que hurgan en la crepitación
>   de la materia.

En un último guiño etimológico, Kozer se llama "corazón esporádico", así aludiendo a la condición diaspórica del judío. La imagen de las manos que hurgan en la crepitación de la materia confirma la vitalidad de tales diseminaciones, y la fiesta nupcial, "el jolgorio de marmitas redondas", insinúa que el maridaje de lo disímil es fértil.

Si bien "Gaudeamus" defiende los mestizajes, la poesía de Kozer no siempre se muestra tan ávida de hibridez. La dinámica de su obra abarca un doble movimiento: expansión y contracción. En su fase expansiva, es vasta, receptiva, jubilosa y lujuriosamente híbrida. En su etapa contráctil, se repliega, encerrándose en sí misma. Los poemas "contráctiles" de Kozer, que surgen de su ansiedad ante el "asedio" del medio ambiente, trancan puertas y tapan marmitas. El tono de estos poemas no es irreverente y festivo, sino receloso, defensivo.

Tomo el concepto de contracción de "Uno de los modos de resarcir las formas", un poema que describe la reacción del poeta ante los rigores del invierno norteño:

>   Amago, la nevisca me contrae.
>   Estas calles opto por contraerme en el cuadrante tercera
>   fase, volver: pido norte a la
>   Regicida en la contracción
>   de la isla está su alfanje.[12]

En medio de una tormenta de nieve, el poeta "opta por contraerse", o sea, se protege contra el frío ausentándose mentalmente de la calle por

---

[12] *Carece de causa*, Ediciones Ultimo Reino, Buenos Aires, 1988, pág. 146-147.

la que caminaba. El gesto contráctil lo transporta a Calzada, una calle del barrio del Cerro, en La Habana:

> Opto o me descuarejingo: mi contracción bajo un
>   paraguas en
>   medio del aguanieve tengo un gorro
>   de lana con borla el frío
>   opíparo me devolvió a la anochecida
>   del portal o me redujo a las dos
>   macetas de la entrada (ahí) discuten
>   viandero y casera.
> Discutan discutan que yo vivo: Calzada, estoy vivo.

La retirada psicológica prepara el camino para una recuperación imaginaria. Todo el poema se funda en un proceso de sustitución: las calzadas cubanas reemplazan a las avenidas neoyorquinas y la tormenta de nieve se metamorfosea en un ciclón tropical. De ahí que todos los topónimos aludan a lugares en Cuba, mientras que el paisaje urbano invernal permanezca en el anonimato. La meta de la sustituciones es "resarcir las formas", cancelar, al menos poéticamente, las consecuencias de los temporales de la historia.

"Opto o me descuarejingo", dice el autor. El coloquialismo cubano, que denota la relajación total de músculos y coyunturas, es lo opuesto de la contracción: optar por la contracción es protegerse contra el descuajeringo o la desarticulación. Mas el descuajeringo se puede mitigar pero no anular, porque la contracción absoluta, la que cancele hasta el más mínimo descuajeringo, llevaría a cortar todos los lazos con la realidad circundante. Por lo tanto, si bien el escenario de "Uno de los modos..." en ningún momento vuelve a ser explícitamente el de Estados Unidos, al final Calzada se confunde con Nueva York. El poema termina:

> Da por mí yo he vuelto, somos turba de la flor saqueada:
>   masticadora, ni tú ni la flora
>   padecemos: ya se alteró déjalo
>   hablar es viento huracanado por
>   él reconozco la pubertad de las
>   palabras cierra tapia solavaya
>   el viento.

"Solavaya el viento" —la exclamación cifra, en cubano, el deseo de conjurar el hostil medio anglosajón. Pero no queda claro si el viento que obliga a cerrar las tapias se origina en el imaginario ciclón o en el auténtico temporal, ya que el proyecto del texto en su totalidad es, precisamente, cerrar tapias.

No obstante, por diversas y originales que sean las formas de decir "solavaya" en la obra de Kozer, no es posible vivir en un eterno estado de contracción. Esa es la lección de "Home Sweet Home" (Hogar, dulce hogar), otro poema que transcurre en medio de un temporal. Ya que aquí el hablante se encuentra atrincherado en su casa, la contracción será más bien introspectiva que retrospectiva. En vez de volver al pasado, dirige su mirada hacia el interior de su hogar, el arca donde él y su familia encuentran asilo de la lluvia. Desde los primeros versos, se subraya el antagonismo entre el mundo exterior y el santuario doméstico.

> Ya pasaron: aquellos días de verdadera agitación.
> Hay una gotera en el cuarto de la niña, dejó de
>   rezumar (pese a que llueve)
>   (llueve) está ahí la gotera,
>   no rezuma, el Bendito.
> En casa, hay cinco relojes: detenidos.[13]

El dulce hogar del poeta existe más allá de las inclemencias del tiempo, en ambos sentidos del sustantivo: la lluvia no entra y los relojes no funcionan. Ya que lo contrario de la "agitación" es la inactividad, los verbos en esta estrofa expresan, o bien cese de actividad —"pasaron", "dejó"— o bien quietismo —"hay", "está". Los paréntesis, utilizados aquí para cercar la lluvia, denotan la impermeabilidad de la casa ante el aguacero.

Pero el *status quo* es frágil, y pequeñas perturbaciones empiezan a interrumpir la quietud doméstica: el canto de las cigarras, un teléfono ajeno, el timbre del propio teléfono de la casa o el único reloj que funciona:

> No obstante el que funciona, espeluzna: son así
>   estas cosas estas noches (lapsos)
>   o la luna a franjas por las persianas
>   o el respaldo en sombras a travesaños
>   de la silla, en la pared (una reja).

---

[13] *El carrillón de los muertos*, Ediciones Ultimo Reino, Buenos Aires, 1987, pág. 13.

Así como no puede detener el tiempo, el hablante tampoco puede impedir que la luz penetre en su refugio. Ante estos lapsos espeluznantes, opta por una mayor contracción.

> ¿Aceptemos?
> Personalmente, yo me niego (claro, es un lujo que me
>   puedo dar yo tengo mi casa) soy
>   propietario de un chalet de
>   ladrillos tejado a dos aguas
>   azotea que sino fuera por los
>   chapapotes los cuartos de casa
>   se nos mojaban.
> ¿Y?
> Seríamos peces sábanas recién blanqueadas seres
>   hospitalarios lavados por el
>   agua viva que rezuman las
>   mamposterías (y qué otra
>   cosa tiene uno sino cuatro
>   paredes): bien que reflejan
>   su sombra en la pared las
>   macetas del alféizar la
>   begonia florida sobre la
>   antigua cómoda Shaker
>   del dormitorio.

Aun cuando reconoce que su casa no es impenetrable, el hablante opta por el encierro. Su respuesta no deja lugar a dudas: "¿Aceptemos? Personalmente, yo me niego". ¿Por qué se niega? Aparentemente porque teme que si entra la lluvia, la corriente los arrastraría. Su reacción ante esta eventualidad es volver a la contemplación del interior de su casa, sus armarios y macetas. El inciso —"(y qué otra cosa tiene uno sino cuatro paredes)"— resume su actitud; los paréntesis que rodean la frase son ellos mismos imágenes de las paredes que lo albergan.

En su culto a lo doméstico, "Home Sweet Home" recuerda los poemas de Kozer sobre la casa de su niñez en Santos Suárez. La diferencia estriba, sin embargo, en que el hogar de su niñez "aceptaba" las intrusiones del exterior, ya que sus puertas estaban "abiertas de par en par" (*BEC,* pág. 30). Los poemas ubicados en Cuba, incluso cuando Kozer apunta a la separación entre el mundo *goyische* de la calle y el hogar judío, se fijan en los intercambios y convenios entre ambos ámbitos.

De la calle viene su tío con cuentos y su padre con regalos o alimentos. Un emotivo poema sobre su padre concluye con estos versos:

> Recuerdas, Sylvia, cuando papá llegaba de los
> [almacenes de la calle Muralla y todas las mujeres
> [de la casa Uds. se alborotaban.
> Juro que entraba por la puerta de la sala, zapatos de
> [dos tonos, el traje azul a rayas, la corbata de
> [óvalos finita
> y parecía que papá no hacía nada. (*BEC*, 32)

Llama la atención el contraste entre el "alboroto" de la casa cubana y el silencio del hogar norteño. En "Home Sweet Home", nadie entra ni sale y la tranquilidad raya en la inercia. El poema termina con los padres e hijos listos para irse a dormir.

> ... bonito peldaño
> que acaba de crujir (supongamos
> que duermen) (supongamos que la
> maternidad las arrulló) (entra)
> (entra) la habitación (nos ajusta).

La proliferación de paréntesis subraya la reclusión de la familia, su aislamiento. En el último verso, los paréntesis ingeniosamente encierran verbos de encierro, a la par que el dormitorio del matrimonio queda acunado entre ellos.

Poemas como "Home Sweet Home" me conmueven porque en muchas ocasiones he sentido el mismo deseo de hacerme isla, de darle la espalda a la *American way of life* para crear un refugio contra el tiempo y la agitación. Pero me preocupa la facilidad con que la lluvia se cuela por las rendijas. Tal como insinúa la última estrofa, la paz doméstica se basa en "suposiciones"; y así como el hablante "supone" que sus hijas están dormidas, supone también que sus cuatro paredes lo aíslan y lo protegen. Pero el propio poema aclara que no es posible vivir de suposiciones. El paradójico título en inglés difumina la línea divisoria entre el hogar y el mundo, pues acude a un idioma ajeno, *unhomely*, precisamente el de la sociedad que el hablante se empeña en excluir. De todas las intrusiones del exterior, el título en inglés es quizá la más espeluznante, por cuanto demuestra que esa imperiosa "voluntad de vivir en español" no puede sostenerse ni siquiera en el albergue de la escritura. Si el inglés ya ha llegado hasta el umbral de la casa, pronto traspasará las paredes. Cuando se va a la cama, el hablante supone que sus hijas duermen plácidamente. Pero tal vez estén cuchicheando por teléfono (y en inglés) con sus *boyfriends* norteamericanos.

Con el pasar de los años, y en particular a partir de *El carillón de los muertos* (1987), la obra de Kozer se ha ido asemejando cada vez más a esa casa cerrada. El estilo conversacional que caracterizó su primera poesía ha cedido ante un denso hermetismo. Cerradas todas las puertas y ventanas, los poemas transcurren en la sombra. Kozer siempre ha sido un poeta de largos alientos, de descargas y retahílas; pero en los poemarios que publica a principio de los noventa, las estrofas se desparraman hasta convertirse en párrafos que abarcan una página o más. El resultado, a veces, es una casi impenetrable pared de palabras:

> La sombra del repartidor de leche nos blanqueaba: los
> [geranios
> de harina los enjambres de esporas blancas
> a su paso: y la espuma creciente de la
> palabra leche (un aviso) su llegada: llegó,
> consecutivo el cisma de la reproducción
> (cuajada, los pechos repletos de semillas
> el embrión de los sementales rojos junto
> a las madres) se nos llamaba órganos
> reproductores: éramos niños a veces
> (indistintos) de delantal (amábamos los
> tules) alguna mosca muerta hace poco sobre
> el ácido encaje de los objetos moribundos,
> del aparador: nos llaman. El marbete de la
> hoz azul en el resalte de los cuatro platos
> con los cuatro tazones a dos asas, falta
> alguien: con su bata de felpa roja vierte
> la leche hervida tres veces los tazones
> dieron las tres oímos el aviso (la oíamos,
> llamarnos): y quedaba el vacío en aquel
> espacio un nimbo obligatorio encima del
> tazón del ausente...[14]

---

[14] "La blanca ambigüedad de las horas", de *Prójimos/Intimates*, Les plaquettes del Carrer Ausiàs, Barcelona, 1991, sin paginación.

La compacta columna que da forma a este poema cuenta con veintiún versos más. El lector discierne que el poeta tal vez esté rememorando su niñez, pero tanto el escenario como los personajes permanecen borrosos. El poema mismo peligra en convertirse en un "ácido encaje de objetos moribundos".

Con la prolongación del exilio del poeta, las imágenes que habían conformado la "geografía superior"[15] de su poesía comienzan a perder su nitidez, sin que otro lugar haya compensado por la disolución o el *fading* del efervescente mundillo de Santos Suárez. Ese otro lugar, claro, sería Estados Unidos. Sorprende que un escritor tan capaz (en todos los sentidos) como Kozer no haya encontrado espacio en su poesía para el país donde ha vivido la mayor parte de su vida. Es curioso, por ejemplo, que un poema tan descaradamente promiscuo como "Gaudeamus", no incluya referencia alguna al inglés o a la cultura norteamericana. Después de más de dos décadas de exilio (el poema fue publicado en 1983), Kozer, además de cubano, judío, peruano y mejicano, tiene que ser un poco norteamericano. Pero es precisamente la conciencia de su "americanidad" la que Kozer insiste en suprimir: solavaya *U.S.A.* Algo parecido ocurre en "Esto (también) es Cuba, Chaguito", un texto publicado en 1992; se trata de un ensayo lúcido y agudo pero, al mismo tiempo, curiosamente anacrónico, en tanto que se basa en un slogan publicitario popular en Cuba durante los años cincuenta. El deíctico "esto" expresa proximidad, pero el mundo a que se refiere el ensayo se encuentra muy distante. "Esto es" en realidad debería ser "Eso fue", porque el país evocado en el ensayo dejó de existir hace muchos años.

Abriéndose a ciertas clases de hibridismo, a ciertos tipos de "jolgorio", la poesía de Kozer evita otros. Destaca el ajiaco cubano-judío, pero elide el estofado cubano-americano. La casa de La Habana permanece abierta, mas la de Nueva York está tapiada. En un poema titulado, en inglés, "Legacy" (Legado), dice: "Quise regir con pobres sustantivos los hechos".[16] Esta afirmación describe textos como "Uno de los modos de resarcir las formas" y "Home Sweet Home", así como el proyecto general de la escritura kozeriana. En poema tras poema, en libro tras libro, Kozer ha levantado una formidable fortaleza de versos para repeler los embates del "medio ambiente anglosajón". Con notable

---

[15] "Breve antología de poetas latinoamericanos en Estados Unidos", pág. 143.
[16] *El carrillón de los muertos*, pág. 11.

tesón e inteligencia, ha querido "vivir en español" en circunstancias donde semejante propósito resulta prácticamente imposible (o sea, imposible en términos prácticos). A pesar de lo mucho que admiro la poesía de Kozer —y la postura vital que la subyace— no sé si estoy de acuerdo con esta apuesta exclusivista por el español. Sin duda alguna, me siento más a gusto en la "casa" de Kozer que en la *house* de Hijuelos, pero me siento mejor aún, verdaderamente *at home*, en esos hogares híbridos donde el español compite y comparte con el inglés, y donde las marmitas alternan con el *tupperware*.

∽

COLOFÓN: La poesía última de Kozer ha empezado a mostrar cierta permeabilidad al idioma inglés. Así sucede, por ejemplo, en "Tres de la tarde (julio)", un poema publicado en 1999 en la revista *Crítica* que incluye frases en *Spanglish* —"my kingdom por una cucharada de coco rallado"— así como el siguiente juego de palabras: "Matrimonial, de mattress (quiero decir) así". Del mismo modo, en el libro de prosas, *Mezcla para dos tiempos* (1999), una de las viñetas dice sencillamente: "*Rush hour, brush hour*".[17] Tales roces y ayuntamientos entre el español y el inglés, impensables en el autor de *Bajo este cien*, tal vez revelen el enflaquecimiento de su voluntad de vivir en español. Es más, la viñeta citada lleva un título insólito por su actualidad: "In a Station of the Metro: New York, 5 o'clock" (En una estación del metro: Nueva York, a las cinco de la tarde). Es posible que Kozer, en su madurez, llegue a encarnar al poeta cubanoamericano que escrupulosamente evitó ser durante su juventud. ¿Injusticia poética, o venganza de la musa de la hibridez?

---

17 Cito respectivamente de: "Dos poemas", *Crítica*, no. 76, junio-julio 1999, págs. 19-22; y *Mezcla para dos tiempos*, Aldus, Ciudad México, 1999, pág. 205. Véase también su "Testimonio", en *Cuba: voces para un siglo (II)*, ed. René Vázquez Díaz, Olof Palme, Estocolmo, 1999, págs. 54-63.

Mambo No. 7
La generación del ño

Imposible hablar de la Cuba del Norte sin mencionar al actor y comediante Guillermo Alvarez Guedes, quien por más de veinte años ha sido el cronista de la conquista de Miami. Empezando con su primer elepé, de 1975, los discos, libros y actuaciones de Alvarez Guedes rápidamente se convirtieron en el barómetro de los altibajos del exilio. En sus chistes e historietas los residentes de La Pequeña Habana encontrábamos registradas, con gracia y ternura, nuestras conflictivas vivencias: la estrechez económica, la incomprensión de los americanos, los equívocos de la asimilación y nuestra balbuceante hibridez. Alvarez Guedes ha sido nuestro Galdós y nuestro Larra —espectador apasionado, comentarista ameno pero mordaz. (El mismo lo ha confirmado en uno de sus libros: "Benito Pérez Galdós va a ser un comemierda al lado mío".)

Muchos de los cuentos de Alvarez Guedes se han hecho proverbiales. ¿Quién no recuerda el "peo" de Atanasio? ¿O la disquisición sobre las laticas de Libby (que suplían la falta de bidets)? ¿O las aventuras de Cheo, el primer astronauta cubano, que se alimentaba de tubos de pasta dentrífica rellenos de arroz con frijoles? ¿O la historia del joven pecoso que, al confesarse, responde a la pregunta del sacerdote —"¿Pecas?"— con la repicante réplica: "Hasta en el culo, Padre"? No en balde sus iniciales, GAG, quieren decir "broma" en inglés.

Todavía hoy su canción de tema navideño, "Cada vez que pienso en ti", un bolero que termina como imprecación, es cita obligada en las Nochebuenas miamenses. El estribillo —"Me cago en el Año Nuevo, me cago en el Año Viejo, me cago en el arbolito y me cago en ti"— resume y rezuma todo el rencor y la desilusión de tener que celebrar un año más lejos de Cuba.

Pero sin duda lo que más fama le granjeó a Alvarez Guedes fueron aquellas memorables "clases de idioma cubano" en las que pretendía enseñarles a los norteamericanos a usar nuestras maldiciones preferidas. La más ingeniosa y popular de todas era la lección del "ño" — half a word, half a word— *estrenada en su tercer disco y repetida incontables veces en sus actuaciones en el Dade County Auditorium o en el Teatro Martí.*

When an American hits his finger with a hammer, he says, "Ouch." In Spanish, that word is much stronger, much stronger: ¡COÑOOOO!

[Cuando un norteamericano se da un martillazo en un dedo, exclama, "Ay." En español esa palabra es mucho más fuerte: ¡COÑOOOO!]

Alvarez Guedes es el responsable de que hoy en día en Miami este vocablo se escuche hasta por el radio y la televisión. Lo que fue maldición es ahora buen decir. Si hay una palabra, o media palabra, que compendia nuestros largos años de exilio, esa palabra es: ¡ÑO!

SIETE
El sino cubanoamericano

> Yo no era yo
> sino mi sí y mi no.
>
> Mariano Brull

En un notorio —ya que no notable— poema, Nicolás Guillén escribe:

> Tú, que partiste de Cuba,
> responde tú.
> ¿Dónde hallarás verde y verde,
> azul y azul,
> palma y palma bajo el cielo?
> Responde tú.
>
> Tú, que tu lengua olvidaste,
> responde tú,
> y en lengua extraña masticas
> el güel y el yu,
> ¿cómo vivir puedes mudo?

"Responde tú" se publicó por primera vez en *Tengo*, un poemario de 1964. En ese momento, a cinco años del triunfo del castrismo, no era difícil contestar las interrogantes del autor de *El gran zoo*, y hasta contestarlas en esa lengua extraña que es el español que mastican los cubanos. Treinta y cinco años después responder ya no es tan fácil, como tampoco lo es decidir en cuál de nuestras dos extrañas lenguas formular la respuesta.

No obstante, eso es lo que quisiera hacer en este apartado, apoyándome en el testimonio de escritores cubanos de expresión inglesa cuya obra demuestra, por una parte, que la mudez puede ser locuaz y hasta elocuente; y por otra, que a veces es el sordo quien hace al mudo. Si las novelas de Hijuelos y los poemas de Kozer trazan, respectivamente, las fronteras norte y sur de la cultura cubanoamericana, los textos de estos escritores —entre ellos Roberto Fernández, Virgil Suárez, Ricardo Pau-Llosa y Pablo Medina— fijan su centro. En mayor o menor medida, su obra surge precisamente de la necesidad de responder a interrogantes como las de Guillén, que ponen en entredicho no sólo la relación del cubanoamericano con Cuba, sino la legitimidad de su vida en vilo. Igual que Willy Chirino, estos autores también dicen "Tengo", o más bien, "*I have*". El decirlo en inglés es ya parte de la contestación.

Para empezar, voy a enmarcar la respuesta, la propuesta cubanoamericana dentro de lo que Antonio José Ponte ha llamado "la tradición cubana del no".[1] En un agudo ensayo sobre Lorenzo García Vega, Ponte sugiere que el autor de *Los años de Orígenes* forma parte de esa corriente de la literatura cubana que arremete contra los mitos sagrados de la cultura nacional. Como señala Ponte, a esta tradición —o más bien, anti-tradición— pertenecen los escritores "malditos" de la isla, desde Julián del Casal hasta Virgilio Piñera y Reinaldo Arenas, vinculados todos por "una cadena de libros-negaciones".[2] Conviene añadir, sin embargo, que el "no" cubano no es siempre teatral, atronador —ese "*NO! in thunder*" que Melville atribuyera a su amigo Hawthorne y que retumba en las memorias de Arenas o en las décimas de Sarduy. En la literatura cubana existe también un "no" callado, una negación tranquila, la que se oye, por ejemplo, en los versos de Dulce María Loynaz —"Soy lo que no queda ni vuelve"[3]— o en los de Eugenio Florit, quien "ajusta su vida a una terca negación".[4]

Como también observa Ponte, la tradición cubana del no encuentra su contrario y complemento en la costumbre de la afirmación. El poema de Florit que acabo de citar se titula "Nadie conversa contigo." A diferencia de Florit, el escritor afirmativo es gárrulo, conversador, pues se ve a sí mismo inmerso en un diálogo sobre la definición misma de la cultura cubana. La meta de ese diálogo puede ser, como en José Lezama Lima y Cintio Vitier, la elaboración de una teleología insular; o como en Jorge Mañach, la conquista de la nación que nos

---

[1] "Por los años de Orígenes", *Unión: Revista de Literatura y Arte*, 7, no. 18, enero-marzo 1995, págs. 45-52; véase también el ensayo de Rafael Rojas, "La diferencia cubana", en *Isla sin fin*, Editorial Universal, Miami, 1998, págs. 105-122.
[2] Ponte, pág. 51,
[3] "La mujer de humo", en *Poemas escogidos*, selección de Pedro Simón, Visor, Madrid, 1995, pág. 29.
[4] *Lo que queda*, Ediciones Cocodrilo Verde, White Plains, Nueva York, 1995, pág. 75.

falta; o como en Nicolás Guillén, la creación de una poesía de "color cubano". En todos estos casos la postura afirmativa supone un pacto entre el escritor y su país mediante el cual aquél se erige en vocero o representante de éste. El ejemplo más notable en Cuba es quizás el de Fernando Ortiz, quien fuera descrito por Lino Novás Calvo como "Cuba en persona".[5] En mayor o menor medida, el escritor afirmativo propicia esta identificación de su persona con su país. "Yoruba soy, soy lucumí, mandinga, congo, carabalí", alardea Guillén, multiplicando su voz en la voz múltiple del cubano negro.[6]

Es importante subrayar que la vocación de afirmación implica no tanto representatividad real como autorepresentatividad, vínculos propuestos o presupuestos más que lazos efectivos. En otras palabras, el pacto afirmativo requiere un sólo signatario. Ahí está el caso de Mañach, que aunque no lo confesara, toda su vida ambicionó ser él mismo Cuba en persona, sin que Cuba consintiera en la prosopopeya. Su "nación que nos falta" era también la nación que le hacía falta; y no deja de ser conmovedor que esta memorable frase haya sido destinada a encabezar un libro que Mañach nunca terminó.[7] El discurso de la frustración republicana, tan hábilmente estudiado por Rafael Rojas, tenía para Mañach —aunque no sólo para Mañach— un sesgo profundamente autobiográfico, pues conllevaba la frustración de su vocación como escritor.[8] Mientras Cuba fuera una "patria sin nación," él sería un vocero sin voz; su "sí" permanecía trunco, segado por la falta de integración nacional.

Ahora bien, ¿dónde cabe, si es que cabe, la literatura cubana de expresión inglesa dentro la dialéctica del sí y del no? ¿Son las novelas de Roberto Fernández o los poemas de Ricardo Pau-Llosa, pongamos por caso, actos de afirmación o de negación? Empecemos por admitir que aun los textos más irreverentes de este "canon," como las novelas de Fernández, tienden a reproducir los lugares comunes de la cultura nacional. Por mucho que Fernández desenmascare los excesos y excentricidades del exilio cubano, su escritura no socava los presupuestos

---

[5] "Cuba em pessoa," de Lino Novás Calvo, *Americas* (Nueva York), 2, no. 7, 1950, págs. 6-8.
[6] Cito del "Son número 6," en *Sóngoro cosongo y otros poemas*, Alianza, Madrid, pág. 35.
[7] Sobre este punto ver mi ensayo, "Jorge Mañach: Elements of Cuban Style," en *My Own Private Cuba: Essays on Cuban Literature and Culture*, Cuban Literary Studies, Society of Spanish and Spanish-American Studies, University of Colorado, Boulder, Colorado, 1999, págs. 215-227.
[8] "El discurso de la frustración republicana en Cuba," de Rafael Rojas, en *El ensayo en nuestra América*, ed. Horacio Cerutti, UNAM, México, 1993, págs. 411-432.

sobre la nacionalidad que definen al exiliado. Por eso su obra es, en partes iguales, esperpento y homenaje. Del mismo modo, los estupendos poemarios de Ricardo Pau-Llosa, en particular *Cuba* (1993) y *Vereda Tropical* (1998), son, entre otras cosas, catauros de cubanismos. Catauros conscientes, con filo crítico y ánimo recreador, pero aun así conformados con los elementos típicos del folklore de la isla —las mulatas, los mameyes, el ron, el bolero, las palmas.

Pero al ser pronunciado en inglés, al traducirse al *Cuban yes*, el sí cubano pierde su acento, cobrando un carácter subjuntivo, condicional. Un poema en inglés sobre el mamey —pienso en "Frutas", de Pau-Llosa— no es sólo un ejercicio de nostalgia; es también una manera de establecer distancias, de cuestionar y complicar la filiación del poema con la tradición frutista de la poesía cubana.

> *Growing up in Miami any tropical fruit I ate*
> *could only be a bad copy of the Real Fruit of Cuba.*
> *Exile meant having to consume false fruit,*
> *and knowing it in advance.*[9]

[Al criarme en Miami todas las frutas que comía / no eran más que malas copias de las Frutas Auténticas de Cuba. / El exilio significó tener que consumir frutas falsas / y saberlo de antemano.]

El inglés es la "primavera", el *lump*, que singulariza los mameyes y los mameyazos de la literatura cubanoamericana. Afirmar lo cubano en inglés es ya una tácita negación. Como los mameyes miamenses, el autor cubano de expresión inglesa es "fruta falsa". Lo reconoce, le duele, pero no se arrepiente, pues en la "falsa" cubanidad está su íntima verdad, su fruición y su sabiduría.

A mi juicio, la decisión de abandonar el español, más allá de las razones prácticas que puedan motivarla, manifiesta una renuncia a dejarse sembrar en los jardines invisibles de la literatura insular. De las muchas razones que un exiliado puede tener para desplazarse de la lengua materna a la lengua alterna, una de las más poderosas es el amor —*I love Lucy*— pero otra es el rencor. Escribir en inglés es o puede ser un acto de repudio —contra los padres, contras las patrias, contra uno mismo. Siempre me ha parecido que la afición por los juegos

---

[9] *Cuba*, Carnegie Mellon University Press, Pittsburgh, 1993, pág. 31.

de palabras bilingües es un síntoma de ese rencor. A pesar de su frivolidad, el *pun* es una pulla, una pequeña detonación de terror y de tirria, una manera de blandir el *hyphen* como arma: que nos parta no el rayo sino la rayita.

Pero si la literatura cubanoamericana mastica lo cubano hasta triturarlo, no por ello se traga el inglés. Como ya hemos visto, algunas de estas obras están redactadas en una "lengua extraña," en un esperanto desesperado que hace igualmente difícil su incorporación a la cultura norteamericana. Cuando uno de los personajes de *Raining Backwards* (1988) advierte, "*Water that you can't drink, let it run, honey*", está revelando la extrañeza de toda la novela, agua discursiva que el lector norteamericano no puede beber, pues carece de lengua para paladearla. Como Hijuelos, Fernández escribe en inglés; pero como Kozer, exige conocimientos que el lector norteamericano no posee. El inglés de Fernández es como el alemán de Kafka —un dialecto menor incrustado en el seno de un lenguaje mayoritario.[10] Fernández *escribe* con acento; su inglés queda emboscado por la cercanía del español. De ahí ese hilarante menú en *Raining Backwards* donde cada plato se sale del plato: *Shrimp at the little garlic* (Camarones al ajillo), *Saw at the oven* (Serrucho al horno), *Seafood sprinkle* (Salpicón de mariscos), *Pulp in its own ink* (Pulpo en su tinta).[11] No existe anglo-garganta capaz de deglutir este agrio ajiaco, este genial *hodge-podge*.

A la vez mitificadora y nihilista, constructiva y demoledora, la literatura cubana de expresión inglesa vacila entre idiomas y culturas. No se decide, no se entrega. Afirma negando, pero niega con ansia de afirmación. De ahí que a la tradición cubana del no y del sí tal vez haya que sumarle la tradición del tal vez —el acaso cubano, *the Cuban-American maybe*. Entre el sí y el no yace la duda; y en la raíz de la duda yace la dualidad; esa dudosa dualidad es el territorio libre de América donde se halla y se pierde la literatura cubanoamericana. Interrogado por Guillén, por Cuba, el escritor cubano de inexpresión inglesa no dice ni que sí ni que no; responde con la letra de un chachachá: quizás, quizás, quizás. Y añade, a modo de inspiración: quizás puede ser a lo mejor.

Al situar la literatura cubanoamericana en la disyuntiva del quizás, reconozco que algunas de las obras más mentadas de este corpus —las

---

[10] Aludo al conocido libro de Gilles Deleuze y Félix Guattari, *Kafka: Pour une littérature mineure*, Editions de Minuit, París, 1975.
[11] *Raining Backwards*, Arte Público Press, Houston, 1988, pág. 35.

novelas de Hijuelos o de Cristina García, por ejemplo— no se ajustan a esta descripción. En efecto, estas obras adoptan una modalidad afirmativa —yo la llamaría *the ethnic aye*, "el sí étnico"— que poco o nada tiene que ver con el proyecto de escritura de Fernández o de Pau-Llosa. Basta recordar la llamativa portada de *Dreaming in Cuban* (1992), la cual simula una caja de tabacos cuya etiqueta anuncia, en inglés, *Exported from Havana*, y en español, "De Cuba" —como para persuadir al posible comprador que tiene entre sus manos un producto netamente criollo. Y no sólo eso: esta caja de habanos goza además del indiscreto encanto de lo prohibido, ya que ha logrado burlar el embargo estadounidense, y nada menos que en 1992, año en que se publica la novela y en que el Congreso norteamericano aprueba la ley Torricelli, cuya meta era precisamente reforzar el embargo. *Sin* embargo, *Dreaming in Cuban* es otro de esos libros que no podemos juzgar por su portada, pues la voz que apuntala el relato —la narradora se llama Pilar— en ningún momento registra su extrañeza al verse expresada, apresada, en inglés. No hay detrás del habla de Pilar (o de García) esa conciencia múltiple, esa *langour between languages* de la que habla Pablo Medina y que atraviesa toda la obra de Fernández o Pau-LLosa.[12] Como ha señalado Isabel Alvarez Borland, Cristina García construye lo cubano en torno a la sensibilidad de un personaje que se identifica plenamente con su cultura de origen, la norteamericana.[13] Es lo mismo que sucede en *The Mambo Kings* con el personaje de Eugenio. En *Dreaming in Cuban* no hay extrañeza, hay exotismo —una cualidad muy distinta. Lo extraño sacude estereotipos; lo exótico es un instrumento de apropiación mediante el cual una cultura se protege contra la extrañeza de culturas ajenas. En esa caja de habanos lo cubano no es hoja, es aroma; no es tabaco, es puro humo. Para poder soñar en cubano, es mejor no serlo.

También conviene tener en cuenta el papel de la "etnicidad" dentro de la política cultural norteamericana. ¿Qué sucede cuando lo cubano dejar de ser una nacionalidad para convertirse en una etnia? Me limitaré a relatar una anécdota. Todos los años en Estados Unidos

---

[12] Cito de "Cuban Lullaby," del poemario *Arching into the Afterlife*, Bilingual Press, Tempe, Arizona, 1991, pág. 70. La estrofa completa reza: *"Try to define it, this search, this / langour between languages, hunger / to leave one's skin, to find freed flesh / prettier than the breeze."* ("Intenta definirla, esta búsqueda, esta / languidez entre lenguas, hambre / de dejar la piel, de encontrar un cuerpo libre / más bonito que la brisa.")

[13] *Cuban-American Literature of Exile*, University of Virginia Press, Charlottesville, 1998, págs. 136-142.

se entregan los "Hispanic Heritage Awards", premios otorgados a figuras hispanas que han contribuido a la difusión de "lo nuestro". Hace un par de años la entrega de premios concluyó con un número musical de Celia Cruz. Cuando llegó el momento de presentar a quien fuera la "Guarachera de Oriente" y ahora es la *Salsa Queen*, la anfitriona del programa, la actriz puertorriqueña Jennifer López, exhortó al público, "*And now, let's mambo!*" En eso se oyeron los primeros acordes de "La Guantanamera" y salió Celia Cruz gritando que ella era un hombre sincero. Así se deslíe la cubanidad en "latinidad", así se olvidan o se violentan discriminaciones necesarias entre géneros de música y comunidades de emigrados. La latinidad —*latinoness*— es un escenario donde Jennifer López malamente baila un mambo que no lo es. La literatura de la Cuba del Norte, al menos tal como se concibe en este libro, no es étnica ni mucho menos latina: es "cubana" (las comillas marcan su auténtica falsedad).

Mucho más coherente, para mí al menos, es el otro escape afirmativo al quizás cubano: la diáspora. Como ha señalado James Clifford, bajo este concepto se engloban grupos muy distintos entre sí —exiliados, emigrados, desterrados, desposeídos.[14] Aquí yace su utilidad mas también su insuficiencia. Por una parte, el modelo diaspórico representa un saludable antídoto al excepcionalismo criollo en su variante exílica; aclara que los exiliados cubanos no somos tan distintos como a veces nos creemos. Pero sí somos distintos, no más pero tampoco menos que cualquier otro grupo de exiliados, y por lo tanto emergemos de una coyuntura histórica con una fisionomía muy particular. La noción de diáspora tiende —deliberadamente— a borrar las facciones de esa fisionomía. Pero nuestro vínculo a una geografía, y para colmo una geografía insular, presenta un obstáculo considerable al manejo del modelo diaspórico. Podemos precisar la diferencia acudiendo a un distingo de Jorge Mañach: mientras que en el sujeto diaspórico prima la "conciencia de mundo," en el cubano exiliado prima la "conciencia de isla."[15] El sujeto diaspórico se nutre de ausencia; para el exiliado no hay consuelo sin suelo, no hay contacto sin tacto. Por eso insisto en hablar de la "Cuba del Norte", esa porción de destierro rodeada de vilo por todas partes.

---

14 "Diasporas", de James Clifford, *Cultural Anthropology*, 9, no. 3, 1994, págs. 302-338.
15 Las frases "conciencia de isla" y "conciencia de mundo" aparecen respectivamente en *Historia y estilo*, Editorial Minerva, La Habana, 1944, pág. 136; y *El espíritu de Martí*, ed. Anita Arroyo, Editorial San Juan, San Juan, Puerto Rico, 1973, pág. 67.

Tanto la etnicidad como la diáspora buscan un campo de afirmación y afincamiento más allá del sí y del no. Ambas encarnan un exilio débil, una cubanía de baja intensidad, para adaptar una frase de Arturo Cuenca.[16] Pero esta atenuación de vínculos de nacionalidad no da cuenta de las novelas y los poemas que aquí me ocupan, una literatura que se afana en afirmar su pertenencia a Cuba, por condicional, conflictiva y contradictoria que resulte tal afirmación. Contra la etnia, la patria. Contra el exilio débil, el exilio duro, el exilio duradero. Contra la cubanía de baja intensidad, la cubanía convulsa, el sí anglómano: "*YES! in thunder*".

Es posible que, negados a la diáspora no menos que a la etnia, los que escribimos los libros que conforman la tradición del quizás, del acaso, del vaivén que de ninguna parte viene y a ninguna parte va —es posible que seamos una generación sin descendencia: no sólo acaso, sino ocaso; no sólo la generación del medio, sino la generación sin remedio. Más arriba aludí a un poema de Eugenio Florit titulado "Nadie conversa contigo." Es un título equívoco, pues el empleo de la segunda persona establece un contexto comunicativo que el enunciado mismo rechaza. Así es el "sí pero no", el "sí-no", el "sino" cubanoamericano, al entablar un tenso y angustiado autodiálogo con una Cuba que no escucha porque no existe.

Al final de *Dreaming in Cuban*, Pilar, después de asistir a un bembé y de pasearse a sus anchas por la embajada del Perú (nada menos que en abril de 1980), regresa a Nueva York. Muy distinto es el desenlace de *Going Under*, de Virgil Suárez, cuyo protagonista, Xavier Cuevas —la "X" de su inicial lo define como incógnita— se lanza al mar, balsero al revés, para nadar hacia su patria. Pero su destino sin tino recuerda el chiste: nada por delante, y nada por detrás. Asimismo, en *Raining Backwards* la Abuela emprende el mítico viaje de regreso, y al equivocarse de dirección acaba no en Varadero sino en Noruega. Por lo tanto, ambas novelas culminan en un literal y cubanísimo embarque. En ese mismo bote —*in that same boat*— navegar los integrantes de la generación del medio, a la vez americanos con rayita y cubanos rayados.

---

[16] Citado por Rafael Rojas, *Isla sin fin*, pág. 182.

Conclusión
Ay, mi Cuba

Escribir, mal o bien, en español o en inglés, es quitarse una presión, una prisión; pero escribir sobre Cuba es otra cosa: no expresión sino impresión, no descanso sino recargo. Cuando tenía treinta y cinco años me propuse aguantar un mes entero sin nombrar a Cuba. Quería ver si así lograba olvidarme un poco de mi condición de exiliado. Sin nombre no hay país, y sin país no hay exilio.

Abstenerme de pronunciar el dulce nombre no fue difícil; lo difícil era no pensarlo. Para no pensar en Cuba, era menester no pensar en nada. Decidí estar un mes sin pensar en nada. Tampoco fue difícil. Pero entonces el problema no era dejar de pensar, sino vivir en vilo. Para poder vivir en vilo, decidí pasarme mi mes sin Cuba sembrando matas en el jardín, de manera de plantarme con cada planta, así aliviando el vacilón del vilo. El dependiente chileno de la ferretería me vendió todos los útiles requisitos: guantes, azadón, pala, gafas para el sol y un cubo (¡cuidado con esa palabra!). Súbitamente hijo del limo, me entregué con ahínco a la tarea de enterrar a Cuba en la durísima arcilla roja de las Carolinas. Al cabo (cuidado, mucho cuidado) de tres semanas, cuando empezaron a retoñar las caléndulas y los crisantemos, di por terminado el exorcismo. Desde entonces, no pasa día en que no digo, desterrándome y desenterrándome: ¡ay! mi Cuba.

INDICE ONOMÁSTICO

A

Abbott, George, 113
Acuarela del Caribe, 128, 140
Adler, Barbara Squier, 103, 13
Adorno, T. W., 56
Aguilar, Pedro (Cuban Pete), 108
Aguilé, Luis, 119
Albuerne, Fernando, 118
Alejo Santinio (*Our House in the Last World*), 152, 156, 159
Alfonso, Raúl, 125 (*ver* Hansel y Raúl)
Alma, 124
"Alma de marinero", 131
"Almendra", 99
"Amalia Batista", 132
Ameche, Don, 69
"Amor velero", 131
Andrews, Bart, 35 n.4
Antiques, 120, 121
Añoranza cubana, 118
Arcaño, Antonio, 69, 89, 90 n. 5, 91, 99, 164
Arcaño y Sus Maravillas, 69, 95, 126
The Ark Upon the Number, 177
Armstrong, Campbell, 86
Arnaz, Desi, 16 n. 3, 24, 33, 34 n. 1, 35-36, 46, 52, 54, 57, 61, 62 n. 7, 65, 69, 74 n. 17, 92, 93, 97, 109, 138, 144, 145 n. 24, 155, 160, 162
Arnaz, Desi, Jr., 53, 85,
Arnaz, Edie, 83
Arnaz, Lucie, 36, 85
"Arnaz Jam," 69
Astaire, Fred, 69
"Ay, Ay, I," 146
Ayres, Agnes, 70

B

"Babalú", 36, 46 n. 16, 138
"Babalú Bad Boy," 36
Bajo este cien, 170, 176, 187
Bakhtin, Mikhail, 43 n. 14
Ball, Lucille, 24, 33, 34 n. 1, 35, 50, 52, 57, 60-64, 77 n. 28, 85
"Bang, Bang," 120
Bankhead, Tallulah, 43
Barreto, Justi, 100
Bataan, 67, 67
Bauzá, Mario, 92 n. 12
"La Bayamesa", 117
The Beach Boys, 113 n. 58, 139
"Be a Pal" (*I Love Lucy*), 47-50
The Beatles, 139
"Bellísima María de mi alma", 160, 163-164
"el Beny", 119 (ver: Moré, Beny)
Berlin, Irving, 57, 71, 97
"Bésame mucho", 99
Betancourt, Enrique C., 93
"El Bilingüe", 119-120
Blades, Rubén, 123 n. 3, 134
Blasco Ibáñez, Vicente, 72 n. 23
Bluestown Mockingbird Mambo, 86
The Bob Hope Show, 40
"Bonito y sabroso", 99
"The Boogie-Woogie Conga", 66
A Book, 24, 57-61, 79, 145, 162
Borneman, Ernest, 101 n. 29
Born to Sing, 65
Burke, Sonny, 101
Byrne, David, 86

C

"Caballo negro", 97, 109
Cachao, 14, 89, 126, 147 (ver: Israel López)
Cady, Howard, 82
"Cali-Conga", 64
"California Here We Come" (*I Love Lucy*), 52, 76
"Un caminante", 118
Canetti, Elias, 173
"Can´t Get Enough of Your Love", 120, 129
"Caperucita Roja", 38, 49

El carillón de los muertos, 170 n. 1, 182 n. 13, 185, 186 n. 16
Carlos Estrada (*Holiday in Havana*), 68-71
Carlos Valdés (*Father Takes a Wife*), 66
Carlson Richard, 74
The Carpenters, 141
Carpentier, Alejo, 87-88, 99, 99 n. 25
"El carro y la mujer", 127
"Castígala", 137, 149, 167
Ceci n´est pas une pipe, 21
César Castillo (*The Mambo Kings Play Song of Love*), 36, 159-160, 162, 164, 166
"Cha-Cha-Boom", 113
"Cha-Cha Party", 121
Charanga, 89, 95, 112 n. 53, 113, 125, 126 n. 6, 131
"Cherry Pink and Apple Blossom White", 98
Chirino, Willy, 14, 19, 23, 25-26, 118, 121, 125-126, 128, 140, 192
Cisneros, Sandra, 166
Clouds, 22-23, 120-122, 125, 131, 140
Clouds of Miami, 22, 121, 140 (ver: Clouds)
Club Havana, 69
"Coke", 120, 121
Collazo, Bobby, 91 n. 11
Collier, Leslie, 66
Colón, Willie, 123 n. 3
Como, Perry, 106, 106 n. 44
"Conga", 15-16, 62-66, 69, 71, 76, 87, 91 n. 11, 92, 97, 105, 141, 143-145
"Conga Beso", 64
"Conga from Honga", 64
"Congaroo", 64
Conjunto Impacto, 124, 124 n. 5, 125
Connie Casey (*Too Many Girls*), 65
Conried, Hans, 38
Cortés, Ricardo, 73
The Cosby Show, 42
Crowther, Bosley, 65, 77 n. 28
Cruz, Celia, 86, 197
"Cuando salí de Cuba", 119, 121
Cuba, Joe, 120
"Cuban Pete", 67, 73-74, 79, 97, 108
Cuban Pete, 67
Cuéllar Vizcaíno, Manuel, 91 n. 10, 103 n. 34
Cuenca, Arturo, 21, 198
Cugat, Xavier, 46, 62, 69, 93, 107, 145
Cuní, Miguelito, 20
Curbelo, José, 101

D

Danny Williams (*Make Room For Daddy*), 51
"Danzón evolución", 89, 94, 98-101, 101 n. 29, 103 n. 34
Davidson, Eduardo, 118-119
Day, Doris, 109
"Demasiado", 140
Denning, Richard, 33
Díaz, Herman, 94, 113
Dirty Dancing, 86
"Los diseñadores", 133-135, 137
"Doing the Conga", 64
Domingues, Helena, 72 n. 23
"Don Juan and the Starlets" (*I Love Lucy*), 45
Don Quijote, 165
"Don´t Worry Baby", 113 n. 58
Dorsey, Tommy, 67
Down Argentine Way, 64, 69
Duo Cabrisas-Farach, 117-118

E

"La engañadora", 110-111, 113 n. 58
"Equal Rights" (*I Love Lucy*), 44
"Esa mujer me gusta", 127
The Escape Artist, 78
Estefan, Emilio, 14, 141, 144
Estefan, Gloria, 14-16, 18, 25, 118, 121, 125, 134 n. 15, 135, 138, 141-146, 151 (ver: Miami Sound Machine)
Este judío de números y letras, 170 n. 1, 171, 176-177
Esteves, Sandra María, 86
"Esto (también) es Cuba, Chaguito", 172, 172 n. 3, 179 n. 11, 186
Ethel Mertz (*I Love Lucy*), 42
Eugenio Castillo (*The Mambo Kings Play Song of Love*), 160-161, 163, 165-166, 196
Evolución, 128, 131, 137
Eyes of Innocence, 141 n. 21, 143

F

Failde, Miguel, 89
Fajardo, José, 150
Fajardo y Sus Estrellas, 126, 149, 158
Family Installments, 79
Fantasy Island, 73
Farach, Irene, 117
Father Takes a Wife, 65-66
Faye, Alice, 69

Felix Ramírez (*Bataan*), 67
Fenández, Enrique, 15 n. 2
Fernández, Roberto, 25, 192
Finlay, Carlos J., 77
Fisher, Michael, 47 n. 18, 75
"Flagler Street", 118 n. 1, 119
The Fleet´s In, 64
Florit, Eugenio, 11, 192, 198
Forever, Darling, 78
The Four Horsemen of the Apocalypse, 72 n. 23
Four Jacks and a Jill, 65
The Fourteen Sisters of Emilio Montez O´Brien, 166
Frawley, William, 69 n. 16
Fred and Ethel Mertz (*I Love Lucy*), 35 n. 4, 37-38, 43, 45-46, 49-50, 52
Frederick Osborne (Father Takes a Wife), 66
Fred Mertz, (*I Love Lucy*), 35, 37, 38, 43, 45, 46 n. 17, 49-50, 52, 74
Friedwald, Will, 61
Frometá, Billo, 117

G

Galán, Natalio, 89 n. 3-4, 92, 100
"Los gallos de la salsa", 25, 28, 126 (ver: Hansel y Raúl)
García, Cristina, 158, 196
García, Kiki, 141, 144
Garland, Judy, 64, 80-81
"Gaudeamus", 177-180, 186
The Gay Caballero, 73 n. 23
Gil, Blanca Rosa, 118
Girl From Havana, 69
Gleason, Jackie, 50, 94 n. 17, 102 n. 30
González Echevarría, Roberto, 14, 130 n. 9
"Good Loving", 124
Gould, Jack, 34, 73
Grable, Betty, 69
"Granada", 39, 99
Grenet, Eliseo, 112
Grey, Jennifer, 86
Grillo, Frank (Machito), 92, 100, 108
La guaracha del Macho Camacho, 163-164
"Güempa", 100

H

La Habana para un infante difunto, 162
Hammerstein, Oscar, 69
Hansel y Raúl, 25, 28, 121-127, 129, 131, 133, 135-136, 138 n. 19, 140-141, 144, 146 n. 25
Hatcher, Mary, 68
"Hava Nagilah", 129
Havana, 78
Havana Rose, 69
Havana 3 A.M., 99
"Have it in Havana", 71
Hayworth, Rita, 69
Hector Santinio (*Our House In the Last World*), 79, 152, 156
Hellzapoppin, 64
Hendrix, Jimi, 139
Hentoff, Nat, 94 n. 16, 95 n. 20, 102, 102 n.31, 104 n. 38, 108 n. 48
"He perdido una perla", 118
Hijuelos, Oscar, 25, 36, 79, 86, 162 n. 8, 170
Holiday in Havana, 67-70, 73-74, 78
"Holiday in Havana", 69
Holiday in México, 69
"Home Movies", 41-42
Homer Simpson (*The Simpsons*), 86
"Home Sweet Home", 182-186
The Honeymooners, 42, 50-51
Hope, Bob, 40
Horacio Santinio (*Our House in the Last World*), 79, 152, 156
Hunger of Memory, 79, 155

I

I Dream of Jeannie, 34 n. 3
"I Get Around", 139
"I Hate the Conga", 65
"I´ll Take Romance", 69
I Love Lucy, 15, 24, 33-38, 42, 49-52, 57, 60-61, 65, 67, 73, 75-78, 80, 82-83, 108, 160-161, 194
"I´m an Old Cowhand from the Río Grande", 41
I Married Dora, 34 n. 3
I Married Joan, 34 n. 3
"I´m On My Way to Cuba", 71, 97
"I Saw Mommy Doing the Mambo (With You Know Who)", 106
"I Want My Mama" (ver: "Mamâe Eu Quero")
Into the Light, 141 n. 21, 146
Iturbi, José, 69

J

Jiménez, Juan Ramón, 174

"Jitterhumba", 85
"Job Switching" (*I Love Lucy*), 43
Joel, Billy, 98
"Johnny´s Mambo", 86
Jorrín, Enrique, 110-112
Los Jóvenes del Hierro, 120, 124, 126,
Juan Criollo, 162
The Judge´s Nephews, 125, 135 n. 14, 138 n. 19, 140 (ver: Los Sobrinos del Juez)
Julia, Raúl, 78
"Julio", 187

K

Kenton, Stan, 95
Kid Creole, 86
"Kindergarten Conga", 64
Kozer, José, 24-25, 170-180, 182-183, 185-186, 192, 194

L

"The La Conga", 64
La Conga Nights, 64
La Cuba de ayer, 118
Larry Vegas (*Forever, Darling*), 77-78, 110
Laserie, Rolando, 14, 89, 90 n. 5, 93
"Latinoamericano", 68 n. 15, 126 n. 6, 127
"Latins Are Lousy Lovers", 71
Lawrenson, Helen, 71
Ledesma, Roberto, 118
Lee, Peggy, 106 n. 44
"Legacy", 186
Leguizamo, John, 86
Leigh, Vivien, 43
Lewis, Jerry, 48 n. 19
Little Feet, 86
Little Red Riding Hood, 49
Little Ricky (*I Love Lucy*), 52
¡Llegamos!, 23, 121-122
"Loco de amor", 86
Lolita Valdés (*Holiday In Havana*), 68
The Long, Long Trailer, 74, 76, 77 n. 28, 109
López, Israel (Cachao), 14, 89, 89 n. 4
López, Nazario, 118
López, Orestes, 89, 95, 100
Lost In Translation, 81
The Lucille Ball-Desi Arnaz Show, 24
Lucy Has a Ball, 36
"Lucy Hires an English Tutor" (*I Love Lucy*), 37-38, 41, 43

"Lucy Is Enceinte" (*I Love Lucy*), 39
Lucy Makes It Big, 36
Lucy Ricardo (*I Love Lucy*), 34, 35 n. 6
The Lucy Show, 83
"Lucy Tells the Truth" (*I Love Lucy*), 41
Lyons, Alfred, 80

M

Machado, Gerardo, 24, 62, 100
"Made For Each Other", 69-70
Magritte, René, 21
Magsaysay, Ramón, 105
Make Room For Daddy, 51
"Mamâe Eu Quero", 48 n. 19, 49, 65
"Mama Yo Can´t Go", 146, 151
Mambo, 86
"Mambo", 89, 95
Mambo, Myrle, 86
Mambo At the Waldorf, 107
"Mambo caliente", 100
"Mambo Devils", 101
"Mambo Italiano", 106
"Mambo Jambo", 87, 101
The Mambo Kings, 15 n. 2, 151, 159-166, 196
The Mambo Kings Play Songs of Love, 36, 86
"Mambo Man", 101
Mambo Mouth, 86, 110
"Mambo Nº. 5", 86, 96-97
"Mambo Nº. 8", 96-97
"Mambo Rock", 106
Mangano, Silvana, 108
"El Manisero", 99, 124
Manilow, Barry, 86
Manuelito Lynch (*Too Many Girls*), 63, 65, 70, 72
Marc, David, 36 n. 6, 43 n. 15
"María Teresa y Danilo", 127
Martí, José, 20, 73 n. 23
Martika, 146
"Masabí", 66
Matamoros, Miguel, 20, 130
Mayer, Louis B., 80
Mayor Quiñones, (*The Escape Artist*), 78
Mellow Man Ace, 36, 146 n. 25
"Me lo dijo Adela", 111
Menjou, Adolphe, 66
Mercedes Sorrea (*Our House In the Last World*), 79, 152, 157
Miami Sound Machine, 11, 15, 121-125, 140-143, 151 (ver: Gloria Estefan)

"Middle Aged Mambo", 106
Miguel, Oscar y la Fantasía, 124-125
Miller, Ann, 64
Miranda, Carmen, 43, 48-49, 64-65, 69
"Mister Don´t Touch the Banana", 138, 145
Moonlight in Havana, 69
Moon over Miami, 64
Montalbán, Ricardo, 47, 67, 73
Moré, Beny, 20, 96, 99, 112, 119, 165
Morton, Gary, 85
Murray, Arthur, 16 n. 3, 103, 104 n. 36, 110
Mr. Babalú, 41, 46 n. 16, 60, 62,
Mr. Livermore (*I Love Lucy*), 38-39, 41
Mr. Roarke (*Fantasy Island*), 73
Mrs. McGillicuddy (*I Love Lucy*), 52
Mrs. Ricardo (*I Love Lucy*), 49-50
Murciano, Mercy, 121, 141
My Favorite Husband, 33, 50
"My Yiddishe Mambo", 106

N

The Navy Comes Through, 66
"El negro", 129
Néstor Castillo (*The Mambo Kings Play Songs of Love*), 36, 151, 160, 163-164
The New York Times, 102
Nicky Collini (*The Long, Long Trailer*), 74-77, 109
A Night at Earl Carroll´s, 64
"Ni hablar", 96
"La niña Popoff", 98, 96
"No debería ser así", 135-136, 167
"La norgüesera", 132-133
Nostalgia de Cuba, 118

O

Oliva, Carlos, 121-122, 125, 133, 135 n. 14, 138 n. 19
One Man Alone, 128, 131
"Ora O Conga", 64
Orquesta Aragón, 113 n. 58, 126, 149, 178
Orquesta Inmensidad, 125
Ortiz, Fernando, 26, 87, 88, 104 n. 41, 193
Our House In the Last World, 79, 152, 154, 156, 158, 160, 164, 171
Oxígeno, 128, 134
"Oyeme, Cachita", 126

P

Pacheco, Johnny, 86, 167
"Pachito E´Ché", 99
Padilla, Heberto, 172
Padres y otras profesiones, 170 n. 1
Painting the Clouds with Sunshine, 101
"Papa Loves Mambo", 105-106
Parker, Gloria, 162 n. 7
"Patricia", 14, 92, 98-99, 109
Pau-Llosa, Ricardo, 25, 192-196
"Pavolla", 93
Payne, John, 69
"The Peanut Vendor", (ver: "El manisero")
People Magazine, 15-16
Pepita (*Holiday In Havana*), 68
Pérez, Lisandro, 20 n. 6
Pérez Prado, Dámaso, 92, 94-95, 98-99
"Perfidia", 66
Piro, Killer Joe, 108
"Plástico", 134
"El platanito de Kendall", 149, 168
"Ponme la mano, Caridad", 126
"Ponme la mano aquí Macorina", 126
Powell, Jane, 69
"Prez", 102, 107, 110 (ver: Dámaso Pérez Prado)
Primite Love, 141 n. 21, 143
The Promised Land, 155
Puente, Tito, 92, 100-101, 108, 123 n. 3, 139-140, 167
Puig, Cheo Belén, 118

Q

"Que rico el mambo", 84, 94-97, 101, 107, 109
"Quiéreme", 141

R

"Radio Mambo", 86
Raining Backwards, 158, 195, 198
Ralph and Alice Kramden (*The Honeymooners*), 42
"Renacer", 121, 141 n. 21, 142
Representing the Mambo, 86
Rhumba Is My Life, 16 n. 3, 62 n. 7
"Rhythm Is Going To Get You", 138
"Ricky Minds the Baby" (*I Love Lucy*), 38
Ricky Ricardo (I Love Lucy), 15, 23-24, 32, 34, 36, 39, 41, 47, 52, 55-56, 60-61, 69-70, 72, 74-75, 79, 86, 110
"The Ricky Ricardo of Rap" (ver: Mellow Man Ace), 36

BIBLIOGRAFÍA 205

"Ricky Ricardo Presents Tropical Rhythms", 41
"Ricky's Old Girlfriend" (*I Love Lucy*), 74
Rio Rita, 64
Rizo, Marco, 46, 69 n. 14
Roberts, John Storm, 46 n. 16, 89 n. 3, 100
Rodríguez, Arsenio, 89-91, 94-95
Rodríguez, Hansel, 28 (ver: Hansel y Raúl)
Rodríguez, Richard, 79, 155
Rodríguez, Tito, 92, 100, 108
Rodger Hart, 65
Rojas, Gustavo, 131, 133 n. 1
Rolling Stones, 140
Romero, César, 73 n. 23
Romeu, José Antonio María, 118, 158
Rooney, Mickey, 64
Rosell, Rosendo, 14, 118, 119 n. 1
Rowe, John Carlos, 36 n. 6, 60
"Rumba Rumbero", 69
Rumbaut, Rubén, 18
Russell, Jane, 108

S

"Sabor a mí", 120
"Salsa Medley", 132
Santana, Carlos, 120
Santí, Luis, 121, 132
"Santos Suárez, 1956", 176
Secada, Jon, 146
"Seis lindas cubanas", 139
"Sentimental Anniversary" (*I Love Lucy*), 44
"Sergeant Pepper's Lonely Hearts Club Band", 139
Sharkey the Seal, 96 n. 22
The Sheik, 70
Siembra, 123 n. 3, 134 n. 13
Los sobrinos del juez, 125, 135 n. 14, 138 n. 19, 140
Something Wild, 86
"Son de la loma", 130, 139, 149, 150, 158
"El son se fue de Cuba", 117, 119, 129, 132, 134
"Soy", 118, 125, 128-132, 137 n. 18, 138, 149
"Soy como el viento", 131
Strike Up the Band, 64
Suárez, Virgil, 25, 192, 198
Super Q, 122-124

Susie Vegas (*Forever, Darling*), 77-78
Swanson, Gloria, 66
Swayze, Patrick, 86

T

Tacy Collini (*The Long, Long Trailer*), 74-76
"Tengo", 26, 134-135, 191-192
"Te quiero, te quiero", 141
"They Were Doing the Mambo (But I Just Sat Around)", 106
This Isn't Havana (Arturo Cuenca), 21
Thomas, Danny, 51
Thompson, Robert Farris, 89 n. 3, 94, 104 n. 38, 123 n. 3
The Three Caballeros, 70 n. 19
"Un tipo típico", 138-140, 144-145
Too Many Girls, 60 n. 1, 63, 64 n. 9-10, 65 n. 9, 68, 74
Torres, Roberto, 118, 126
Touzet, René, 14, 69 n. 14, 90 n. 5, 133 n. 11
Trazas del lirondo, 170 n. 1, 171
Tres tristes trigres, 163
Trío Matamoros, 20, 158
Turner, Lana, 80-81
"Tutti Frutti", 139
Twiss, Clinton, 74

U

Uncle Tonoose (*Make Room For Daddy*), 51
Underwater!, 108
"Uno de los modos de resarcir las formas", 180, 186
Up in the Air, 64
Urfé, Odilio, 89 n. 4, 90-91, 93

V

Valdés, Bebo, 100, 112
Valdés, Miguelito, 46 n. 16, 69, 93, 108
Valentino, Rudolph, 65, 70, 72
"Vaya con Dios", 41
Viva Cisco Kid, 73 n. 23

W

Weekend in Havana, 49 n. 22, 69
"We Just Want to Rock and Roll", 129
"We Love Lucy Fanclub", 34
"We're Having a Baby", 40
"We Wanna See Santa Do the Mambo", 106

When It´s Cocktail Time in Cuba, 71
White, Barry, 120, 129
Willy Chirino and the Windjammers, 128 (ver: Willy Chirino)
Winchell, Walter, 16
"Without Your Love", 41

Y

"Ya viene llegando", 128, 135, 146,
"Yo soy un barco", 131
Young, Gig, 109
"You´re All I Have", 141
You Were Never Lovelier, 69